SHIYONG LIYI YU
RICHANG YINGYONGWENSHU XIEZUO

唐　丽 主编

实用礼仪与日常应用文书写作

（修订版）

上海交通大学出版社
SHANGHAI JIAO TONG UNIVERSITY PRESS

内容提要

本书主要阐述了日常人际交往中的礼仪以及与此相关的应用文写作，包括礼仪与应用写作概论；个人形象礼仪与礼仪类文书写作；社交礼仪与日常应用文写作；求职礼仪与求职文书写作；办公室礼仪与办公室文书写作；公务礼仪与商务文书写作；涉外礼仪与相关文书写作等十章。书中既有理论评析，又有实际案例。

本书可作为高职高专教材，也可作为行政人员、涉外人员、秘书的参考书。

图书在版编目(CIP)数据

实用礼仪与日常应用文书写作/唐丽主编. —2 版—上海：
上海交通大学出版社，2016(2019重印)
ISBN 978-7-313-10727-5

Ⅰ. 实... Ⅱ. 唐... Ⅲ. ①礼仪—基本知识 ②汉语—应用文—写作 Ⅳ. ①K891.26 ②H152.3

中国版本图书馆 CIP 数据核字(2013)第 309075 号

实用礼仪与日常应用文书写作（修订本）

主　　编：唐　丽
地　　址：上海市番禺路951号
出版发行：上海交通大学出版社
电　　话：021-64071208
邮政编码：200030
印　　制：上海新华印刷有限公司
经　　销：全国新华书店
开　　本：787mm×1092mm　1/16
印　　张：15.75
字　　数：262千字
版　　次：2014年1月第1版　2016年1月第2版
印　　次：2019年2月第5次印刷
书　　号：ISBN 978-7-313-10727-5/K
定　　价：38.00元

前　言

《实用礼仪与日常应用文书写作》是高职高专通识课教材之一。

礼仪是人生的必修课。中国自古就被称为"礼仪之邦"。早在两千多年前圣人孔子就说过:"不学礼,无以立。"可以说礼仪关系到每个人的形象塑造和内涵素质。只有知礼、守礼、行礼才能够得到他人的尊重和信任,才能够在交往日益频繁的现代社会让自己具备广博的人脉基础和资源。因此,礼仪教育也是学校教育不可或缺的重要内容。近代学者梁启超认为:"少年知礼则国家壮大。"知书达礼、待人以礼是每个大学生应当具备的基本素养。然而,综观当今校园,由于各种环境因素的影响,高职大学生的礼仪素养不尽如人意,不知礼、不守礼、不行礼的行为已不是个别现象。大学生礼仪素养的缺失,近则成为其就业的绊脚石,远则成为其长远发展的短板,所以加强高职大学生的礼仪素养教育已经成为一种共识。正是基于这样的背景,在院长潘斌教授的大力支持下,我们编写了这本《实用礼仪与日常应用文书写作》。

在各位编者的努力下,《实用礼仪与日常应用文书写作》在内容的取舍上做了一定的尝试和探索,在体例上也力求符合高职学生实际。每章前面列有学习目标,再以"案例"引入,通过正面或反面的案例给学生以感性的认识,提出讨论的问题,引发学生的思考,推动教学的开展;然后再介绍该章应该了解和把握的基本礼仪知识,介绍最基本最实用的礼仪事项及其规范,同时还灵活穿插"微型案例"、"特别提醒"等小栏目,使教材形式活泼,兼具知识性、趣味性与实用性,符合高职学生的学习特点;最后通过"课后实践"来巩固常识学习的内容,包括思考训练、案例分析、情景拟写等,有助于增强学生的礼仪意识和强化学生的实践能力。此外,本教材还介绍了一些常用的应用写作知识。

本教材在编写过程中,参阅了大量已经出版的礼仪书籍,参考、借鉴、引用、使用了其中的许多观点、材料、案例等,为行文方便,未能在书中一一注明,一并列入书后的参考文献中。在此,谨向相关作者表示感谢!

本教材由唐丽任主编，李红丽、纪兰香、苗金霞任副主编，并共同承担编写任务。具体编写分工如下：唐丽编写第二章、第六章，李红丽编写第四章、第五章，纪兰香编写第三章，苗金霞编写第一章、第七章。唐丽设计了编写大纲和编写体例，并负责全书统稿，在统稿过程中对全书的内容、体例和行文风格等进行了修改和完善。

限于编者的学力、视野和时间，本教材存在不当乃至错误之处，恳请使用本教材的广大师生和社会读者提出宝贵的意见和建议，以便修订时完善。

编　者

2013 年 8 月

目　　录

第一章　礼仪与应用写作概论

【本章目录】

第一节　礼仪的涵义与特征

第二节　礼仪的起源与发展

第三节　礼仪的功能与原则

第四节　应用写作概论

【学习目标】

（1）了解礼仪的起源与发展。

（2）学习礼仪的内容。

（3）掌握现代礼仪的特征、功能与原则。

（4）了解应用写作的概念、写作要求。

（5）辨析应用文与其他文种的区别。

【案例引入】

中国WTO首席谈判代表龙永图曾讲了一个耐人寻味的故事：

一次在瑞士，龙永图与几个朋友去公园散步，上厕所时，听到隔壁的卫生间里"砰砰"地响，他有点纳闷儿。出来之后，一位女士很着急地问他有没有看到她的孩子，她的小孩进厕所十多分钟了，还没有出来，她又不能进去找。龙永图想起了隔壁厕所间里的响声，便进去打开厕所门，看到一个七八岁的小孩正在修抽水马桶，怎么弄都抽不出水来，急得满头大汗，这个小孩觉得他上厕所不冲水是违背道德的。

【评析】这位儿童自觉遵守礼仪规范的精神是很值得我们学习的。礼仪是约定俗成的一种自尊、敬人的惯用形式，任何人要想在交际场合表现得合乎礼仪、彬彬有礼，都必须对交际礼仪无条件地加以遵守。另起炉灶、自搞一套，或是只遵守个人适应的部分，而不遵守不适应自己的部分，都难以为交往对象所接受、所理解。

人类自诞生那天起，便开始了对文明与美的追求。礼仪体现了人类社会不断摆脱愚昧、野蛮、落后，不断进化的程度，也是一个国家、一个民族进步、开化与兴旺的标志。我国作为东方文明古国和东方文化的发源地，素有“礼仪之邦”的美誉，数千年对文明的不懈追求，形成了丰富多彩的东方文化和礼仪。今天，随着社会生产力的不断发展，物质生活条件的逐步改善，社会文明程度的日益提高，人们对礼仪倍加推崇。讲文明、懂礼貌、尊重他人、服务社会已成为人们的共识。无论人际的、社会的以至国与国之间的交往，抑或旅游、商业、服务业等行业的接待服务工作，都离不开对礼仪规范的遵守。现代人更应该注重文明修养，讲究礼仪，每个人都应该成为礼仪的载体、文明的化身。

第一节　礼仪的涵义与特征

礼仪是一个国家、一个民族文化的重要组成部分，是国家、民族文明程度及文化特色的重要标志之一。中国自古就被称为“礼仪之邦”。圣人孔子曰：“不学礼，无以立。”清朝大儒颜元曾曰：“国尚礼则国昌，家尚礼则家大，身尚礼则身正，心尚礼则心泰。”足见古圣先贤自古就十分重视社会的文明与道德，并重视它的表现形式——礼仪。

一、礼仪的涵义

礼仪，是人类社会为了维系社会的正常生活秩序，而需要共同遵守的一种行为规范。“行礼如仪”。礼仪是一个复合的词语，它包括着“礼”和“仪”两部分。

礼，在汉字繁体字中写作“禮”，本意是敬神。古人认为：礼主于神，源于祭。所以字形从“示”，“豊”则代表祭祀的器具。许慎《说文解字》云：“禮，履也。所以事神致福也。从示从豊，豊亦声。礼，古文禮。”他认为礼初出于原始宗教信仰，是原始人类致福的种种仪节。即礼是用来“事神”、“致福”的形式。如祭祀、跪拜、鞠躬、点头都是在致礼，或行礼。可见选字之初，礼的内涵只是敬神，后来由神及人，又多为表示敬意的通称。

而“仪”《说文解字》解释道:“仪,度也。从人,义声。”《释名·释典艺》云:“仪,宜也。得事宜也。”“义”主内,“仪”主外,义是道德标准,仪是行为规范。古人称之为“仪规”或“仪轨”。可见,仪就是礼的各种仪节、仪式。

在日常生活中,进行一般性的表述时,和“礼”相关的词最为常见的主要有三个,即礼貌、礼节和礼仪。在通常情况下,它们被视作一体,且经常混合使用。然而,从内涵上来看,则不能将三者混为一谈。因为,它们之间既有区别,又相互联系。

礼貌,一般是指在与人交往时,通过言语、动作向所交往的对象表达自己的谦虚和恭敬。比较侧重于表现人的品质和修养。

礼节,是指人们在各种交际场合里相互之间用来表示尊重、友好的惯用形式。事实上也是礼貌的具体表现形式。礼节与礼貌的关系是:如果不存在礼节,就无所谓礼貌;有了礼貌,就必然需要具体的礼节相伴随。

礼仪,是礼节、仪式两者的统称。指的是在人际交往中,通过一定的、既定的程序和方式来表现出律己、敬人的完整行为。

可见,礼貌是礼仪的基础,而各种礼节就是礼仪的主要内容。由此可知,礼仪的深度要高于礼貌,其意义更为深重,但从本质上来说,不管是礼貌、礼节还是礼仪的应用,都是对他人尊重与友善的表现。

站在多个角度看礼仪,就能全面了解礼仪的不同界定。

1. 个人修养

只要一个人有内在修养,素质高尚,就会把礼仪演绎得尽善尽美。因为,礼仪就是一个人有教养与素质的行为表现。我国古代大教育家荀子曾如此形容懂得礼仪的人:“礼者,养也。”

2. 道德

古时有句俗语:“道德仁义,非礼不成。”在现代社会,礼仪是一种为人处世的规范,它就像是一种行为准则,规范着人类的行为。中共中央所发布的《公民道德建设实施纲要》里已经特别添加“明礼”为我国公民的基本道德规范之一。

3. 交际

礼仪规范了人类的交际行为,也可以说是交际中的行为艺术。越是将这一艺术发挥到极致的人,所获得的收益越大。

4．民俗

人类千百年来所延续的行为艺术，已成为了一种律己敬人的习惯形式，在日常生活中就会自觉地遵从。比如说，见到熟人要热情地打招呼。正所谓："礼出于俗，俗化为礼。"

5．传播

一个好的行为习惯会"感染"所有人。

6．审美

一个懂得礼仪的人，其心灵必然会同化。礼仪可以说是一种形式美与心灵美的结合。

经过以上角度的透视，可以进一步了解礼仪，并对其有一个准确的把握。

在西方，英文 etiquette(礼仪)一词源于法语，它的原意是"法庭上的通行证"。古代法国的法庭为保证法庭秩序，把各种规则写在进入法庭的通行证上，让人们去遵守。后来，"礼仪"一词进入英语，演变成"人际交往的通行证"，它同样有三种涵义：一是指谦恭有礼的言谈举止；二是指教养和规矩，也就是礼节；三是指仪式、典礼、习俗等。

综上所述，礼仪就是人类社会发展到一定阶段而产生的，并且是随着社会的发展而发展的社会道德准则和全体社会成员共同认可并且自觉遵守的行为规范，以及体现这些准则和规范的各种礼法、礼数、礼节、礼貌和各种仪式的综合体系。

二、礼仪的特征

"礼者，敬人也"，这是礼仪的精义。礼仪是人们在漫长的社会实践中逐步形成、演变和发展的。与其他学科相比，礼仪具有一些独具的特征，主要表现在其规范性、地域性、可操作性、传承性、变动性五个方面。

1．规范性

礼仪是一种规范。这种规范性，不仅约束着人们在一切交际场合的言谈话语、行为举止，使之合乎礼仪，也是人们在一切交际场合必须采用的一种"通用语言"，是衡量他人、判断自己是否自律、敬人的一种尺度。因此，任何人要想在交际场合表现得合乎礼仪，彬彬有礼，都必须对礼仪无条件地加以遵守。礼仪是约定俗成的一种自尊且尊敬他人的惯用形式。

在外事活动中，周恩来总理十分注重礼节。他病重期间，重要的外事活动都坚持参加。后来病得连脚板也肿起来，他原来的皮鞋、布鞋都不能穿，只能穿着拖鞋走路。参加外事活动时，工作人员关心总理，让他穿着拖鞋参加外事活动，认为外宾是能够理解的。周总理不同意，他慈祥而又严肃地说："不行，要讲礼仪嘛！"于是，他让工作人员为他特制了一双鞋。

2. 地域性

中西礼仪的差距基于东西方文化的差别，呈现出一定的地域特色。从举止礼仪到规范礼仪，从风俗礼仪到宗教礼仪等，不同的国家，不同的民族，其表达方式均有所不同，如中国人崇拜龙，就是从原始社会的图腾崇拜开始的。进入君主社会，龙又变成了"真龙天子"的象征。到今天，龙又成了吉祥喜庆的代名词。然而在英国以至整个西方世界，龙是凶残阴险的标志，人人惧怕，而且很多关于龙（蛇）的故事中，它总是落个被宰杀的下场。所以，给中国人送龙的贺卡，表示大吉大利，若对英国人也如此，则是大大的失礼了。又如在阿拉伯地区，男人之间手拉手走路是一种无声的友好和尊重的表示，在美国这种行为就会被怀疑是同性恋。礼仪的这一特点，提示我们在社交和礼仪活动中既要注意各民族、国家、区域文化的共同共通之处，又要十分注意并谨慎处理相互间的文化差异，把地域差别作为交流、互补的条件。

3. 可操作性

礼仪应用于交际场合，是人类进行交际和应酬的实践活动。切实有效，实用可行，规则简明，易学易会，便于操作，是礼仪的一大特征。它不是纸上谈兵、空洞无物、故弄玄虚、夸夸其谈，而是既有总体上的礼仪原则、礼仪规范，又在具体的细节上以一系列的方式、方法，仔细周详地对礼仪原则、礼仪规范加以贯彻，把它们落到实处，真正地使之"言之有物"，"行之有礼"。

4. 传承性

每个国家的礼仪都具有自己鲜明的民族特色，任何国家的当代礼仪都是在古代礼仪的基础上继承、发展起来的，离开了对本国、本民族既往礼仪成果的传承、扬弃就不可能形成当代礼仪，这就是礼仪传承性的特定含义。作为一种人类的文明积累，礼仪将人们在交际应酬之中的习惯做法固定下来，流传下去，并逐渐形成自己的民族特色，这不是一种短暂的社会现象，而且不会因为社会制度的更替而消失。对于既往的礼仪遗产，正确的态度不应当是食古不化，全盘皆用，应当是有摒弃，有继承，更有发展。

5. 变动性

礼仪作为一种文化范畴,具有浓厚的时代特色。任何时代的礼仪由于其时代的特性和内容,决定了它的表现,即礼仪随着时代的发展而发展变化。从本质上讲,礼仪可以说是一种社会历史发展的产物,并具有鲜明的时代特点。一方面,它是在人类长期的交际活动实践之中形成、发展、完善起来的,绝不可能凭空杜撰,一蹴而就,完全脱离特定的历史背景。另一方面,社会的发展,历史的进步,由此而引起的众多社交活动的新特点、新问题的出现,又要求礼仪有所变化,有所进步,推陈出新,与时代同步,以适应新形势下新的要求。与此同时,随着世界经济的国际化倾向日益明显,各个国家、各个地区、各个民族之间的交往日益密切,他们的礼仪随之也不断地相互影响,相互渗透,相互取长补短,不断地被赋予新的内容。

20世纪初,在欧美如果有一位少妇外出遛狗,将被视为极大地丧失风度,有辱礼节。即使那只狗很有"教养",但同样还会认为这位少妇是没有教养的,周围人们异样的眼光会使她陷入非常尴尬的境地。20年后,欧美遛狗成风,遛狗成为最有风度的少妇最具风度的行为。遛狗的少妇在人们羡慕的眼光里,不但气度非凡,而且被视为是上层社会的代表。

第二节 礼仪的起源与发展

一、礼仪的起源

关于礼的起源,说法不一,归纳起来有五种起源说:一是天神生礼仪;二是礼为天地人的统一体;三是礼产生于人的自然本性;四是礼为人性和环境矛盾的产物;五是礼生于理,起源于俗。

从理论上说,礼的产生是人类为了协调主客观矛盾的需要;从具体的仪式上看,礼产生于原始宗教的祭祀活动。

(一)协调主客观矛盾

1. 礼的产生是为了维护自然的"人伦秩序"的需要

人类为了生存和发展,必须与大自然抗争,不得不以群居的形式相互依存,人类的群居性使得人与人之间既相互依赖又相互制约。在群居生活中,男女有别,老少有异,这既是一种天然的人伦秩序,又是一种需要被所有成员共同认定、保证和维护的社会秩序。人类面临着的内部关系必须妥善处理，因此，人们逐步积累和自然约定出一系列“人伦秩序”，这就是最初的礼。

2. 礼起源于人类寻求满足自身欲望与实现欲望的条件之间动态平衡的需要

人对欲望的追求是人的本能，人们在追寻实现欲望的过程中，人与人之间难免会发生矛盾和冲突，为了避免这些矛盾和冲突，就需要为“止欲制乱”而制礼。

（二）原始宗教祭祀活动

原始宗教的祭祀活动都是最早也是最简单的以祭天、敬神为主要内容的“礼”。这些祭祀活动在历史发展中逐步完善了相应的规范和制度，正式形成为祭祀礼仪。随着人类对自然与社会各种关系认识的逐步深入，仅以祭祀天地鬼神、祖先为礼，已经不能满足人类日益发展的精神需要和调节日益复杂的现实关系。于是，人们将事神致福活动中的一系列行为，从内容和形式扩展到了各种人际交往活动中，从最初的祭祀之礼扩展到社会各个领域的各种各样的礼仪中。

二、中国礼仪的发展

（一）礼仪的起源时期：夏朝以前（公元前21世纪前）

礼仪起源于原始社会，在原始社会中、晚期（约旧石器时代）出现了早期礼仪的萌芽。整个原始社会是礼仪的萌芽时期，礼仪较为简单和虔诚，还不具有阶级性。内容包括：制定了明确血缘关系的婚嫁礼仪；区别部族内部尊卑等级的礼制，为祭天敬神而确定的一些祭典仪式，制定一些在人们的相互交往中表示礼节和表示恭敬的动作。

例如，生活在距今约1.8万年前的北京周口店山顶洞人，就已经知道打扮自己。他们用穿孔的兽齿、石珠作为装饰品，挂在脖子上。而他们在去世的族人身旁撒放赤铁矿粉，举行原始宗教仪式，这是迄今为止在中国发现的最早的葬仪。在新石器时期，半坡遗址、仰韶文化及有关资料表明，当时人们已经注意尊卑有序，男女有别。

（二）礼仪的形成时期：夏、商、西周三代（公元前21世纪—公元前771年）

在这个时期，中国由金石并用时代进入青铜器时代。金属器的使用，使农业、畜牧业、手工业生产跃上一个新台阶。随着生活水平的提高，社会财富除消费外有了剩余并逐渐集中在少数人手里，因而出现了阶级对立，原始社会由此解体。原始社会解体，向奴隶社会过渡，劳动活动升温，推翻殷王朝，取而代之的是周朝。周武王的兄弟、辅佐周成王的周公，对周代礼制的确立起了重要作用。他制作礼乐，将人们的行为举止、心理情操等统统纳入一个尊卑有序的模式之中。全面介绍周朝制度的《周礼》，是中国流传至今的第一部礼仪专著。古代的礼制典籍亦多撰修于这一时期，如周代的《周礼》《仪礼》《礼记》就是我国最早的礼仪学专著。在汉代以后2000多年的历史中，它们一直是国家制定礼仪制度的经典著作，被称为“礼经”。

（三）礼仪的发展与变革时期：春秋战国时期（公元前771—公元前221年）

西周末期，王室衰微，诸侯纷起争霸。公元前770年，周平王东迁洛邑，史称东周。承继西周的东周王朝已无力全面恪守传统礼制，出现了所谓“礼崩乐坏”的局面。

春秋战国时期是我国的奴隶社会向封建社会转型的时期。这一时期，学术界形成了百家争鸣的局面，以孔子、孟子、荀子为代表的诸子百家对礼教给予了研究和发展，对礼仪的起源、本质和功能进行了系统阐述，第一次在理论上全面而深刻地论述了社会等级秩序划分及其意义。

孔子（公元前551—公元前479年）较系统地阐述了礼及礼仪的本质与功能，把“礼”看成是治国、安邦、平定天下的基础，把礼仪理论提高到一个新的高度。他删《诗》、《书》，定《礼》、《乐》，赞《周易》，修《春秋》，为历史文化的整理和保存做出了重要贡献。他编订的《仪礼》，详细记录了战国以前贵族生活的各种礼节仪式。《仪礼》与前述《周礼》和孔门后学编的《礼记》，合称“三礼”，是中国古代最早、最重要的礼仪著作。

孔子认为，“不学礼，无以立”（《论语·季氏篇》）。“质胜文则野，文胜质则史。文质彬彬，然后君子。”（《论语·雍也》）他要求人们用道德规范来约束自己的行为，要做到“非礼勿视，非礼勿听，非礼勿言，非礼勿动”（《论语·颜渊》）。他倡导的“仁者爱人”，强调人与人之间要有同情心，要互相关心，彼此尊重。

孟子（约公元前372—公元前289年）把“礼”解释为对尊长和宾客严肃而有礼貌，即“恭敬之心，礼也”，并把“礼”看作是人善性的发端之一。在政治思想上，孟子把孔子的“仁学”思想加以发展，提出了“王道”、“仁政”的学说和民贵君轻说，主张“以德服人”。在道德修养方面，他主张“舍生而取义”（《孟子·告子上》），讲究“修身”和培养“浩然之气”等。

荀子(约公元前298—公元前238年)把“礼”作为人生哲学思想的核心。他把“礼”看作是做人的根本目的和最高理想,“礼者,人道之极也”。主张“隆礼”、“重法”,提倡礼法并重,“礼者,贵贱有等,长幼有差,贫富轻重皆有称者也”(《荀子·富国》)。荀子还提出,不仅要有礼治,还要有法治;只有尊崇礼,法制完备,国家才能安宁。荀子重视客观环境对人性的影响,倡导学而至善。

(四) 强化时期:秦汉到明末(公元前221—公元1796年)

公元前221年,秦王嬴政最终吞并六国,统一中国,建立起中国历史上第一个中央集权的封建王朝,秦始皇在全国推行“书同文,车同轨,行同伦”。秦朝制定的集权制度,成为后来延续两千余年的封建体制的基础。

西汉初期,叔孙通协助汉高帝刘邦制定了朝礼之仪,突出发展了礼的仪式和礼节。而西汉思想家董仲舒(公元前179—公元前104年)把封建专制制度的理论系统化,提出“唯天子受命于天,天下受命于天子”的“天人感应”之说(《汉书·董仲舒传》)。他把儒家礼仪具体概括为“三纲五常”。“三纲”即“君为臣纲,父为子纲,夫为妻纲”,“五常”即仁、义、礼、智、信。汉武帝刘彻采纳董仲舒“罢黜百家,独尊儒术”的建议,使儒家礼教成为定制。

汉代时,孔门后学编撰的《礼记》问世。《礼记》堪称集上古礼仪之大成,上承奴隶社会、下启封建社会的礼仪汇集,是封建时代礼仪的主要源泉。

盛唐时期,《礼记》由“记”上升为“经”,成为“礼经”三书之一(另外两本为《周礼》和《仪礼》)。

宋代时,出现了以儒家思想为基础,兼容道学、佛学思想的理学,程颐兄弟和朱熹为其主要代表。二程认为:“父子君臣,天下之定理,无所逃于天地之间。”(《二程遗书》卷五)“礼即是理也。”

明代时,交友之礼更加完善,而忠、孝、节、义等礼仪日趋繁多。

(五) 礼仪的衰落时期:清朝(1796—1911年)

满族入关后,逐渐接受了汉族的礼制,并且使其复杂化,导致一些礼仪显得虚浮、烦琐。例如,清代的品官相见礼,当品级低者向品级高者行拜礼时,动辄一跪三叩,重则三跪九叩(《大清会典》)。清代后期,清王朝政权腐败,民不聊生,古代礼仪盛极而衰。伴随着西学东渐,一些西方礼仪传入中国,北洋新军时期的陆军便采用西方军队的举手礼等,以代替不合时宜的打千礼等。

在我国长达2000多年的封建社会里，尽管在不同的朝代礼仪文化具有不同的社会政治、经济、文化特征，但却有一个共同点，就是一直为统治阶级所利用，礼仪是维护封建社会等级秩序的工具。这一时期的礼仪的重要特点是尊君抑臣、尊夫抑妇、尊父抑子、尊神抑人。在漫长的历史演变过程中，它逐渐变成妨碍人类个性自由发展、阻挠人类平等交往、窒息思想自由的精神枷锁。

纵观封建社会的礼仪，内容大致有涉及国家政治的礼制和家庭伦理两类。这一时期的礼仪构成中华传统礼仪的主体。

（六）现代礼仪时期(1911—1949年)

1911年末，清王朝土崩瓦解，当时远在美国的孙中山先生(公元1866—1925年)火速赶回祖国，于1912年1月1日在南京就任中华民国临时大总统。孙中山先生和战友们破旧立新，用民权代替君权，用自由、平等取代宗法等级制；普及教育，废除祭孔读经；改易陋俗，剪辫子、禁缠足等，从而正式拉开现代礼仪的帷幕。

这一期间，由西方传人中国的握手礼开始流行于上层社会，后逐渐普及民间。中国共产党领导的苏区、解放区，重视文化教育事业及移风易俗，进而谱写了现代礼仪的新篇章。

（七）当代礼仪时期(1949年至今)

1949年10月1日，中华人民共和国宣告成立，中国的礼仪建设从此进入一个崭新的历史时期。新中国成立以来，礼仪的发展大致可以分为三个阶段：

1. 礼仪革新阶段(1949—1966年)

1949—1966年，是中国当代礼仪发展史上的革新阶段。期间，摒弃了昔日束缚人们的“神权天命”、“愚忠愚孝”以及严重束缚妇女的“三从四德”等封建礼教，确立了同志式的合作互助关系和男女平等的新型社会关系，而尊老爱幼、讲究信义、以诚待人、先人后己、礼尚往来等中国传统礼仪中的精华，则得到继承和发扬。

2. 礼仪退化阶段(1966—1976年)

1966年至1976年，中国进行了“文化大革命”。“十年动乱”使国家遭受了难以弥补的严重损失，也给礼仪带来一场“浩劫”。许多优良的传统礼仪，被当做“封资修”货色扫进垃圾堆。礼仪受到摧残，社会风气逆转。

3. 礼仪复兴阶段(1977年至今)

1978年党的十一届三中全会以来，改革开放的春风吹遍了祖国大地，中国的礼仪建设进入新的全面复兴时期。从推行文明礼貌用语到积极树立行业新风，从开展“18 岁成人仪式教育活动”到制定市民文明公约，各行各业的礼仪规范纷纷出台，岗位培训、礼仪教育日趋红火，讲文明、重礼貌蔚然成风。《公共关系报》《现代交际》等一批涉及礼仪的报刊应运而出，《中国应用礼仪大全》《称谓大辞典》《外国习俗与礼仪》等介绍、研究礼仪的图书、辞典、教材不断问世。广阔的华夏大地上再度兴起礼仪文化热，具有优良文化传统的中华民族又掀起了精神文明建设的新高潮。今后，随着社会的进步、科技的发展和国际交往的增多，礼仪必将得到新的完善和发展。

三、西方礼仪的发展

在西方，礼仪的演变与中国有相似之处，但又有很大的特殊性，这不仅表现在礼仪的具体形式上，还体现在关于礼仪的哲学论述上。

爱琴海地区的希腊是西方古典文明的发源地。在古希腊和古罗马时期，一些有关礼仪的问题已经开始引起人们的重视，如古希腊的人们非常注重谦恭有礼、诚实守信。古希腊先哲苏格拉底、柏拉图、亚里士多德等人的著作中都有很多关于礼仪的论述，古罗马的思想家、教育家们也对一些礼仪问题进行了初步探讨。

公元 5 世纪至 16 世纪，欧洲社会处于“中世纪”时期，统治者极力宣扬世界上的一切都是由上帝创造的，上等人统治、下等人服从统治是天经地义的。在这种理论指导下形成了严格的封建等级制度，并进而形成了严格、繁琐的贵族礼仪和宫廷礼仪。

【微型案例】

法国国王路易十五时期，讲究礼仪到了登峰造极的地步。宫廷礼法除了承袭旧传统（许多礼节起源于弗朗西斯一世，甚至更远的年代）外，还增添了不少路易十四时期的复杂条例，而且又制订了一些连国王本人都需要遵循的规定。大家可能以为在这样一个井然有序、职责分明的宫殿里，主子们一定是被服侍得舒舒服服的，那可是大错特错了，因为他们自己已成为礼仪规范的奴隶，国王、王后和王子们都过着一种终身受束缚的生活。例如，在公主们举行的舞会上，王后也前来一同玩乐，可是礼仪规定，不管公主们跳舞跳到哪里，位置怎样变换，她们的眼睛必须一直望着王后，结果小姑娘们的脖子扭得酸痛。

【评析】法国是十分重视礼节、礼仪的国家。但是法国封建王朝到了路易十五时期，空泛地追求所谓的贵族气质，虽然表面上追求礼仪，其实已经偏离了礼仪以尊重他人为核心的初衷，沦为可笑的束缚了。当今社会，生活的节律明显加快，人们的思维方式和生活方式也发生了根本性的变化，旧的体制在消亡，新的礼俗在产生，礼仪有了许多根本性的变化。

“文艺复兴”以后，随着资产阶级逐步登上并掌控历史舞台，带有封建等级色彩的礼仪逐步退出了历史舞台，资产阶级在改造封建礼仪形式的基础上建立起了一整套反映资产阶级利益和思想原则的礼仪规范。西方礼仪的发展变化是非常明显的，其总的趋势是日益从繁琐复杂中解脱出来，朝着简单易行的方面发展。如今，西方礼仪已经在世界众多国家中通行，成为国际礼仪的主要组成部分。虽然中、西方礼仪植根的文化土壤不同，但它们都是植根于文明，并伴随着文明而不断发展的。

总之，礼仪的历史演变到今天，各个国家和民族都形成了自己独具特色的礼仪文化和礼仪规范。英国人的绅士风度、法国人的浪漫情调、美国人的洒脱自由、日本人的男女有别等，已为世界所共知。但另一方面，当今世界也形成了一些被普遍认可和接受的礼仪惯例。个性与共性并存，特色与惯例同在，共同构成了当今世界礼仪的亮丽风景。

第三节　礼仪的功能与原则

一、礼仪的功能

现代社会，人们越来越注重礼仪的学习和修养，礼仪在社会生活中也发挥着越来越重要的功能。

（一）塑造良好形象

塑造形象是礼仪的第一功能。礼仪不仅有助于树立良好的个人形象，还有助于树立优秀的组织形象。

1. 个人形象塑造

在社会生活中，每个人都希望给他人留下美好印象，得到社会公众的认可。但不是每个人都能够轻而易举地做到这一点的。因为个人形象绝不仅仅是指个人先天的形体容貌，它是一个人的仪容、表情、举止、服饰、谈吐、教养的集合。礼仪在这些方面都有详尽的规范。因而，人们可以通过学习礼仪更好、更规范地塑造个人形象，更充分地展示个人的良好教养和优雅风度。

【微型案例】

一位先生要将一个没带任何介绍信的小伙子安排到他的办公室做事，先生的朋友挺奇怪。先生说："其实，他带来的不止是一封介绍信。你看，他在进门前先蹭掉脚上的泥土，进门后又先脱帽，随手关上了门，这说明他很懂礼貌，做事很仔细；当看到那位残疾老人时，他立即起身让座，这表明他心地善良，知道体贴别人；那本书是我故意放在地上的，所有的应试者都不屑一顾，只有他俯身捡起，放在桌上；当我和他交谈时，我发现他衣着整洁，头发梳得整整齐齐，指甲修得干干净净，谈吐温文尔雅，思维十分敏捷。怎么，难道你不认为这些小节是极好的介绍信吗？"

【评析】生活中的小节也反应了一个人的教养与礼节。在人际交往中，礼仪往往是衡量一个人文明程度的准绳。它不仅反映出一个人的交际技巧与应变能力，而且还反映出一个人的气质风度、阅历见识、道德情操和精神风貌。因此学习礼仪，运用礼仪，对个人的成功也是至关重要的。

2．组织形象塑造

在现代社会，尤其是在激烈的竞争环境中，调动一切积极因素，利用一切有效手段来提高组织的知名度和美誉度、增强竞争力，已经是每个社会组织都极其重视的问题。要树立良好的组织形象，除了建立产品信誉之外，还必须注重单位组织内部员工的精神风貌、服务态度、装束仪表等问题。而在这些方面，礼仪也有许多具体的规范。如果某个组织中的每个成员都能够按照礼仪规范来约束自己的行为，就能够让社会公众对该组织产生认同感，从而为该组织带来有形的和无形的财富。

（二）教育示范功能

道德是调整人们相互关系的行为规范的总和。作为道德重要内容的礼仪，通过评价、劝阻、示范等教育形式，纠正人们不正确的行为习惯，指导人们按照一定的礼仪规范要求去协调人际关系，维护社会正常生活。遵守礼仪原则的人，客观上也起着榜样示范作用，无声地影响着周围的人。大家相互影响，相互促进，就可以促使整个社会道德的进步和文明程度的提高。

（三）正确沟通信息

人类的言语和行为都包含着一定信息。礼仪作为人们内在涵养、素质的外在体现，无时无刻不在交往中向交际对象传递着这样那样的信息，成为人们互相了解的一种手段。如问候语“你好”“早安”“身体好”“祝你家庭幸福”等，这些礼貌问候语传递给对方这样一种信息：或是祝福，或是尊重，或是一般性礼貌，或是一种随意性问候等等。如果不懂礼仪，传达者言语和行为所传达的信息就可能与其本意背道而驰。如：在中国的许多地方，人们习惯初次见面时询问成年人的婚姻状况以示关心，但是如果到欧美国家也这样，就会被认为干涉他人隐私，是很没有礼貌的。一个不懂礼仪的女士在进行面试准备时可能会刻意浓妆艳抹、装扮仪容以示自己对于面试的重视，殊不知浓妆艳抹地参加面试恰恰是缺少专业素质、对工作的重视程度还不如对自身仪表的重视程度的表现。因此，了解礼仪是正确沟通信息的一个前提。

（四）协调人际关系

在交际活动中，往往有各种各样的人际关系，但不论体现的是何种关系，维系人与人之间沟通与交往的礼仪，都承担着十分重要的“润滑剂”作用。礼仪的原则和规范就像一把尺子，它约束着人们的动机，指导着人们立身处世的行为方式。如果，每个人都能按照这把尺子规范约束自己的言行，不但可以轻松避免某些不必要的感情对立与矛盾冲突，还有助于建立和加强人与人之间相互尊重、友好合作的新型关系，使人际关系更加和谐，社会秩序更加有序。

二、礼仪的原则

任何事物都有自己的规则，礼仪也不例外。凝结在礼仪背后的共同理念和宗旨就是礼仪的原则，它是我们在操作每一项礼仪规则的时候应该遵守的共同法则，也是衡量我们在不同场合、不同文化背景下言行是否正确、得体的标准。

（一）尊重的原则

孔子对于礼仪曾有一句精辟的概括——“礼者，敬人也”。敬人，就是尊敬、尊重他人。这是礼仪的核心与重心。

作为一种社会性的高级生物，人类不仅有满足物质生活的需要，更有获得精神、心理满足的渴求。一般来说，人们对于那些尊重自己的人有一种自然的亲和力和认同感。尊重的原则要求我们在自尊、自爱的同时尊重他人的人格、劳动和价值，以平等的身份与人交往；同时，我们还要尊重他人的爱好和感情。可以说，在与人交往之时，最要紧的就是敬人之心长存。互谦互让、互尊互敬是交际成功的关键。在人际交往中，只要不失敬于人，即使具体做法一时失当也能够获得对方的谅解。

（二）自律的原则

礼仪规范是为了维护人与人之间的和谐关系、为了维护社会稳定和发展而存在的，它符合每个社会成员的根本利益要求。作为社会的一员，每个人都应该严格自律，自觉地遵守并执行礼仪规范，以促进人际关系的和谐与社会的稳定。所谓自律，就是自我约束、自我控制、自我反省。礼仪规范都是由对待自己的要求和对待他人的方法两个部分构成的。对待自己的要求是个人培养礼仪修养的基础和出发点。如果没有对自己的要求，只要求别人如何如何，那么遵守礼仪也就无从谈起。

我们学习礼仪的目的不仅仅是要了解礼仪的内容，更主要是为了在社会生活中应用礼仪。任何人，不管其身份如何都应该自觉地应用礼仪，使自己成为一个高尚的、受欢迎的人，否则就极容易受到公众的指责，不但交际很难成功，还会严重损害到个人形象，影响其个人发展。因此，在与他人的交往过程中，每个人都要时时注意自我约束、自我反省，避免给他人带来不快。

（三）宽容的原则

这一原则是从对待他人的角度来说的。所谓宽容，是指心胸宽广、忍耐性强。正如孔子所指出的，“宽则得众”。一个有着宽阔胸怀的人往往很容易赢得他人的爱戴和敬重。要宽容，就要做到将心比心，“己所不欲，勿施于人”。要多容忍他人、体谅他人，不求全责备、斤斤计较或过分苛求、咄咄逼人。美国就有一家企业在招收员工时，有一个比较新奇的规定，即在录用期内允许职工犯一个“合理的错误”。他们认为，一个再谨小慎微的人都会犯一个小小的错误，相反，一个不犯错的人，反而被认为在工作上不会有大的成就。对人就应该像这样宽宏大量，决不能求全责备，更不能鸡蛋里挑骨头。

现实生活中，每个人的思想、品格、兴趣、爱好以及认识问题的水平都是有差别的。我们不应该用一个标准去要求所有的人，而要容许他人有行动和独立地进行判断的自由。对于那些与我们不同的言行，在不违背正义和道德的前提下，应该保持平和、容忍的态度。

（四）平等的原则

礼仪的核心是尊重交往对象。尽管在具体运用礼仪的时候要因人而异，根据不同的交往对象采取不同的具体方法，但是当面对众多各方面相同或相近的交往对象时，必须一视同仁，给予他们同等的礼遇，不能因为交往对象之间存在着年龄、性别、种族、文化、职业等方面的差异而厚此薄彼。如，握手时我们可以先与职位高者握，然后再与职位低者握；也可以先与年老者握手，然后与年轻者握手。但是不能只与职位高者或年纪老者握手而置其他人于不顾。在涉外交往中尤其要注意：不能根据对方所属国家的大小、贫富而区别对待外国人士，那样会破坏彼此间的关系，甚至会产生国际争端。

（五）等级相称的原则

这里所说的等级是广义上的等级概念。它既包括社会地位的等级，如上下级，也包括家族地位的等级，如辈分、长幼、亲疏等。这一原则要求礼仪的规模、规格、形式等都要恰如其分，不能对上级、长者、尊者使用对下级、幼者的礼仪，也不能对下级、幼者使用对尊者、长者的礼仪。比如西方的亲吻礼，按照礼仪规范，长辈吻晚辈应吻其额头，而晚辈吻长辈则应吻其下颌。如果反其道而行之就是违反了等级相称的原则，是极其失礼的。

（六）从俗的原则

由于国情、民族、文化背景的不同，在人际交往中实际上存在着“十里不同风，百里不同俗”的情况。这一规律要求人们客随主便，主随客意。客随主便，就是客人必须遵循主人所在地域的礼仪规范，按照主人方的礼仪习惯来做。

如我们中国人习惯就餐时使用筷子，但是如果到了欧洲，就应该主动适应欧美人就餐时使用刀叉的习惯。主随客意，是指东道主接待客人的时候应考虑到来宾的礼俗习惯和禁忌，尽量做到让客人宾至如归。如菊花在我国是临霜不屈的君子的象征，深受人民喜爱，一些城市甚至把它选为“市花”。但是在法国、意大利等国，菊花则意味着死亡，在欢迎来自这些国家的外宾时是千万不能摆设菊花的。某国内旅行社为了表示对来华的意大利游客的欢迎，在游客们刚到达中国的时候就送给每位游客一条绣花的真丝手帕。这种做法使得意大利游客们一片哗然，其中一位妇女非常气愤。原来，在意大利，只有告别的时候人们才会送手帕给对方，意为“擦掉惜别的眼泪”，游客们还没有开始旅行就收到了离别的礼物当然不高兴；而那位妇女之所以气愤，原因是她得到的手帕上绣着在意大利用来祭奠亡灵的菊花图案。可见，如果不能做到主随客意，良好的用心也可能引发不愉快。从俗的原则使不同民族、不同地区的人们在交际时对遵从哪种礼仪规范有了一个共同认可的标准，可以使人们对礼仪的应用更加得心应手，更有助于交际成功。

（七）真诚的原则

真诚是指真心实意、实事求是的态度。礼仪的真诚原则要求人们在交往中务必以诚相待、言行一致、表里如一。只有这样，我们在运用礼仪时所表达的对交往对象的友好和尊敬才会很好地被对方所理解和接受。如果仅仅把运用礼仪作为一种道具和伪装，口是心非、言行不一，或者人前人后不一、投机取巧，那么就违背了礼仪的基本宗旨。中国传统道德主张“言必信，行必果”，就是强调做人要真诚守信。在现代社会，真诚守信已经是人们生存和发展的必要条件，它关系到个人或组织的形象。只有真诚守信，才能表达出对交往对象的尊敬和友好，赢得对方的好感与信赖，最终获得交际的成功。

（八）适度的原则

适度原则是指在进行交际时要把握礼仪分寸，根据具体情况、具体情境而行使相应的礼仪。如在与人交往时，既要表现得彬彬有礼，又不能让人感觉是在低声下气；既要表现得热情大方，又不能给人轻浮谄谀的感觉；要自信却不能自负；要坦诚但不能太过于口无遮拦；要信任但不能盲目轻信；要活泼但不能轻浮；要谦虚但不能自卑；要老练沉稳，但又不能圆滑世故。

第四节　应用写作概论

一、应用写作的涵义

应用写作是一种和社会实践紧密联系并有着鲜明目的的写作活动，是写作主体运用书面语言和图表符号最直接最有效地表述思维、交流思想、传播信息、实行管理、处理事务、解决问题、指导实践的写作活动。

应用文是应用写作活动的产物，它是机关、团体、企事业单位和个人，在日常工作、生产、学习和生活中，办理公私事务所使用的、具有直接实用价值和一定惯用文章体式的文字材料，也就是文书。

一般来说，人们按照应用文的使用功能把它分为通用和专用两大类，通用类指人们在办公或办事中普遍使用的文书。它又可分为三类：一是行政公文类，它指的是《国家行政机关公文处理办法》中规定的文种，包括命令、决定、公告、通告、通知、通报、议案、报告、请示、批复、意见、信函和会议纪要等；二是通用事务类，包括调查报告、工作总结、述职报告、简报、计划、规章制度等；三是个人事务类，如信函、启事、祝词、悼词等。专用类指某种特定行业使用的专业性较强的文书。如科技类的，含学术论文、实验报告；财经类的，如市场预测报告、经济合同、审计报告等；司法类的，如上诉状、辩护词、公证书、判决书；传播类的，如消息、通讯、广告等。

二、应用写作的主旨和材料

（一）主旨

主旨，通常称为主题，是文中告诉读者的观点、主张，是作者对客观事物和材料的总体看法和评价。写应用文，总有一定的目的和意图，这个目的和意图体现在文中，就是主旨。确立主旨的要求：

1. 正确

主旨正确包括两个方面：一是写作动机和基本观点要符合党和国家的方针、政策，不能违背国家法律，不能危害人民和社会，不能宣扬唯心的、腐朽的思想；二是要做到思想性与科学性的统一，公正、客观、准确、全面地反映客观事物，实事求是地解决与处理问题，不能感情用事，不能因个人的好恶而发生偏颇。

2. 集中

应用文体的主旨应单纯、专一，不枝不蔓；反对复杂化，多中心；强调一文一意，一个中心贯穿始终。否则，贪大求全，零乱琐碎，就会出现“意多乱文”的疵病。

3. 鲜明

一是作者赞成什么，反对什么，提倡什么，批评什么，肯定什么，否定什么，要有明确的态度，不能模棱两可，似是而非；二是主旨所表明的意图、目的，作者在文章中所表明的见解、观点，不能像文学作品那样含蓄，让读者雾里看花，而是要直截了当地表达出来。

4. 深刻

应用写作的主旨力求揭示事物的本质，探求事物的内在规律，提出推进社会发展的有益见解。不能只看表面现象，或被表面现象所迷惑。否则，人云亦云，就会显得肤浅。

（二）材料

应用文的材料是指写进文章的事实，包括时间、地点、人物、事件、背景、原因、结果、目的、依据、措施、办法、意见、规定、数据等。材料是应用文的基本要素之一。它不同于议论文中的论据，也不同于记叙文和文学作品中的题材，更不同于那些尚未提炼、加工的原始素材。

应用文的材料要求真实、典型。真实是指应用文中涉及的人和事必须确有其人，真有其事，甚至连事情的始末细节也绝对真实可靠。典型是指最有代表性、最具普遍性、最生动、最能反映事物本质规律、最能表达观点、突出鲜明主旨的材料。

应用文的材料搜集要有正确的态度和方法。主旨确立后，写一个详细提纲，看需要哪些材料，已积累了哪些材料，还差哪些材料。搜集材料多多益善，写作时选材要精，要严。材料加工可以采用概括、决策、推论、统计、分析、预测、联想、转述等方法。在应用文写作中，对应用文主旨和材料把握上的匠心独运，往往会产生意想不到的效果。

三、应用写作的结构

所谓结构，即是文章的内部组织安排，也是文章的外在表现形式。作者要想把自己的想法表现出来，且为人接受，就必须围绕一定的主旨，按照一定的顺序，把有用的材料有机地组织起来。

（一）常见的结构形式

1．纵式结构

按照事物产生、发展、变化的过程或时间先后顺序去写，即纵式结构。这种写法，能形象地再现事物的原貌，可读性较强。使用这种写法时，应防止自然主义，要对事件的发展过程加以分析。可分成几个阶段，然后区分主次，分别详略地叙述，使读者既能看到事物的原貌，又能抓住事物的要害。

2．横式结构

根据内容的特点和矛盾的不同性质，按照事物的逻辑关系进行分类归纳，把主体分成几个部分（或几个方向），然后把材料横着排列起来，逐个进行阐述，最后从总的方面集中说明一个中心思想，即横式结构。这种写法，便于抓住要害，突出主要矛盾，文章的观点鲜明，为应用文所广泛使用。使用这种写法应注意：全面了解情况，科学分析判断，既有观点又有材料，各部分之间既有相对独立性，又有密切的内在联系，而且各部分都应围绕全文的中心，否则，就会“下笔千言，离题万里”。

（二）应用文常见的开头和结尾方式

1. 开头方式

（1）概述式。开头反映基本情况，基本问题，交代有关背景、缘由，如有些行政公文、调查报告常用这种方式开头。

（2）结论式。把主要问题放在文章的前面，然后再展开论述，如报告、总结常用这种方式开头。

（3）目的式。说明写作本文的缘由与目的，如通知、通告、规章制度、合同等常用这种方式开头。

（4）引述式。引用上级有关指示或精神，或引述下级来文反映的情况、问题作为开头，如报告、批复、通知、办法、细则等常用这种方式开头。

（5）提问式。用设问或提问等方式开头，以引起下文，如调查报告等常用这种方式开头。

2. 结尾方式

（1）请求式。结尾表明行文的具体请求，强调目的意图。如请示、报告等常用这种方式结尾。

（2）说明式。在文章的末尾交代或者说明与文章有关的内容，以引起注意，如新闻调查等常用这种方式结尾。

（3）强调式。结尾强调说明本文的主旨，以引起有关部门的重视，如报告等常用这种方式结尾。

（4）总结式。结尾对全文进行归纳总结，点明主旨。

（5）照应式。结尾与开头呼应，使主旨更加鲜明突出。

四、应用写作的语言

应用文的语言，原则上与一般文章相同，但是由于其功能的特殊性，它在语言上有其特殊的规定与要求。

1. 惯用词语的大量运用

惯用词语是应用写作在处理公务或私务活动中用来反映行文关系和办事程序

等的习惯用语，运用得当，有助于表达的简洁、明快，如：

(1) 称谓用语：本(局)、贵(公司)、该(处)。

(2) 引述用语：前接、近接、悉。

(3) 经办用语：经、业经、兹经。

(4) 期请用语：即请查照、希望遵照、恳请、拟请。

(5) 表态用语：同意、不同意、可行、不可。

(6) 征询用语：妥否、是否可行、可否、是否同意。

(7) 期复用语：请批示、请核示、请函复、请回复。

(8) 综述过渡用语：为此、对此、据此。

(9) 结尾用语：为要、为盼、为荷、是荷、特此通知。

2. 专业术语的适当运用

应用写作包括通用文书与经济、法律、科技等专业文书的写作。在专业文书写作中，适当使用专业术语，既能准确地反映专业情况，又能形成特定的语体风格。如经济文书写作，常用预算、支出、平衡、税率、赤字、滞纳金、信用、信托、资金平衡、票据交换、汇率、资金利润、资金占有额、资金周转率等专业术语。当然，为照顾更多的非本专业的读者对象，凡可用可不用的专业术语，尽量少用或不用。滥用专业术语乃是应用写作之大忌。

3. 部分文言词语的沿用

应用写作文体中的有些文种，特别是公文，许多词语的运用在一定程度上受古汉语的影响，沿用了古汉语中的部分有生命力的文言词语，如“兹”、“悉”、“拟”、“业经”、“欣逢”等。文言词语具有庄重、简洁、凝练的特点，使用得当能起到“文约意丰”的效果。为了恰当使用文言词语，一要注意理解其义，二要谨慎使用，不要滥用。

4. 单音单纯词的经常使用

单音单纯词音节短、语义明了，因此应用写作文体中常使用单音单纯词。单音单纯词的使用既使文章句子明快、语言简洁，又有节奏感，且往往是重读音节，能引起读者的注意。常用的单音单纯词有：“希”、“各”、“接”、“即”、“并”、“望”、“请”等。它们往往用于各段落前的开头或结尾处的句首。在使用这类词语时注意行文关系，以保证行文得体。

5. 规范化书面词语的普遍运用

规范化的书面词表义严谨周密，在应用文写作中被普遍运用。值得注意的是不要使用口语词、方言词和土俗俚语，如在文件用语中，使用“商榷”、“会同”、“诞辰”、“不日”等书面词语，而不使用“商量”、“一道”、“生日”、“不几天”等口语词。这样，有利于保持文件的严肃性和权威性，保持文件用语的简洁、朴实、庄重和典雅。

五、应用写作的表达方式

表达方式就是表达文章内容的方式，它是由表达目的所决定的反映客观事物的语言手段。最常见的表达方式有五种：记叙、描写、抒情、说明和议论。鉴于应用写作文体有“用来办事”这一功能，以下主要讲述记叙、说明和议论三种表达方式。

（一）记叙

记叙就是把人物的经历和事物发展变化的过程表达出来，它是写作中最基本、最常见的一种表达方式。应用文中的记叙可以记录人物的事迹，叙述事件的来龙去脉，还可以为议论说明提供事实论据。

记叙的方法是多种多样的，从不同的角度可以分为不同的类别。从记叙的详略程度上分，可以分为详叙和略叙；从记叙的先后次序上分，可以分为顺叙和倒叙，插叙和补叙；从记叙的线索上分，可以分为总叙和分叙。应用写作文体的记叙要求：直书其事，线索清楚，详略得当。

记叙的人称有第一人称和第三人称。应用写作文体的记叙，要求写作者有一个立足点和观察点；要么从自我出发，要么就是从与记叙对象的平行地位出发，所以，记叙时要确定人称。第一人称，作者以当事人的身份出现，记叙“我”的所见所闻，所经所历，所思所感，给人一种真实、亲切的感觉。第三人称，作者站在第三者立场，用记叙他人的口吻把人物的经历或事件的发展变化叙述出来，能够比较灵活地反映客观实际。

（二）说明

说明是指用简洁准确的语言，对客观事物进行解释、阐述的一种表达方式。由于说明的目的是向人们传授知识和技能，因此，和其他表达方式比较起来，说明还有科学性和知识性的显著特点。

应用写作文体的说明方法主要有以下几种：

(1) 诠释。即用简练概括的语言给事物下定义。

(2) 比较。即通过比较来说明事物的性质特征。

(3) 介绍。即对事物的性能、功用、成因等简要解释、介绍。

(4) 举例。即举出一些典型事例来说明事物。

(5) 分类。即按照一定的标准把被说明的事物划分成不同类别加以说明。

另外,如比喻、问答、图表、数据等,也是常用的说明方法。

(三) 议论

议论就是作者通过事实材料及逻辑推理阐明道理,表明自己的见解、主张以及驳斥别人观点的一种表达方式。

议论有三个要素:论点、论据、论证。所谓论点,是作者对所论的问题提出的看法、主张。它可分为中心论点和分论点。中心论点可以在文章的开头提出,也可以在篇末归纳提出,常以一个判断性语句出现在文章的明显位置上。分论点是从中心论点分化出来的,它为中心论点服务,常在文章每一部分开头提出。所谓论据,是证明论点的理论和事实依据。所谓论证,是用论据证明论点的过程。一般包括论点提出的原因及对论点的基本解说,说明论点的正确(或错误),归纳论证的结果等几部分。

论点、论据和论证这三个概念,既有根本区别,又有密切联系。论点是统帅,解决"要证明什么"的问题;论据是基础,解决"用什么来证明"的问题;论证是达到论点和论据统一的桥梁,解决"如何证明"的问题。这就是论点、论据和论证三者之间的关系。

议论分为立论和驳论两种形式。论证的方法主要有例证法、引证法、喻证法、对比法、反证法等。例如,邓小平同志《在全国科学大会开幕式上的讲话》中,有一个论点:"科学技术是生产力,这是马克思主义历来的观点。"论证时,采用的就是例证法:"早在一百多年以前,马克思就说过:机器生产的发展要求自觉地应用自然科学。并且指出:'生产力中也包括科学。'"在这一段话中,前一句是间接引证,后一句是直接引证,准确、贴切、有力地论证了自己的观点。又如毛泽东同志用"箭和靶的关系"来说明理论必须联系实际;用"弹钢琴"来说明各种革命工作之间的配合关系;用"气候变化了,衣服必须随着变化"来说明形势变了,机构也要随之变化。如此等等,运用的都是喻证法。又如在《邹忌讽齐王纳谏》中,邹忌用妻私他,妾畏他,客欲有求于他,因而使他受了蒙蔽,证明宫女私王,朝臣畏王,庶民有求于王,王也受了蒙蔽。这里运用的就是对比法。

【课后实践】

一、思考训练

(1) 你对“中国是礼仪之邦”怎么认识的?

(2) “客随主便”和“主随客意”矛盾吗?你怎样看待这两者之间的关系?

(3) 结合自己的实际,谈谈大学生,尤其是职业技术学院的学生学习这门课程的重要意义何在?

二、案例分析

案例 1

我不愿意在礼貌上不如任何人

《林肯传》中有这样一件事:一天,林肯总统与一位南方的绅士乘坐马车外出,途遇一老年黑人深深地向他鞠躬。林肯点头微笑并也摘帽还礼。同行的绅士问道:“为什么你要向黑鬼摘帽?”林肯回答说:“因为我不愿意在礼貌上不如任何人。”可见林肯深受美国人民的热爱是有其原因的。1982 年美国举行民意测验,要求人们在美国历届的 40 位总统中挑选一位“最佳总统”时,名列前茅的就是林肯。

请问:林肯向老年黑人脱帽致礼说明了什么?

案例 2

两则小故事给我们的启示

第一个故事:在一场激烈的战斗中,上尉忽然发现一架敌机向阵地俯冲而来。照常理,发现敌机俯冲时要毫不犹豫地卧倒,他发现离他四五米远处有一个小战士还站在那儿。他顾不上多想,一个鱼跃飞身将小战士紧紧地压在身下,此时一声巨响,飞溅起来的泥土纷纷落在他们的身上。上尉拍拍身上的尘土,抬头一看,顿时惊呆了:刚才自己所处的那个位置被炸了两个大坑。

第二个故事:古时候,有两个兄弟各自带着一只行李箱出远门,一路上重重的行李箱将兄弟俩都压得喘不过气来，他们只好左手累了换右手，右手累了又换左手。忽然，大哥停了下来，在路边买了一根扁担，将两个行李箱一左一右挂在扁担上。他挑起两个箱子上路，反倒觉得轻松了许多。

请问：从这两个小故事中你得到了什么启示？

案例 3

一位老师带领学生前往一家大集团公司参观。老总是该老师的大学同学，不仅亲自接待，还非常客气。工作人员为每位同学倒水，席间有位女生表示自己只喝红茶。学生们在有空调的大会议室坐着，大多坦然接受服务，没有半分客气。当老总办完事情回来后，不断向学生表示歉意，没有人应声。当工作人员送来笔记本，老总亲自双手递送时，学生们大都伸着手随意接过，没有起身也没有致谢。从头到尾只有一个同学起身双手接过工作人员递过来的茶和老总递来的笔记本时客气地说了声："谢谢，辛苦了！"

最后，只有这位同学收到了这家公司的录用通知。有同学很疑惑甚至不服："他的成绩并没有我好，凭什么让他去而不让我去？"。老师叹气说："我给你们创造了机会，是你们自己失去了。"

请问：这则小故事中老师的话说明了什么？

案例 4

李明刚刚参加工作，就陪同经理下基层考察，考察地点是建筑工地，有几百名建筑工人昼夜兼程地在那里施工。临行前，经理对李明说："这是市政府的重点工程，我要给工人们鼓鼓劲。你帮我拟个发言稿，有 300 字就成。"李明笔头来得快，下车就将稿子递给经理，不料，经理用眼睛一扫就皱起了眉头："怎么彩旗飞扬、晴空万里都来了？你以为是写记叙文？"李明说："我没有去过工地。"经理说："你去没去过工地不重要，重要的是你要了解应用写作的性质！"

请问：假如你是李明，你将怎样完成这个任务？你知道应用写作与文学写作的区别吗？

第二章　个人形象礼仪与礼仪类文书写作

【本章目录】

【学习目标】

(1) 了解仪容礼仪要求,学会正确地修饰仪容。

(2) 掌握服饰礼仪规范,能够着装得体。

(3) 学会坐、站、走等标准姿态,养成良好的行为习惯。

(4) 了解名片制作的要求,能够自己设计名片。

【案例引入】

曾任美国总统的老布什,能够坐上总统的宝座,成为美国“第一公民”,与他的仪态表现分不开。在1988年的总统选举中,布什的对手杜卡基斯,猛烈抨击布什是里根的影子,没有独立的政见。而布什在选民中的形象也的确不佳,在民意测验中一度落后于杜卡基斯十个百分点,不料两个月后,布什以光彩照人的形象扭转了劣势,反而领先十多个百分点。原来布什有个毛病,他的演讲不太好,声音又尖又细,手势及手臂动作总显出死板,肢体动作不美。后来布什接受了专家的指导,纠正了自己的动作,有效地改变了人们对他的评价。

问题分析:你认为老布什在竞选中为什么能反败为胜?

第一节　个人礼仪概述

一、个人礼仪的内涵

个人礼仪也称“仪表礼仪”，是指对社会个体在仪容举止、衣着打扮等方面的具体规范。它是交际礼仪的基础，是一种文明行为标准，是社会个体的生活行为规范与待人处世的准则，是个人道德品质、文化素养、教养良知等精神内涵的外在表现。其核心是尊重他人，与人友善，表里如一，内外一致。基本要求是仪容仪表整洁端庄，言谈举止真挚大方，服饰搭配得体，表情自然舒展。

几千年的人类文明史证明，人们对文雅的仪风和悦人的仪态一直孜孜以求。素有“礼仪之邦”美誉的中国，从古至今一直就十分崇尚“礼”，也极为重视礼仪教化。历代君主、诸路圣贤均把礼仪视作是一切的准绳，认为一切应以礼为治，以礼为教。关于个人礼仪与社会文明的问题，我们的先人也有过不少的论述。如《论语·为政》中说：“道之以政，齐之以刑，民免而无耻；道之以德，齐之以礼，有耻且格。”其大意为：用政权推行一种“道”，并用刑律惩处违反“道”者，老百姓想的是如何逃避惩处而不看行为的对错和荣辱；用德来推行“道”，以礼教化人民，老百姓懂得对错、荣辱，并会自觉地遵守之。这十分清楚地说明人们对个人礼仪所产生的社会效应有较为深刻的理解，《天子》中的“礼仪廉耻，国之四维”，更明白、直接地将“礼”列为立国四精神要素之首，也可见其突出的社会作用。无数事实证明了个人礼仪对一个社会的净化与美化起着积极的作用。个人礼仪所形成的一种具有较强约束力的道德力量，使每一位社会成员能够自觉按社会文明的要求调整行为，唾弃陋习，最终将自己的言行纳入符合时代之礼的轨道，以顺应社会发展的潮流。可以说，个人礼仪从一个侧面反映了一个社会的文明程度。个人礼仪不仅是衡量一个人道德水准高低和有无教养的尺度，而且也是衡量一个社会一个国家文明程度的重要标志。

而今，随着现代社会人际交往的日渐频繁，人们对个人的礼仪更是倍加关注。从表面看，个人礼仪仅仅涉及个人穿着打扮、举手投足之类无关宏旨的小节小事，但小节之处显精神，举止言谈见文化。个人礼仪，作为一种社会文化，不仅事及个人，而且事关全局。若置个人礼仪规范而不顾，自以为是，我行我素，必然授人以笔柄,小到影响个人的自身形象,大到足以影响社会组织乃至国家和民族的整体形象。事实如此,绝非无病呻吟,耸人听闻。我们强调个人礼仪,倡导现代文明,旨在提高个人礼貌素养,强化公民的文明观念。良好的礼仪风范,出众的形象风采,是我们自尊尊人之本,更是我们立足、立业之源。

我们今天所提倡的个人礼仪是一种文明行为标准,其在个人行为方面的具体规定,无一不带有社会主义精神文明高尚而诚挚的特点。讲究个人礼仪是社会成员之间相互尊重、彼此友好的表示,这也是一种美德,是一个人的公共道德修养在社会活动中的体现。“行为心表,言为心声”是众所周知的,个人礼仪如果不以社会主义公德为基础,以个人品格修养、文化素养为基础,而只是在形式上下功夫,势必事与愿违。因为它无法从本质上表现出对他人的尊敬之心,友好之情,因而也就不可能真正地打动对方,感染对方,增进彼此间的友谊,融洽彼此间的关系。那些故作姿态、附庸风雅而内心不懂礼、不知礼的行为,或人前人后两副面孔的假文明、假斯文行径,均属“金玉其外,败絮其中”者所为,众人将对此嗤之以鼻。“诚于中则形于外”,只有内心具备了高尚的道德情操,才能有风流儒雅的风度;只有有道德、有修养、有文化、有学识的人才能“知书达礼”,才能严于律己,宽以待人。自觉按社会公德行事,才能懂得尊重别人,就等于尊重自己,懂得遵守并维护社会公德,就是为自己创造一个文明知礼、轻松愉快的生活环境的道理,才能真正成为明辨礼与非礼之界限的社会主义文明之人。

二、加强个人礼仪的重要性

【微型案例】

一家企业的招聘现场,一个男生挤到招聘席前,高举着简历,大声叫嚷“喂,收一下我的应聘材料!”但招聘人员盯了他一眼,继续和其他应聘者交谈。事后,招聘人员告诉记者:“像这样没礼貌的人,谁也不敢要!否则,哪天公司形象受损都不知道。”

问题分析:

(1) 对这位招聘人员的说法你怎么看?

(2) 你认为他是否有些夸大其辞?

加强个人礼仪修养有着极为重要的现实意义：

首先，加强个人礼仪修养有助于提高个人素质，体现自身价值。

“金无足赤，人无完人”是人所共知的。然而现实生活中，人们却都在以各种不同的方式追求着自身的完美，寻找通向完美的道路。争当“名牌”人，强调“外包装”者有之；注重“脸蛋靓”，在乎“身段好”者也有之，但这些均不足以使人发生美的质变。费时费力费钱财之后，仍有不少人依然是“败絮其中”吗？我们认为，只有将内在美与外在美统一于一身的人才称得上唯真唯美，才可冠以“完美”二字。加强个人礼仪修养是实现完美的最佳方法，它可以丰富人的内涵，增加人的“含金量”，从而提高自身素质的内在实力，使人们面对纷繁社会时更具勇气，更有信心，进而更充分地实现自我。

其次，加强个人礼仪有助于增进人际交往，营造和谐友善的气氛。

个人礼仪是人际交往的“润滑剂”。作为社会的人，我们每天都少不了与他人交往，假如你不能很好与人相处，那么在生活中、事业上就会寸步难行，一事无成。俗话说：“礼多人不怪。”人际交往，贵在有礼。加强个人礼仪修养，处处注重礼仪，恰能使你在社会交往中左右逢源，无往不利；使你在尊敬他人的同时也赢得他人对你的尊敬，从而使人与人之间的关系更趋融洽，使人们的生存环境更为宽松，使人们的交往气氛更加愉快。

第三，加强个人礼仪有助于促进社会文明，加快社会发展进程。

人与社会密不可分，社会是由个人组成的，文明的社会需要文明的成员一起共建，文明的成员则必须要用文明的思想来武装，要靠文明的观念来教化。个人礼仪修养的加强，可以使每位社会成员进一步强化文明意识，端正自身行为，从而促进整个国家和全民族总体文明程度的提高，加快社会的发展。“国家兴亡，匹夫有责”，在改革开放不断深化之际，我们每一位社会公民都有理由以自觉加强自身的品行修养（尤其是礼仪修养）为己任，一同投身于社会主义的两个文明建设之中。

三、个人礼仪的特征

个人礼仪的基本特征概括起来有以下五个方面：

（一）以个人为支点

个人礼仪是对社会成员个人自身行动的种种规定，而不是对任何社会组织或其他群体行为的限定。但由于每个群体都是由一定数量的个体所组成的，每一个社会组织也都是由一定数量的组织成员所构成的。因此，个人行为的良好与否将直接影响着一个群体、社会组织乃至整个社会的生存与发展。从此意义看，我们强调个人礼仪，规范个人行为，不仅是为了提高个人自身的内在涵养，更重要的是为了促进社会发展的有序与文明。

（二）以修养为基础

个人礼仪不是简单的个人行为表现，而是个人的公共道德修养在社会活动中的体现，它反映的是一个人内在的品格与文化修养。若缺乏内在的修养，个人礼仪对个人行为的具体规定，也就不可能自觉遵守、自愿执行。只有诚于中方能行于外，因此个人礼仪必须以个人修养为基础。

（三）以尊敬为原则

在社会活动中，讲究个人礼仪，自觉按个人礼仪的诸项规定行事，必须奉行尊敬他人的原则。“敬人者，人恒敬之”，只有尊敬别人，才能赢得别人对你的尊敬。在社会主义市场经济条件下，个人礼仪不仅体现了人与人之间的相互尊重和友好合作的新型关系，而且还可以避免或缓解某些不必要的个人或群体的冲突。

（四）以美好为目标

遵循个人礼仪规范，尊重他人，按照个人礼仪的文明礼貌标准行动，是为了更好地塑造个人的自身形象，更充分展现个人的精视风貌。个人礼仪教会人们识别美丑，帮助人们明辨是非，引导人们走向文明，它能使个人形象日臻完美，使人们的生活日趋美好。因此，我们说，个人礼仪是以美好为目标的。

（五）以长远为计

个人礼仪的确会给人们以美好，给社会以文明，但所有这一切，都不可能立竿见影，也不是一日之功，必须经过个人长期不懈的努力和社会持续不断的发展，因此，对个人礼仪规范的掌握切不可急于求成，更不能有急功近利的思想。

第二节　仪容礼仪

一、仪容的含义

仪容礼仪是个人基本礼仪的重要组成部分。仪容的基本含义是指人的容貌，但是从礼仪学的角度说，仪容还应该包括头发、面部、手臂和手掌，即人体不着装的部位。

二、仪容的基本要求

（一）清洁卫生

清洁卫生是仪容美的关键，是礼仪的基本要求。不管长相多好，服饰多华贵，若满脸污垢，浑身异味，那必然破坏一个人的美感。因此，每个人都应该养成良好的卫生习惯，做到入睡起床洗脸、洗脚，早晚、饭后勤刷牙，经常洗头、洗澡，讲究梳理勤更衣。不要在人前"打扫个人卫生"。比如剔牙齿、掏鼻孔、挖耳屎、修指甲、搓泥垢等，这些行为都应该避开他人进行，否则，不仅不雅观，也不尊重他人。与人谈话时应保持一定距离，声音不要太大，不对人口沫四溅。

要保证卫生，可以从以下几方面入手：

1. 洗脸

我们出席正式的交际场合之前应及时清洁面部，在参加活动过程中应该及时用面巾纸等清洁面部的油脂，做到无泪痕、无汗渍、无灰尘等。另外，还应注意及时清理眼角、鼻孔、耳朵、口角等细微的残留物。

2. 洗头

俗话说："远看头，近看脚。"在公关往来中，首先映入交往对象眼帘的就是头发，所以人的头发应该保证没有头皮屑、不粘连、无异味，保持头发柔顺、整洁，这就要求我们应该保证一至三天洗头一次。

3. 洗澡

为了清除身体上的烟味、酒气、汗味等异味，我们每天都应该洗澡，或者至少也要坚持三天洗澡一次，特别是在参加重大的社会活动之前，洗澡是一项必须做的准备工作。洗澡一方面是为了保持干净，另一方面还可以使人清爽、精神焕发，不仅可以给交往对象留下良好的印象，还能使自己充满信心。

4. 洗手

我们在参加社交活动时，必须用手完成的动作很多，如握手、递送名片等，所以手的干净与否至关重要。在出席重大场合之前应注意洗手，做到手上无汗渍、无异味、无异物。此外，定期修剪指甲并保持手部洁净。不能留长指甲，指甲的长度与指尖齐平为最佳，并保证指甲内部无污垢，指甲两侧无死皮。当然，不应在上班时修剪指甲,更不应在开会时修剪指甲,修剪指甲也应避人。在正式场合和职业场合,女性也不应涂抹色彩艳丽的指甲油。

5. 刷牙

语言交流是社交交往的主要方式,我们必须要保证口腔卫生,确保口气清新,避免在双方进行语言交流时受到口气的影响。除早晚刷牙以外,在参加正式的交际场合之前也应该刷牙,至少要咀嚼口香糖,并尽量避免吃一些带有刺激性气味的食物,如葱、蒜、韭菜等。

(二)发型得体

讲究仪容,必须从“头”做起。男性头发前不盖眉,侧不掩耳,后不及领。女性根据年龄、职业、场合的不同,梳理得当。

有的人染一头彩发参加正式活动,招摇过市,以为出众;也有的人上班时披长发,戴头饰,自诩“时尚”,吸引眼球,以为漂亮,其实不然。人们对头发的关注,是第一位的,头发应以简约、典雅为风格。

(1)头发应勤于梳洗,保持自然光泽,洁净整齐。无异味,无头屑,肩、背无落发。

(2)在正式场合,可剪发、吹发、烫发,但不能染成自然色以外的颜色。也不要过多使用喷彩或啫喱水。

(3)男士提倡不留长发,不留鬓角。女士提倡剪短发,发长不应过肩,刘海儿不宜过低,不遮住眼睛。如果留有长发,在正式场合和重要场合应梳髻盘头或系扎,不披头散发。

(4)正式场合和职业场合头发不可滥加装饰。女士若有必要使用发卡、发绳、发带或发箍时,应选黑色、蓝色、棕色,朴实无华,不要插戴色彩艳丽或图案夸张的头饰。

发型应高雅、干练、大方。发型反映个人修养和品位,关乎年龄、身材、服装。个别女士剪平头,剃光头,追求另类,不讲礼貌。应坚持发分男女,反对女扮男装。除非娱乐场合和文娱界人士,任何极端或夸张的发型,都会损害你的形象。

(5)发型与脸形相辅相成,关系密切。适当选择和修剪,则可体现两者和谐之美。

- 圆形脸,宜头发侧分,长过下巴,最为理想;
- 方形脸,侧重于以圆破方,拉长脸形,采用不对称发缝和翻翘发帘,增加变化；

- 长形脸，重在抑长，保留发帘，增加两侧发量和层次；
- 梨形脸，力求上厚下薄，头发上肥下瘦，适当补偿；
- 心形脸，宜选短发，露出前额，增多耳下发量，选择不对称发型。

总之，发型应扬长避短，体现悠悠风韵、勃勃生机。

（三）面部清爽

男性宜每日剃须修面，女性宜淡妆修饰。

男性最好不要留太长的胡须，除非有特殊的宗教信仰或习俗，否则会被交往对象认为受到不尊重的待遇。应该保证每天剃须，这不仅是对别人的尊重，还是保证自己清爽自信的最佳手段。

化妆既为自尊，也为尊重他人。男士一般情况下不化妆，女士的化妆视情形而定。女士妆容并非一成不变，不同场合决定不同妆容。八小时之外休闲时，你可以不化妆，或者化淡妆。上班时你也可不化妆，倘若化妆只能化淡妆。提倡化妆上岗，但要求淡妆上岗。环境性质、职业身份和化妆规律都要求职员工作时化淡妆。浓妆艳抹的职员给人以不稳重感，使人怀疑其真才实学、工作能力。只有在参加晚间正式活动，你才可以化浓妆。化妆属于个人隐私，因此只能在家中进行。化妆应与自身条件相协调，善于扬长避短，讲究简约素雅，追求朴实无华。若有若无、出神入化、自然而然，则是化妆的最高境界。

（四）表情自然

表情，即面部表情，是指眼睛、嘴巴、鼻子、面部肌肉以及他们的综合运用所反映出的心理活动和情感信息。表情的传达与说话的内容更能够充分有效地结合，因此，有人将好的表情称之为“社交的通行证”；优雅的表情，可以给人留下深刻的第一印象。

构成表情的主要因素：目光和笑容。

1．目光

眼睛是心灵之窗，它能如实地反映出人的喜怒哀乐。目光是面部表情的核心。在人际交往时，目光是一种真实的、含蓄的语言。一个良好的交际形象，目光应是坦然、亲切、友善、有神的。目光是富有表现力的一种“体态语”，适当地运用能给交往带来好的作用，否则会带来不必要的误解。那类斜视、瞟视、瞥视的眼神少用为好。良好的交际目光应是坦然、亲切、和蔼、有神的。泰戈尔曾说过，一旦学会了眼睛的语言，表情的变化将是无穷无尽的。

目光运用包括以下几个方面：

(1) 注视时间的长短：

- 表示友好——不时注视对方，占全部相处时间的三分之一左右。
- 表示尊重——常常把目光投向对方，占相处时间的三分之二左右。
- 表示轻视——目光游离，注视时间不到相处时间的三分之一。
- 表示敌意或感兴趣——目光始终注视对方，注视对方的时间超过相处时间的三分之二。

(2) 注视部位的得当：

注视对方部位的不同，传达的信息也有所区别，造成的气氛也必将不同。不同的场合和不同的交往对象，目光所及之处应有所差别。

- 双眼及额头——表示严肃、认真、公事公办。(公务型)
- 双眼及唇部——表示礼貌、尊重对方。(社交型)
- 双眼、唇部、胸部——用于密切的男女关系和至亲的朋友。(亲密型)

(3) 注视角度不同方式的含义：

- 直视——表示认真、尊重，适用于各自情况。
- 凝视——表示对交往对象的专注、恭敬。
- 虚视——目光游离，表示胆怯、疑虑、走神、疲劳，或是失意、无聊等。
- 扫视——表示好奇、吃惊。
- 俯视——可表示对晚辈的宽容、恋爱，也可表示轻视，傲慢他人。

2. 笑容

笑是一种语言，笑有多种，常见的笑有微笑、欢笑、大笑、狂笑、苦笑、奸笑、傻笑、冷笑等。而微笑是社交场合中，最富有吸引力、最有价值的面部表情。微笑是自信的象征，是礼貌的表示，是心理健康的标志。在各种场合恰当地运用微笑，可以起到传递情感、沟通心灵、征服对方的积极心理效应。微笑是盛开在人们脸上的一朵鲜花，与人初次见面，给对方一个亲切的微笑，在一瞬间就拉近了双方的心理距离，消除了双方的拘束感；与朋友见面打个招呼，点头微笑，则显得和谐、融洽；对学生报以微笑可以使其消除紧张感、畏惧感，就会被信任感和亲切感所代替；上级对下级一个微笑，会让人感到平易近人；服务人员面带微笑，顾客就有了宾至如归的感觉，反过来，如果顾客向服务人员报以微笑，显示出对对方的尊重与理解，就会化解对方的烦躁与疲劳。外交家和企业家更是把微笑视为第一交际语言，并在国际交往和经济交往中加以得心应手的运用。周恩来闻名中外的“微笑外交”便是一个很好的例证。微笑是人际交往的一张万能通行证，“如果没有微笑，生活就会黯淡无光”。

怎样才能正确地运用好微笑？主要做到以下几点：

有效地利用笑容，可以缩短彼此之间的心理距离，打破交际障碍，为深入地沟通与交往创造和谐、温馨的良好氛围。

(1) 掌握微笑的要领。微笑的主要特征是：面含笑意，但笑容不甚显著。一般情况之下，人在微笑之时，是不闻其笑声，不见其牙齿的。它的基本方法是：先要放松自己的面部肌肉，然后使自己的嘴角微微向上翘起，让嘴唇略呈弧形。最后，在不牵动鼻子、不发出笑声、不露出牙齿尤其是不露出牙龈的前提下，轻轻一笑。

(2) 注意整体配合。微笑其实也是人的面部各部位的综合运动。若忽视其整体的协调配合，微笑便往往会不成其为微笑。通常，一个人在其微笑之时，应当目光柔和发亮，双眼略微睁大；眉头自然舒展，眉毛微微向上扬起。还应避免耸动自己的鼻子与耳朵。

(3) 力求表里如一。真正的微笑，理当具有丰富而有力度的内涵。它应当渗透着自己的一定的情感，而渗透着一定的情感的微笑，才真正具有感染力，这就是所谓笑中有情，笑以传情。真正的微笑，还应当体现着一个人内心深处的真、善、美。表现自己心灵之美的微笑，才会有助于服务双方的彼此沟通与心理距离的缩短。真正的微笑，还应当是一种内心活动的自然流露。它来自人的内心深处，而且绝无任何外来的包装或矫饰。

第三节　服饰礼仪

一、服饰概论

服饰包括衣、裤、裙、帽、袜、鞋及各类服饰物，它们起着遮体御寒、美化人类的作用。服饰着装又是一种无声的语言，它传达着一个人的个性、身份、涵养等多种信息，得体的穿着打扮有助于塑造个人形象。穿着得体，不仅能赢得他人的信赖，给人留下良好的印象，而且还能够提高与人交往的能力。相反，穿着不当，举止不雅，往往会降低人的身份，损害自身形象。如在公众场合光膀子、卷裤腿、穿睡衣；女性在办公场所不宜穿着吊带装、露脐装、超短裙、短裤等。由此可见，从某种意义上说，服饰是一门艺术，它既要讲究协调、色彩，也要注意场合、身份。同时它又是一种文化的体现。服饰所能传达的情感与意蕴甚至不是用语言所能替代的。在社交场合，得体的服饰是一种礼貌，一定程度上直接影响着人际关系的和谐。

所谓服饰（着装）礼仪就是人们在各种场合穿着打扮的礼仪规范。古今中外，着装从来都体现着一种社会文化，体现着一个人的文化修养和审美情趣，是一个人的身份、气质、内在素质的无言的介绍信。早在两千多年前孔子就提出"君子不可以不学，见人不可以不饰。不饰无貌，无貌不敬，不敬无礼，无礼不立"。（《大戴礼·劝学》），他认为穿衣不正，君子是引以为耻的，穿衣不正会影响一个人在社会中的形象。现在，我们在生活中经常听到"佛要金装，人要衣装"、"人配衣裳马配鞍"等和服饰有关的俗语，这说明服饰礼仪已深入民心。

二、服装的作用

1．实用的功能

人们穿衣，首先是为了保护、保暖避寒、遮羞，这是服装实用的功能体现。

2．展示个性

国际著名影星索菲亚·罗兰就说过："你的服装往往表明你是哪一类人物，他们代表着你的个性。一个和你会面的人往往自觉不自觉地根据你的衣着来判断您的为人。"服饰被视为人的"第二肌肤"，它既是一种社会符号，也是一种审美符号和情感符号。它好似一封无言的介绍信，时刻向自己的每一个交往对象传递着各种信息，它能反应出一个人的文化修养、审美情趣，也能反应一个人的价值观。

3．身份、地位

"只认衣衫不认人"、"先敬罗衣后敬人"，在等级社会中，服装是一个人身份地位的外在标志，帝王皇后穿龙凤冠，官吏穿特定颜色和款式的服装，而平和普通人则穿杂色布衣。鲁迅先生在小说《孔乙己》中描述咸亨酒店里的顾客，分成两等人，上等人是穿长衫的读书人或诗人，下等人是穿短衣，小打扮的平民。这也可以理解为什么现在有的人非名牌不穿了，但作为学生应从自身和家庭实际出发，不能一味追求名牌。

三、服饰打扮的原则

服饰打扮虽说由于每人的喜好不同，打扮方式不同，产生的效果也不同，因此也成就了五彩斑斓的服饰世界，但我们根据人们的审美观及审美心理还是有一些基本的原则可循。

（一）整洁原则

整洁原则是指整齐干净的原则，这是服饰打扮的一个最基本的原则。一个穿着整洁的人总能给人以积极向上的感觉，并且也表示出对交往对方的尊重和对社交活动的重视。整洁原则并不意味着时髦和高档，只要保持服饰的干净合体、全身整齐有致即可。

（二）个性原则

个性原则是指社交场合树立个人形象的要求。不同的人由于年龄、性格、职业、文化素养等各方面的不同，自然就会形成各自不同的气质，我们在选择服装进行服饰打扮时，不仅要符合个人的气质，还要突现出自己美好气质的一面，为此，必须深入了解自我，正确认识自我，选择自己合适的服饰，这样，可以让服饰尽显自己的风采。要使打扮富有个性，还要注意：首先不要盲目追赶时髦，因为最时髦的东西往往是最没有生命力的。其次，要穿出自己的个性，不要盲目模仿别人，如看人家穿水桶裤好看，就马上跟风，而不考虑自己的综合因素。

（三）和谐原则

所谓和谐原则是指协调得体原则。即选择服装时不仅要与自身体型相协调，还要与着装的年龄、肤色相配。服饰本是一种艺术，能掩盖体形的某些不足。我们要借助于服饰，能创造出一种美妙身材的错觉。不论是高矮胖瘦，年轻的还是年长的，只要根据自己的特点，用心地去选择适合自己的服饰，总能创造出服饰的神韵。

（四）着装的 *TPO* 原则

TPO 是英文 Time、Pplace、Object 三个词首字母的缩写。T 代表时间、季节、时令、时代；P 代表地点、场合、职位；O 代表目的、对象。着装的 TPO 原则是世界通行的着装打扮的最基本的原则。它要求人们的服饰应力求和谐，以和谐为美。着装要与时间、季节相吻合，符合时令；要与所处场合环境，与不同国家、区域、民族的不同习俗相吻合；符合着装人的身份；要根据不同的交往目的，交往对象选择服饰，给人留下良好的印象。

着装的时间原则，包含每天的早、中、晚时间的变化；春、夏、秋、冬四季的不同和时代的变化。着装的地点原则是指环境原则。即不同的环境需要与之相适应的服饰打扮。着装的场合原则是指场合气氛的原则。即着装应当与当时当地的气氛融洽协调。服饰的TPO原则的三要素是相互贯通、相辅相成的。人们在社交活动与工作中，总是会处于一个特定的时间、场合和地点中，因此在你着装时，应考虑一下，穿什么？怎么穿？这是你踏入社会并取得成功的一个开端。

根据TPO原则，着装时应注意以下几个问题：

1．着装应与自身条件相适应

选择服装首先应该与自己的年龄、身份、体形、肤色、性格和谐统一。年长者，身份地位高者，选择服装款式不宜太新潮，款式简单而面料质地则应讲究些才与身份年龄相吻合。青少年着装则着重体现青春气息，朴素、整洁为宜，清新、活泼最好，“青春自有三分俏”，若以过分的服饰破坏了青春朝气实在得不偿失。形体条件对服装款式的选择也有很大影响。身材矮胖、颈粗圆脸形者，宜穿深色低“V”字型领，大“U”型领套装，浅色高领服装则不适合。而身材瘦长、颈细长、长脸形者宜穿浅色、高领或圆形领服装。方脸形者则宜穿小圆领或双翻领服装。身材匀称，形体条件好，肤色也好的人，着装范围则较广，可谓“浓妆淡抹总相宜”。

2．着装应与职业、场合、交往目的对象相协调

着装要与职业、场合相宜，这是不可忽视的原则。工作时间着装应遵循端庄、整洁、稳重、美观、和谐的原则，能给人以愉悦感和庄重感。从一个单位职业的着装和精神面貌，便能体现这个单位的工作作风和发展前景。现在越来越多的组织、企业、机关、学校开始重视统一着装，是很有积极意义的举措。这不仅给了着装者一分自豪，同时又多了一分自觉和约束，成为一个组织、一个单位的标志和象征。着装应与场合、环境相适应。正式社交场合，着装宜庄重大方，不宜过于浮华。在晚会或喜庆场合，服饰则可明亮、艳丽些。节假日休闲时间着装应随意、轻便些，西装革履则显得拘谨而不适宜。家庭生活中，着休闲装、便装更益于与家人之间沟通感情，营造轻松、愉悦、温馨的氛围。但不能穿睡衣拖鞋到大街上去购物或散步，那是不雅和失礼的。着装应与交往对象、目的相适应。与外宾、少数民族相处，更要特别尊重他们的习俗禁忌。总之，着装的最基本的原则是体现“和谐美”，上下装呼应和谐，饰物与服装色彩相配和谐，与身份、年龄、职业、肤色、体形和谐，与时令、季节环境和谐等。

（五）着装的配色原则

服饰的美是款式美、质料美和色彩美三者完美统一的体现，形、质、色三者相互衬托、相互依存，构成了服饰美统一的整体。而在生活中，色彩美是最先引人注目的，因为色彩对人的视觉刺激最敏感、最快速，会给他人留下很深的印象。

服饰色彩的相配应遵循一般的美学常识。服装与服装、服装与饰物、饰物与饰物之间的色彩应色调和谐，层次分明。饰物只能起到“画龙点睛”的作用，而不应喧宾夺主。服饰色彩在统一的基础上应寻求变化，肤与服、服与饰、饰与饰之间在变化的基础上应寻求平衡。一般认为，衣服里料的颜色与表料的颜色、衣服中某一色与饰物的颜色均可进行呼应式搭配。

服装色彩搭配有三种方法可供参考：

(1) 同色搭配。即由色彩相近或相同、明度有层次变化的色彩相互搭配造成一种统一和谐的效果。利用同色系中深浅、明暗度不同的颜色搭配，整体效果比较协调。如墨绿配浅绿、咖啡配米色等。利用对比色搭配（明亮度对比或相互排斥的颜色对比），运用得当，会有相映生辉、令人耳目一新的亮丽效果。年轻人着上深下浅的服装，显得活泼、飘逸、富有青春气息。中老年人采用上浅下深的搭配，给人以稳重、沉着的静感。服装的色彩搭配考虑与季节的沟通，与大自然对话也会收到不同凡响的理想效果。同一件外套服装，利用衬衣的样式与颜色的变化与之相衬托，会表现出不同的独特风格，能以简单的打扮发挥理想的效果，本身就说明着装人内在的充实与修养。很多人却忽略了这一点，不能不说是打扮意识薄弱。利用衬衣与外套搭配应注意衬衣颜色不能与外套相同，明暗度、深浅程度应有明显的对比。

(2) 相似色搭配。色彩学把色环上大约九十度以内的邻近色称之为相似色。如蓝与绿、红与橙。相似色搭配时，两个色的明度、纯度要错开，如深一点的蓝色和浅一点的绿色配在一起比较合适。

(3) 主色搭配。指选一种起主导作用的基调和主色，相配于各种颜色，造成一种互相陪衬、相映成趣之效。采用这种配色方法，应首先确定整体服饰的基调，其次选择与基调一致的主色，最后再选出多种辅色。主色调搭配如选色不当，容易造成混乱不堪，有损整体形象，因此使用的时候要慎重。

四、穿着西服的礼仪

西服以其设计造型美观、线条简洁流畅、立体感强、适应性广泛等特点而越来越深受人们青睐，几乎成为世界性通用的服装，可谓男女老少皆宜。西服七分在做，三分在穿。西装的选择和搭配是很有讲究的。选择西装既要考虑颜色、尺码、价格、面料和做工，又不可忽视外形线条和比例。西装不一定必须料子讲究高档，但必须裁剪合体，整洁笔挺。选择色彩较暗、沉稳、且无明显花纹图案，但面料高档些的单色西服套装，适用场合广泛，穿用时间长，利用率较高。

穿着西装应遵循以下礼仪原则：

(1) 西服套装上下装颜色应一致。在搭配上，西装、衬衣、领带之中应有两样为素色。

(2) 穿西服套装必须穿皮鞋，便鞋、布鞋和旅游鞋都不合适。

(3) 配西装的衬衣颜色应与西服颜色协调，不能是同一色。白色衬衣配各种颜色的西服效果都不错。正式场合男士不宜穿色彩鲜艳的格子或花色衬衣。衬衣袖口应长出西服袖口 1～2 厘米。穿西服在正式庄重场合必须打领带，其他场合不一定都要打领带。打领带时衬衣领口扣子必须系好，不打领带时衬衣领口扣子应解开。

(4) 西服纽扣有单排、双排之分，纽扣系法有讲究：双排扣西装应把扣子都扣好。单排扣西装：一粒扣的，系上端庄，敞开潇洒；两粒扣的，只系上面一粒扣是洋气、正统，只系下面一粒是牛气、流气，全扣上是土气，都不系敞开是潇洒、帅气，全扣和只扣第二粒不合规范；三粒扣的，系上面两粒或只系中间一粒都符合规范要求。

(5) 西装的上衣口袋和裤子口袋里不宜放太多的东西。穿西装内衣不要穿太多，春秋季节只配一件衬衣最好，冬季衬衣里面也不要穿棉毛衫，可在衬衣外面穿一件羊毛衫。穿得过分臃肿会破坏西装的整体线条美。

(6) 领带的颜色、图案应与西服相协调，系领带时，领带的长度以触及皮带扣为宜，领带夹戴在衬衣第四、第五粒纽扣之间。

(7) 西服袖口的商标牌应摘掉，否则不符合西服穿着规范，高雅场合会让人贻笑大方。

(8) 注意西服的保养。保养存放的方式，对西服的造型和穿用寿命影响很大。高档西服要吊挂在通风处并常晾晒，注意防虫与防潮。有皱折时可挂在浴后的浴室里，利用蒸气使皱折展开，然后再挂在通风处。

女性：女性穿西服套裤（裙）或旗袍时，需要穿肉色的长统或连裤式丝袜，不准光腿或穿彩色丝袜、短袜。穿衬衫时，内衣与衬衫色彩要相近、相似；穿面料较为单薄的裙子时，应着衬裙。

男性：男性出席正式场合穿西装、制服，要坚持三色原则，即身上的颜色不能超过三种颜色或三种色系（皮鞋、皮带、皮包应为一个颜色或一个色系），不能穿尼龙丝袜和白色的袜子。

领带夹的用法：应在穿西服时使用，也就是说仅仅单穿长袖衬衫时没必要使用领带夹，更不要在穿夹克时使用领带夹。穿西服时使用领带夹，应将其别在特定的位置，即从上往下数，在衬衫的第四与第五粒纽扣之间，将领带夹别上，然后扣上西服上衣的扣子，从外面一般应当看不见领带夹。因为按照妆饰礼仪的规定，领带夹这种饰物的主要用途是固定领带，如果稍许外露还说得过去，如果把它别得太靠上，甚至直逼衬衫领扣，就显得过分张扬。

五、穿着中山服的礼仪

穿中山服时，不仅要扣上全部衣扣，而且要系上领扣，并且不允许挽起衣袖。在穿双排扣西服时，必须扣上全部衣扣。穿单排三粒扣西服时，仅能扣上上一粒或中、上两粒扣子；穿单排两粒扣西服时，只能扣上上一粒扣子；不允许扣上单排扣西服的全部衣扣。在穿西服时，宜穿白色衬衫，并打领带，领带打好后的标准长度，是其下端抵达皮带扣。

肤色偏黑或发红者，忌穿深色服装；肤色黄绿或苍白者，宜穿浅色服装。

六、饰物礼仪

饰物指与服装搭配对服装起修饰作用的其他物品，主要有领带、围巾、丝巾、胸针、首饰、提包、手套、鞋袜等等。饰物在着装中起着画龙点睛、协调整体的作用。首饰的佩戴要与整体和谐，不同的场合选择不同的佩饰。参加白天的活动，女士可戴不太抢眼的首饰，而且不宜过多；而着晚装出席晚 7 点以后的活动时，就得挑选富有光泽的珠宝、钻石和金银饰物了。如果追求华丽，金色最好；如果要体现高雅，铂金是上佳选择；还有永不过时的珍珠项链，适合女士在多种场合佩戴。

胸针适合女性一年四季佩戴。别致的胸针，可以为佩戴者平添光彩。佩戴胸针应因季节、服装的不同而变化，胸针应戴在第一和第二粒纽扣之间的平行位置上，如受领子影响，也可以置于翻领上。

首饰主要指耳环、项链、戒指、手镯、手链等。佩戴手饰应与脸型、服装协调。首饰不易同时戴多件，比如戒指，一只手最好只配戴一枚，手镯、手链一只手也不能戴两个以上。多戴则不雅且显得庸俗，特别是在工作中和重要社交场合穿金戴银太过分反而不适宜，反而不合礼仪规范。传统的中国女性注重的首饰是项链和戒指，而西方女性对耳环格外青睐，因为她们认为耳环最能显示人的面孔，还能把一件普通的衣服衬托起来。在社交场合尝试着戴一副简洁的耳环，一定会给人以深刻的印象。

巧用围巾，特别是女士佩戴的丝巾，会收到非常好的装饰效果。近年来，丝巾作为饰品成为一种时尚，尤其在出席晚间活动时，将其打成各种花结系在脖颈上，会给人耳目一新的感觉。

男士饰物一定不宜太多，太多则会少了些阳刚之气和潇洒之美。一条领带，一枚领带夹，某些特殊场合，在西服上衣胸前口袋上配一块装饰手帕就够了。鞋袜的作用在整体着装中不可忽视，搭配不好会给人头重脚轻的感觉，着便装穿皮鞋、布鞋、运动鞋都可以。而西服、正式套装则必须穿皮鞋。男士皮鞋的颜色以黑色、深咖啡或深棕色较合适，白色皮鞋除非穿浅色套装在某些场合才适用。黑色皮鞋适合于各色服装和各种场合。正式社交场合，男士的袜子应该是单一的深色，黑、蓝、灰都可以。女士皮鞋以黑色、白色、棕色或与服装颜色一致或色系相同为宜。社交场合，女士穿裙子时袜子以肉色相配最好，深色或花色图案的袜子都不合适。长筒丝袜口与裙子下摆之间不能有间隔，不能露出腿的一部分，那很不雅观，不符合服饰礼仪规范。有破洞的丝袜不能露在外面。穿有明显破痕的高筒袜在公众场合总会感到尴尬，不穿袜子倒还可以。

香水是以芳香为主要特征的化妆品，其主要功能为溢香祛味、芬芳宜人。按香精含量和香气持续的时间，可将香水分为四种，即浓香型、清香型、淡香型和微香型。香精含量分别为15％～20％、10％～15％、5％～10％和5％以下。香气持续时间分别为5～7小时、5小时、3～4小时和1～2小时。按常规，第一种香水适合在宴会、舞会、演出等较为正式的晚间活动中使用，第二种适用于商务交往场合，第三种适合上班时，第四种则适用于休闲场合。香水是无形的装饰品，它能快速、有效地改变一个人的形象，增添其魅力。适当地使用香水，能令人神清气爽，做事充满信心，周身充满活力。西方人用香水就像洗漱一样普遍，不论男女都能使用，去社交场所更要注意喷洒。欧洲人一般喜好浓郁气味的香水，美国人钟情淡雅幽香的香水，中东人所用香水之浓烈连欧美人都吃不消，而多数中国人则欣赏清淡如花（如茉莉花香型）的香水味道。一般而言香水应洒在易发散处。大部分人习惯喷在耳后、颈部和手腕处，但不宜洒在头发、衣物上或身体汗腺部位。大多数场合，最为普遍的是选择清新淡雅的香水，并与同时使用的其他化妆品的香型契合或大体一致，否则彼此串味。当然，使用香水不应影响本职工作，或者妨碍别人，也不应使用过量，不然效果适得其反。

总之，饰物的选用也应遵循 TPO 原则，重要的是以“和谐”为美。

七、不同场合的着装礼仪

服装的种类、样式、花色千差万别，因场合不同、季节变化、个人爱好而在穿着上有所差异。喜庆场合、庄重场合及悲伤场合应注意有不同的服装，要遵循不同的规范与风俗，一方面可以按规定着装。如：重大的宴会、庆典和会见等比较正式和隆重的场合，尤其是涉外活动中，组织者所发请柬上如注有着装要求，参加者就应按规定着装。即使组织者没有提出具体的着装规定，参加者也应穿着较正式的服装。在我国，男士较正式的服装为上下同色同质的毛料中山装、西装或民族服装等；女士可穿各式套装、民族服装、旗袍或连衣裙等。另一方面，可以按规范着装。正式场合的着衣配装有一定的礼仪规范，如中山服的着装规范是扣好衣扣、领扣和裤扣，不把衬衣领口翻出，皮带不得垂露在外，穿长袖衬衣应将前后下摆塞入裤内，袖口、裤腿不能卷起。任何服装在穿着时均应清洁、整齐、挺拔。衣服应熨出裤线。衣领袖口要干净，鞋面要光亮。女士着裙装、套装应配以皮鞋或不露脚趾的皮凉鞋。不能赤足穿鞋，鞋袜不得有破损。不同场合要求不尽相同。下面将介绍几种典型场合下的着装礼仪。

最隆重的场合应穿着严肃、大方的礼服，如国家庆典仪式、国宴、国家最高领导人接见、国王登基、国家元首任职、元旦国家领导人团拜、大使递交国书、授勋等等。这些场合，男同志一般着深色中山装，女同志着西装或长裙（最好是单色连衣长裙）。

在国外名剧院看剧，听音乐会，一般穿礼服。男同志可穿深色中山装，女同志着西装或长裙。参加葬礼和吊唁活动，男同志一般可着黑色或深色中山装，女同志着深色服装，内穿白色或暗色衬衣，不用花手帕、不抹口红、不戴装饰品。

参加婚礼，到朋友家做客，参加联欢会等，则尽可能穿得美观大方一些，女同志应适当装饰打扮。郊游、远足，可穿上下装不同颜色的便装。

乘汽车、火车、轮船、飞机旅行，可穿便装。但如在登机、上车以前，或下机、下车以后，有迎送仪式，则应考虑更换服装。迎送仪式应着礼服。平整洁净的布衣、布鞋，可作便装穿着。

求职面试时，给人的第一印象往往是你的仪表服饰。初次见面，一定要力争给人以整洁、美观、大方、明快的感觉。不修边幅会给人懒懒散散的印象。当然，也有的人做得过了头，每次参加面试总要换一套装束。其实，既然你不是电视台的主持人，就不必要如此讲究。作为一个年轻人，穿着仪表首先要体现青春和朝气，展示给社会的第一印象应该是大方、整洁。

当然，由于招聘单位的不同，对仪表服饰的要求也会有所变化：国家机关进行招聘，希望未来的公务员衣着端庄，体现稳健踏实的作风；公司企业（尤其是外企）注重整体形象的漂亮、明快。毕竟，职业装不等于休闲服，衬衫、T 恤固然轻松，但如果与整体的办公环境不相协调，就会给人一种不良的感觉。职业装强调的是服装与工作性质、场合的统一、协调。假如你稍微注意一下就会发现，其实作为职业装（不论男装、女装），近年来总的变化趋势并不是很大，强调的无非是全身装束的色调统一、协调。

【微型案例】

某家招聘单位根据收到的求职材料约见一位女同学作为预选对象，见面时，这位女同学涂着过红的口红，烫着时髦的发式，衣着低领、紧身，十分新潮，给人以一种很轻佻的感觉，就是因为第一印象使她落选了。

一位人事总监说："我认为，不可能仅仅因为你戴了一条合适的领带而取得一个职位，但是我可以肯定，你戴错了领带就会使你失去一个职位。"

【评析】服饰仪表既是一个人审美观的集中表现，也是文化素养的具体反映。

八、有关穿着方面应注意的事项

任何服装均应注意清洁、整齐、挺直。衣服应烫平整，裤子烫出裤线。衣领袖口要干净，皮鞋要上油擦亮。穿中山装要扣好领扣、领钩、裤扣。穿长袖衬衫要将前后摆塞在裤内，袖口不要卷起。穿短袖衫（港衫），下摆不要塞在裤内。长裤不要卷起。任何情况下不应穿短裤参加涉外活动。女同志除军人、学生外，衣着尽量不要千篇一律，样式花色应有所差别。女同志夏天可光脚穿凉鞋。穿袜子时，袜口不能露在衣、裙之外。

参加各种活动，进入室内场所均应摘帽，脱掉大衣、风雨衣、套鞋等，并送存衣处。男同志任何时候在室内不得戴帽子、手套。西方妇女的纱手套、纱面罩、帽子、披肩、短外套等，作为服装的一部分则允许在室内穿戴。

在室内一般不要戴黑色眼镜。如果在室外，遇有隆重仪式或迎送等礼节性场合，也不应戴黑眼镜。有眼疾须戴有色眼镜时，应向客人或主人说明，或在握手、说话时将眼镜摘下，离别时再戴上。

在家中或旅馆房间内接待临时来访的外国客人时，如来不及更衣，应请客人稍坐，立即换上服装，穿上鞋袜。不得赤脚或只穿着内衣、睡衣、短裤接待客人。

第四节　仪态礼仪

一、仪态概述

仪态，指的是人的姿势、举止和动作。

仪态是一种“无声的语言”，在日常交往中，你的身体姿态、手势和动作也在传递着信息，他往往比有声语言更有魅力，可以收到“此时无声胜有声”的效果。仪态还是一种“无形的名片”，人们可以由此判断一个人的身份、地位、学识、能力。举止得体、风度优雅，可体现一个人良好的内在素质和修养，能赢得人们的尊重和信任。良好的仪态是一种规范、一种修养、一种风度，它与秀美容貌及婀娜身材相比，是更深层次的美。英国哲学家培根说过：“相貌的美高于光泽的美，而秀雅合适的动作美，又高于相貌的美，这是美的精华。”

注重仪态的美化有四个标准：

一是仪态文明，是要求仪态要显得有修养，讲礼貌，不应在异性和他人面前有粗野动作和行为；

二是仪态自然，是要求仪态既要规则庄重，又要表现得大方实在，不要虚长声势，装腔作势；

三是仪态美观，这是高层次的要求。它要求仪态要优雅脱俗，美观耐看，能给人留下美好的印象；

四是仪态敬人，是要求力禁失敬于人的仪态，要通过良好的仪态来体现敬人之意。

本书中的仪态主要包括站姿、坐姿、走姿、蹲姿和手势。

二、站姿

站姿是静态的造型动作，是其他动态美的起点和基础。古人主张“站如松”，这说明良好的站立姿势应给人一种挺、直、高的感觉。俗话说站有站相。

【微型案例】

小王一直自以为外向达观，在某4S车店做前台引导员时，经常有同事问他：“你哪儿不舒服?”领导也提醒他要打起精神。原来他并没有意识到，松弛无力的站姿，使之显得无精打采。如果长期这样下去，恐怕会影响对他的工作评价。

对此，有些人可能不以为然，或者以为无所谓，事实上站姿是身体语言，姿态是无声的语言，它传递信息，产生印象，表明你是否对他人、对工作、对活动有兴趣，是否尊重他人、热爱工作、重视活动，是否在意别人对你的看法。有些人总是出现错误的站姿；有的人站立时东倚西靠，身躯歪斜，来回移动脚；有的人低头、曲背、哈腰，两臂抱胸；有的人两脚交叉站立，脚位不当；也有的人手位不当，手插裤袋，晃动身体，摆弄头发。

正确的站立姿势应该是：抬头望前，头正颈直，双目平视；挺胸收腹，肩膀向后，保持放松；脚尖分开，脚跟略微收拢，男士两腿大致与肩同宽，女士呈“丁”字形，重心落于后腿；两臂自然下垂，手指自然弯曲，双手放于身体两侧，或者双手相握，握指、握掌、握腕均可，看上去似乎有一根绳子，自上而下，把全身拉直。若站立时间较长，脚和手的姿势方向可以交替。

站姿应精神饱满，挺拔俊美，稳重大方。站姿最要紧的是头正、肩平、身直。古人把优雅站姿，概括为“立如松”。国际商务场合保持身体正直，向来表示尊敬和恭顺。政务人员和商务人员应经常训练站姿，体会正确体态，养成良好习惯。

站姿礼仪的注意事项：

在保持正确的站姿时，我们要避免以下几个方面的不正确的姿势：

(1) 正式场合站立时,不可双手插在裤袋里,这样显得过于随意。

(2) 不可双手交叉抱在胸前,这种姿势容易给人傲慢的印象。

(3) 不可歪倚斜靠,给人站不直、立不稳、十分庸懒的感觉。

三、坐姿

文雅的坐姿,不仅给人以沉着、稳重、冷静的感觉,而且也是展现自己气质和风度的重要形式。

在一些场合,经常看到一些人的坐姿不正确,影响个人和单位的形象。有的女士两腿和两膝离得太远,很不雅观,有如“城门大开”,露出袜口或内裤;有的男士抖动双腿,一刻不停;有的人跷起“二郎腿”,腿跷得太高;有的人手插在衣袋里,或叉腰、托腮,或托于脑后;也有的人扭来扭去,坐不稳当,很不耐烦;甚至有的人贪图舒服,半坐半躺,形成瘫坐。

中国古代对坐姿十分讲究,要求坐姿与周围环境协调一致,与自己的身份相应相称。所谓“坐如钟”,“站有站相,坐有坐相”。若处于庄严环境中,则应整理风纪,正襟危坐;若处于宴请场合,则应尽量身体前倾,方便进餐;若人在休闲之时,身体方可稍向后坐。应保持身体前倾、腰背挺直,上身姿势与站立姿态基本相同。坐沙发时,最好坐在沙发进深的八九成,不要显得满溢,身体不能“陷”在里面。女士两膝并拢,自然弯曲,不可分开,腿放中间或左右斜向两侧,身体形状分呈“12 点 30 分”、“4 点”和“8 点”。坐时姿态也可以跷腿,但不要太前、太高,两腿必须合拢,裙子下摆要盖住膝盖,不得露出袜口甚至内裤。所以,职场中尤其需要端坐,经常走动、上下楼梯或登高作业的女士,即使从体态效果上说,也不适合穿着短裙。坐时,腿部姿势可以变换,但应两膝合拢,不可分开。双手既可采用站立时的姿态,也可放在膝部或者放在沙发或椅子的扶手处。

坐姿正确,还应包括允许入座时,方能入座,这就要求在适当之时、合礼之处而为之。比如,不应先于主人、主宾入座,除非你自己就是主人、主宾;不能在迎送、问候、介绍、握手、交换名片时坐着不动;入座时也要养成整理衣饰、轻轻坐下的好习惯。

(一) 入座后的八种坐姿

1. 标准式

男女皆有。这种坐姿的要求是:上身挺直,双肩平正,两臂自然弯曲,两手交叉叠放在两腿中部或扶手上，并靠近小腹，男士两脚自然分开成45度；女士两膝并拢，小腿垂直于地面，两脚保持小丁字步。

2. 前伸式

男女皆有。这种坐姿的要求是：在标准坐姿的基础上，两小腿向前伸出两脚并拢，脚尖不要翘。

3. 前交叉式

男女皆有。这种坐姿的要求是：在前伸式基础上，右脚后缩，与左脚交叉，两踝关节重叠，两脚尖着地。

4. 屈直式

男女皆有。这种坐姿的要求是：右脚前伸，左小腿屈回，大腿靠紧，两脚前脚掌着地，并在一条直线上。

5. 后点式

女士专有。这种坐姿的要求是：两小腿后屈，脚尖着地，双膝并拢。

6. 侧点式

女士专有。这种坐姿的要求是：两小腿向左斜出，两膝并拢，右脚跟靠拢左脚内侧，右脚掌着地，左脚尖着地，头和身躯向左斜。注意大腿小腿要成90度，小腿伸直，显示小腿长度。

7. 侧挂式

女士专有。这种坐姿的要求是：在侧点式基础上，左小腿后屈，脚绷直，脚掌内侧着地，右脚提起，用脚面贴住左踝，膝和小腿并拢，上身右转。

8. 重叠式

男女皆有。这种坐姿的要求是：重叠式也叫"二郎腿"或"标准式架腿"等。在标准式基础上，两腿向前，一条腿提起，腿窝落在另一腿膝上边。要注意上边的腿向里收，贴住另一腿，脚尖向下。

【特别提醒】

女士入座后，腿位与脚位的放置有所讲究，以下三种坐姿可供参考：

(1) 双腿垂直式。小腿垂直于地面，左脚跟靠定于右脚内侧的中部，双脚之间形成45度左右的夹角，但双脚的脚跟和双膝都应并拢在一起。这种坐姿给人以诚恳的印象。

(2) 双腿斜放式。双腿并拢后，双脚同时向右侧或左侧斜放，并与地面形成45度左右的夹角，适用于较低的座椅。

(3) 双腿叠放式。双膝并拢，小腿前后交叉叠放在一起，自上而下不分开，脚尖不宜跷起。双脚的置放视座椅高矮而定，可以垂放，亦可与地面呈45度角斜放。采用此种坐姿，切勿双手抱膝，穿超短裙者宜慎用。

(二) 入座后的注意事项

1. 就座时的不良习惯

(1) 脊背弯曲、耸肩驼背。

(2) 瘫坐在椅子上或前俯后仰，摇腿跷脚，脚跨在椅子或沙发的扶手上，架在茶几上。

(3) 上身趴在桌椅上或本人的大腿上。

(4) 双脚大分叉或呈八字形，女士就座不可翘二郎腿，要把双膝靠紧。

(5) 脱鞋或两鞋在地上蹭来蹭去。

(6) 坐下时手中不停地摆弄东西，如摆弄头发、戒指、手指等。

2. 坐姿中腿的不当表现

(1) 双腿叉开过大。双腿如果叉开过大，不论大腿叉开还是小腿叉开，都非常不雅。特别是身穿裙装的女士更不要忽略这一点。

(2) 架腿方式欠妥，坐后将双腿架在一起。正确的方式，应当是两条大腿相架，并且一定要使两腿并拢。如果把一条小腿架在另一条大腿上，两者之间还留出大大的空隙，就显得不礼貌。

(3) 双腿直伸出去。那样既不雅，也妨碍别人。身前如果有桌子，双腿尽量不要伸到桌子外面来。

(4) 将腿放在桌椅上。有人为图舒服，喜欢把腿架在高处，甚至抬到身前的桌子或椅子上，这样的行为是非常粗野的。把腿盘在座椅上也不妥。

(5) 腿部抖动摇晃。坐在别人面前，反反复复地抖动或摇晃自己的腿部，不仅会让人心烦意乱，而且也给人以极不安稳的印象。

3. 坐姿中脚的不当表现

(1) 脚尖指向他人。不管具体采用哪一种坐姿，都不应以本人的脚尖指向别人，因为这一做法是非常失礼的。

(2) 脚尖高高翘起。坐下后，如以脚部触地，通常不允许以脚跟接触地面，将脚尖翘起。如若双脚都这样，则更是一种严重的违规行为。

（3）脚蹬踏他物。坐下来脚要放在地上，如果用脚在别处乱蹬乱踩，那是非常失礼的。

（4）以脚自脱鞋袜。脱鞋脱袜，属于“卧房动作”，在外人面前就坐时用脚自脱鞋袜，显然有损形象。

4. 坐姿中手的不当表现

（1）手触摸脚部。在就坐以后用手抚摸小腿或脚部是极不卫生又不雅观的。

（2）双手抱在腿上。双手抱腿，本是一种惬意、放松的休息姿势，但在工作之中是不可取的。

（3）将手夹在腿间。有人坐下来之后，习惯将双手夹在两腿之间，这一动作会令其显得胆怯或害羞。

（4）手部支于桌上。以双肘支在前面的桌上或上身伏在桌上，对周围的人显然不够礼貌。

5. 入座后的其他要求

（1）在别人之后入座。出于礼貌，和客人一起入座或同时入座时，要分清尊卑，先请对方入座，自己不要抢先入座。

（2）从座位左侧入座。如果条件允许，在就坐时最好从座椅的左侧接近座位。这样做，是一种礼貌，而且也容易就坐。

（3）向周围的人致意。就坐时，如果附近坐着熟人，应该主动打招呼。即使不认识，也应该点头示意。在公共场合，要想坐在别人身旁，还必须征得对方的允许。动作要轻，不要碰响座椅。

（4）以背部接近座椅。在别人面前就坐，最好背对着自己的座椅，这样就不至于背对着对方。得体的做法是：先侧身走近座椅，背对着站立，右腿后退一点，以小腿确认一下座椅的位置，然后随势坐下。必要时，用一只手扶着座椅把手。

（5）离开座椅时，如果有人在身边就座，应该用语言或动作向对方先示意，随后再站起身来。

（6）要注意先后。与他人同时离座，要注意起身的先后次序，地位低于对方的，应该稍后离座；地位高于或年龄大于对方时，可先离座；双方身份相近时，可以同时起身离座。

(7) 起身要缓慢。起身离座时，动作应轻缓，不要“拖泥带水”，弄响座椅，或将椅垫、椅罩弄落在地上。

(8) 要从左离开，起身后，应该从左侧离座。

四、走姿

走姿是人体所呈现出的一种动态，是站姿的延续。走姿是展现人的动态美的重要形式。走路是“有目共睹”的肢体语言。

古语云，“行如风”。中国古代既重坐相也重走相，甚至从姿势和速度上对行走进行了分类：“足进为行，徐行为步，疾行为趋，疾趋为走。”同时，不同场合采用不同走相，才符合礼貌的要求。有所谓“室中之时，堂上之行，堂下之步，门外之趋，中庭之走，大路之奔”。“趋”是快步行走，是中国古代对尊、长、贵、宾者表示尊敬的一种行走的式样。

在现今人际交往场合中，同样要求走姿体现自信。最能够表现人的精神面貌的姿态当属走姿。通过走姿，别人可以了解你的状态是否积极和热情。

不正确的走姿，奇形怪状，脚步拖沓，步履迟缓，八字脚、“鸭子步”，勾肩搭背，东倒西歪，塌腰驼背，懒散怪异，当然看起来无精打采，没有自信，缺乏风度。虽然我们不可能像模特般地训练走姿，但也应注意养成良好的行走姿势。

(一) 正确的走姿要求

正确的走姿是，头正颈直，挺胸收腹，两臂自然前后摆动，看上去身体协调，姿势自信，步伐从容，步幅适中，步速均匀，直线行走。行走时上体要正直，身体重心略向前倾，头部要端正、颈要梗，双目平视前方、肩部放松、挺胸立腰，腹部略微上提，两臂自然前后摆动，摆动幅度为 35 厘米左右，双臂外开不要超过 30 度。行走时步伐要轻稳、雄健，女子要行如和风。女性穿长裙或旗袍行走时，步幅应小，步速要紧，这样更具美感。两脚行走轨迹应是正对前方成直线，不要两脚尖向内形成“内八字”或是“外八字”，步幅要均匀、步速不要过快，行进间不能将手插在口袋里，也不能扒肩搭背、拉手搂腰。

重要场合，要避免多人一起并排行走。如遇领导、贵宾、尊长，应礼让先行。上下楼梯时，不要一步并作几步踏多级台阶，也不要奔跑抢道；要尽量沿里侧行进，留出扶手一边，让给他人如尊长或事情紧急者使用。进出电梯时，一般应遵循先到先行和先出后进的原则。

遵守行路规则，行人之间互相礼让。三人并行，老人、妇幼走在中间。男女一起走时，男士一般走在外侧。走路时避免吃东西或抽烟。遇到熟人应主动打招呼或问候，若需交谈，应靠路边站立，不要妨碍交通。

男士走姿应尽显阳刚之气，女士走姿应表现轻盈和阴柔之美。

如果行走姿势健康优美，你会发现你的身体被拉高、曲线更漂亮。走姿正确非一日之功，要靠自我约束、长期养成。

（二）变向时的行走规范

1. 后退步

向他人告辞时，应先向后退两三步，再转身离去。退步时，脚要轻擦地面，不可高抬小腿，后退的步幅要小。转体时要先转身体，头稍候再转。

2. 侧身步

当走在前面引导来宾时，应尽量走在宾客的左前方。髋部朝向前行的方向，上身稍向右转体，左肩稍前，右肩稍后，侧身向着来宾，与来宾保持两三步的距离。当走在较窄的路面或楼道中与人相遇时，也要采用侧身步，两肩一前一后，并将胸部转向他人，不可将后背转向他人。

（三）不雅的走姿

（1）方向不定，忽左忽右。

（2）体位失当，摇头、晃肩、扭臀。

（3）扭来扭去的“外八字”步和“内八字”步。

（4）左顾右盼，重心后坐或前移。

（5）与多人走路时，或勾肩搭背，或奔跑蹦跳，或大声喊叫等。

五、蹲姿

在各种人体体态中，蹲姿与站姿、坐姿及走姿既有联系又有区别。蹲姿和坐姿都由站立和行进的姿势变化而来，都处于相对静止状态。但站姿体位最高，走姿、坐姿其次，蹲姿体位最低。相对而言，站姿、坐姿及走姿适用于职业场合和正式场合，而蹲姿一般适用于休闲场合和部分职业场合。现代信息时代对蹲姿提出了更新和更高的要求，虽然蹲姿往往被人所忽视。

日常生活中，路上拾遗和自我照顾需要蹲姿，服务行业工作人员因整理环境、帮助顾客和提供服务也特别需要蹲姿。但如果蹲无“蹲相”，随便弯腰，臀部后撅，上身前倾，坦胸露背，显得既不雅观，也不礼貌。与站姿、坐姿和走姿一样，蹲姿也有礼仪的要求。

（一）基本蹲姿要求

（1）下蹲拾物时，应自然、得体、大方，不遮遮掩掩。

（2）下蹲时，两腿合力支撑身体，避免滑倒。

（3）下蹲时，应使头、胸、膝关节在一个角度上，使蹲姿优美。

（4）女士无论采用哪种蹲姿，都要将腿靠紧，臀部向下。

保持正确的蹲姿需要注意三要点：迅速、美观、大方。若用右手捡东西，可以先走到东西的左边，右脚向后退半步后再蹲下来，脊背保持挺直，臀部一定要蹲下来，避免弯腰翘臀的姿势。男士两腿间可留有适当的缝隙，女士则要两腿并紧，穿旗袍或短裙时需更加留意，以免尴尬。

（二）四种蹲姿方式

1. 高低式蹲姿

男性在选用这一方式时往往更为方便，女士也可选用这种蹲姿。

这种蹲姿的要求是：下蹲时，双腿不并排在一起，而是左脚在前，右脚稍后。左脚应完全着地，小腿基本上垂直于地面；右脚则应脚掌着地，脚跟提起。此刻右膝低于左膝，右膝内侧可靠于左小腿的内侧，形成左膝高右膝低的姿态。臀部向下，基本上用右腿支撑身体。

2. 交叉式蹲姿

交叉式蹲姿通常适用于女性，尤其是穿短裙的人员，它的特点是造型优美典雅。基本特征是蹲下后腿交叉在一起。

这种蹲姿的要求是：下蹲时，右脚在前，左脚在后，右小腿垂直于地面，全脚着地右腿在上，左腿在下，两者交叉重叠；左膝由后下方伸向右侧，左脚跟抬起，并且脚掌着地；两脚前后靠近，合力支撑身体；上身略向前倾，臀部朝下。

3. 半蹲式蹲姿

一般是在行走时临时采用。它的正式程度不及前两种蹲姿，但在需要应急时也可采用。基本特征是身体半立半蹲。主要要求是：下蹲时，上身稍许弯下，但不要和下肢构成直角或锐角；臀部务必向下，而不是撅起；双膝略为弯曲，角度一般为钝角；身体的重心应放在一条腿上；两腿之间不要分开过大。

4. 半跪式蹲姿

又叫作单跪式蹲姿。它也是一种非正式蹲姿，多用在下蹲时间较长，或为了用力方便时。双腿一蹲一跪。主要要求是：下蹲后，改为一腿单膝点地，臀部坐在脚跟上，以脚尖着地；另外一条腿，应当全脚着地，小腿垂直于地面；双膝应同时向外，双腿应尽力靠拢。

（三）蹲姿注意事项

（1）不要突然下蹲。蹲下来的时候，不要速度过快。当自己在行进中需要下蹲时，要特别注意这一点。

（2）不要离人太近。在下蹲时，应和身边的人保持一定距离。和他人同时下蹲时，更不能忽略双方的距离，以防彼此“迎头相撞”或发生其他误会。

（3）不要方位失当。在他人身边下蹲时，最好是和他人侧身相向，面对他人，或者背对他人，通常都是不礼貌的。

（4）不要毫无遮掩。在大庭广众面前，尤其是身着裙装的女士，特别要注意遮掩，瞻前顾后，以免隐私暴露，有碍观瞻。

（5）不要蹲在凳子或椅子上。有些人有蹲在凳子或椅子上的生活习惯，但是在公共场合这么做的话，是不能被接受的。

总之，下蹲时一定不要有弯腰、臀部向后撅起的动作；切忌两腿叉开，两腿展开平衡下蹲，避免下蹲时，露出内衣裤等不雅动作的出现，以免影响你的姿态美。因此，当要捡起落在地上的东西或拿取低处的物品时，不可有只弯上身、翘臀部的动作，而是首先走到要捡或要拿的东西旁边，再使用正确的蹲姿，将东西拿起。

六、手势礼仪

手势，又叫手姿。由于手是人的身体上最灵活自如的一个部位，所以手势是体语之中最丰富、最有表现力的交流方式。手势，实际所指的，就是人的两只手臂所做的动作。其中，双手的动作是其核心所在。它既可以是静态，也可以是动态的。手势属于体语，是人类交流的特殊方式。由于手势具有直接的表达能力和丰富的表现力，因而在人际交往中被广泛使用。恰当地运用手势，能够交流思想，沟通感情，表现独特性格，展示形象风度。相反，倘若错误地运用或滥用手势，将会招来很大的麻烦。

手势因国家、地区和民族传统、文化背景以及礼仪习俗的迥异而不同。即使相同的手势，含义也千差万别，有的甚至大相径庭。仅以手势中的竖起大拇指、其余四指握拢为例，在我国表示顺利或夸奖别人；在美国和欧洲部分地区，表示需要搭便车；在德国表示数字“1”；在日本表示数字“5”；在澳大利亚代表粗话脏话。

【微型案例】

在就职典礼上，当布什总统一家人看到德克萨斯大学的游行队伍从主席台前经过时将右手的食指和小指立起，做牛角状。而如此的手势遭到挪威人的强烈反感，在挪威这样的手势被认为是向魔鬼致敬，挪威的媒体发表评论说:“难道总统一家是魔鬼的信徒?!”。对此，白宫发言人赶紧解释说:布什总统一家人的手势在德克萨斯大学内非常盛行，是“牛，真牛”的意思。

超越区域文化界限的手势，若运用不慎，轻者造成笑话，重者惹人恼怒，甚至反目成仇。因此，在人际交往中，如果要潇洒自如地运用手势，就必须了解和掌握对方国家和地域的文化差异，以及特定的手势符号所表达的特定意思。换言之，对不了解的不用，不要依样画瓢，贻笑大方；对自己了解、别人不了解的也不用，以免造成误会。

在人际交往场合，手势动作幅度不宜过大，上限不超过对方视线，下限不低于自己的前胸。手势不要重复，次数不宜频繁。通常不应用大拇指指自己，用食指指点他人，那样既缺乏礼貌，又不尊重别人。手势的运用要优雅、含蓄和得体。手势动作要准确到位，恰如其分地表达正确意思，不可误操作，弄得对方一头雾水。

手势的运用还要考虑对方的地域习惯。如美国人、法国人用手势较多，北欧人很少使用手势。过多的无意识的手势会令人心烦意乱，有时甚至被认为是粗鲁放肆的表现。与亚洲人交谈，也应尽量少使用手势。在商务等公共场合，应避免使用自己不太熟悉的手势。有时，尽管对方熟悉、但显得幼稚的手势也尽量不用。更不要使用可能有侮辱意味的手势。

手势的运用要规范、适度和准确，要有的放矢，运用适当，宁缺毋滥。

(一) 基本手势的要求

规范的手势应当是手掌自然伸直，掌心向内向上，手指并拢，拇指自然稍稍分开，手腕伸直，使手与小臂成一直线，肘关节自然弯曲，大小臂的弯曲以130度或140度为宜。掌心向斜上方，手掌与地面成45度。

一般来说，人的基本手势主要有以下几种：

1. 自然垂放

垂放，是最基本的手姿。其做法有二：一是双手自然下垂，掌心向内，叠放或相握于腹前；二是双手伸直下垂，掌心向内，分别贴放于大腿两侧，它多用于站立之时。

2. 背手

背手，多见于站立、行走时，既可显示权威，又可镇定自己。其做法，是双臂伸到身后，双手相握，同时昂首挺胸。

3. 持物

持物，即用手拿东西。其做法多样，既可用一只手，又可用双手，但最关键的是，拿东西时应动作自然，五指并拢，用力均匀，不应翘起无名指与小指，显得成心作态。

4. 鼓掌

鼓掌，是用以表示欢迎、祝贺、支持的一种手姿，多用于会议、演出、比赛或迎候嘉宾。其做法是，以右手掌心向下，有节奏地拍击掌心向上的左掌。必要时，应起身站立。但是，不应以此表示反对、拒绝、讽刺、驱赶之意，即不允许"鼓倒掌"。

5. 夸奖

这种手势主要用以表扬他人。其做法是，伸出右手，翘起拇指，指尖向上，指腹面向被称道者。但在交谈时，不应将右手拇指竖起来反向指向其他人，因为这意味着自大或藐视。以手自指鼻尖，也有自高自大、不可一世之意。

6. 指示

这是用以引导来宾、指示方向的手姿。其做法，是以右手或左手抬至一定高度，五指并拢，掌心向上，以其肘部为轴，朝一定方向伸出手臂。

（二）常用手势的要求

1. 横摆式

迎接来宾做表示"请进"、"请"手势时常用横摆式。

其动作要领是：右手从腹前抬起向右横摆到身体的右前方，腕关节要低于肘关节，站成右丁字步，或双腿并拢，左手自然下垂或背在后面。头部和上身微向伸出手的一侧倾斜，目视宾客，面带微笑，表现出对宾客的尊重、欢迎。

2．直臂式

需要给宾客指方向时或做“请往前走”手势时，采用直臂式，其动作要领是：将右手由前抬到与肩同高的位置，前臂伸直，用手指向来宾要去的方向。一般男士使用这个动作较多。注意指引方向，不可用一手指指出，显得不礼貌。

3．斜臂式（斜摆式）

请来宾入座做“请坐”手势时，手应摆向座位的地方。手要先从身体的一侧抬起，当手高于腰部后，再向下摆去，使大小臂成一斜线。

其动作要领是：一只手由前抬起，从上向下摆动到与身体成45度处，手臂向下形成一斜线。

4．曲臂式

当一只手拿东西，同时又要做出“请”或指示方向的手势时采用。

以右手为例，从身体的右侧前方，由下向上抬起，至上臂与身体成45度时，以肘关节为轴，手臂由体侧向体前的左侧摆动，距离身体20厘米处停住；掌心向上，手指尖指向左方，头部随客人由右转向左方，面带微笑。

5．双臂横摆式

当举行重大庆典活动，接待较多来宾做“诸位请”或表示方向的手势时采用。在这种情况下，表示“请”时可以动作大一些。

其动作要领是：将双手由前抬起至腹部再向两侧摆到身体的侧前方，这是面向来宾。指向前进方向一侧的臂应抬高一些，伸直一些，另一手稍低一些，弯曲一些。

若是站在来宾的侧面，则两手从体前抬起，同时向一侧摆动，两臂之间保持一定距离。运用手势时还要注意与眼神、步伐、礼节相配合，才能使宾客感觉到这是一种“感情投入”的热诚服务。

6．递接物品

（1）递送物品时，应注意的问题有：

以双手为宜。双手递物于人最佳，不方便双手并用时，也应采用右手，以左手递物被视为失礼之举。

拿在手中。递给他人的物品，以直接交到对方手中为好。

主动上前。若双方相距过远,递物者应当主动走近接物者。

方便接拿。在递物于人时,应当为对方留出便于接取物品的地方,不要让其感到接物时无从下手。

面对对方。将带有文字的物品递交他人时,须使文字面面对对方。

尖、刃内向。将带尖、带刃或其他易伤人的物品递于他人时,切勿将尖、刃直接指向对方,合乎礼仪的做法是应当使其朝向自己,或是朝向他处。

(2) 接取物品时,应注意的主要之点是:

应当目视对方,而不要只顾注视物品。

一定要用双手或右手,绝不能单用左手。

必要时,应当起身而立,并主动走近对方。

在对方将物品递过来时,再用手前去接取,而切勿急不可待地直接从对方手中抢取物品。

(三) 手势的禁忌事项

在社交活动中,下列手姿均在禁止之列。

1. 易于误解的手势

易为他人误解的手势有两种,一是个人习惯,但不通用,不为他人理解;二是因为文化背景不同,被赋予了不同的含义。比如,伸起右臂,右手掌心向外,拇指与食指合成圆圈,其余手指伸直这一手姿,在英美表示"OK",在日本表示"钱",在拉美则表示"下流",不了解的人就很容易误会。

2. 不卫生的手势

在他人面前搔头皮、掏耳朵、剜眼屎、抠鼻孔、剔牙齿、抓痒痒、摸脚丫等,均是不卫生之举,令人恶心,自然是不当之举。

3. 不稳重的手姿

在大庭广众之前,双手乱动、乱摸、乱举、乱扶、乱放,或是咬指尖、折衣角、抬胳膊、抱大腿、拢脑袋等,亦是应当禁止的不稳重的动作。

4. 失敬于人的手势

掌心向下挥动手臂,勾动食指或除拇指外的其他四指招呼别人,用手指指点他人,都是失敬于人的手势。其中,指点他人,即伸出一只手臂,食指指向他人,其余四指握拢这一手势,因有指责、教训之意,尤为失礼。

第五节　名片的制作

一、名片概述

（一）含义

名片又叫名帖，是各界人士在社会活动中通报姓名，介绍身份、方便交际、起到自我宣传效果的卡片。它是一个人身份、地位的象征，是一个人尊严、价值的一种外显方式，是个人或组织形象的缩影，也是使用者要求社会认同、获得社会理解与尊重的一种方式。

名片，作为现代商务社交中重要的第一环节，其重要性不言而喻。国内很多设计师已有这种观念，好的名片，不仅代表公司形象，还代表个人形象，还有可能带来巨大的经济效益。一张名片，如何通过巧妙的创意，被客户悉心收藏而不是满大街乱扔，是一门学问。

（二）名片的作用

名片的用途十分广泛。最主要的是用做自我介绍，也可在随赠送鲜花或礼物，以及发送介绍信、致谢信、邀请信、慰问信等过程中使用。在名片上面还可以留下简短附言。

名片用做自我介绍，是社交场合最简单的交流方式，确有不少用处：

1．介绍自身

名片最主要的用途是介绍自身，在会客交友时，取出一张名片，自我情况对方一目了然。他人能在最简短的时间内知道你个人的一些情况。例如，姓名、身份、联系方法和单位地址等。

2．维持联系

名片犹如“袖珍通讯录”，利用它所提供的资料，即可与名片的提供者保持联系。

3．展示个性

通过名片展示个性，获得他人对自我多方面和深层次的了解。可以在名片上印上代表自己个性的爱好和特点，如“钟情自然、酷爱旅游、性喜笔耕、染尚真诚”等，这样的名片容易给对方留下深刻的印象，便于沟通，寻觅知己。

4. 拜会他人

初次前往他人居所或工作单位进行拜会时，可将本人名片交由对方门卫、秘书或家人，转交给被拜访者，以便被拜访者确认身份，并决定见与不见。这样的做法很正规，可以避免冒昧造访。

5. 传递信息

在某种情况下，名片还可以作为传递信息的工具。例如，当作礼物的附件，使受礼者知道送礼物的人是谁；用做短信，拜访他人不遇或需要请人转达事情时，可在名片左下角写下拜访目的，也可在名片背面写上来意，然后把名片留下，或托人转交。

二、名片的分类

现代社会，名片的使用相当普遍，分类也比较多，并没有统一的标准。最常见的分类主要有以下几种：

按名片用途，名片可分为商业名片、公用名片、个人名片三类。

按名片质料和印刷方式分，可分为数码名片、胶印名片、特种名片三类。

按印刷色彩分，可分为单色、双色、彩色、真彩色四类。

按排版方式分，可分为横式名片、竖式名片、折卡名片三类。

按印刷表面分，可分为单面印刷、双面印刷两类。

下面我们具体介绍一下名片用途的分类：

即是按名片的使用目的来分类。名片的产生主要是为了交往，过去由于经济与交通均不发达，人们交往面不太广，对名片的需求量不大。随内地改革开放，人口流动加快，人与人之间的交往增多，使用名片开始增多。特别是随着近几年经济发展，信息开始发达，用于商业活动的名片成为名片使用的主流。人们的交往方式有两种，一种是朋友间交往，一种是工作间交往。工作交往包括商业性的和非商业性的，因此成为名片分类的依据。

商业名片：为公司或企业在进行业务活动中使用的名片，名片使用大多以营利为目的。商业名片的主要特点为：名片常使用标志、注册商标，印有企业业务范围。大公司有统一的名片印刷格式，使用高档纸张。名片没有私人信息，因为主要用于商业活动。

公用名片：为政府或社会团体在对外交往中所使用的名片。名片的使用不是以营利为目的。公用名片的主要特点为:名片常使用标志,部分印有对外服务范围,没有统一的名片印刷格式,名片印刷力求简单适用,注重个人头衔和职称,名片内没有私人家庭信息,主要用于对外交往与服务。

个人名片:朋友间交流感情,结识新朋友所使用的名片。个人名片的主要特点为:名片不使用标志,名片设计个性化,可自由发挥,常印有个人照片、爱好、头衔和职业,名片所用纸张根据个人喜好,名片中含有私人家庭信息,主要用于朋友交往。

三、名片的内容

名片的内容单纯,文字简短,且具有书信中使用的称谓语、传达语、问候(或祝颂)语、自称署名和末启词等礼貌用语,以及时间词等。如果是介绍、探询等交际活动,名片就写得详细些,文字过简就难以达到交际目的;如果是求见一类的交际活动,只需向“求见”对象通报姓名、身份和“求见”的旨意即可,至于更多的旨意,都留待见面时谈,其他,可根据需要,详略自定。

四、名片的制作

自古以来,对名片的制作都是相当讲究的。名片的制作首先明确所制名片的用途,然后据此选择名片的款式及所用材料。名片要依据用途加以设计,设计既要规范,又要有自己的风格,体现自己的个性。名片的风格、个性,主要表现在片面布局与字体的选择等设计方面。可以把名片片文视为取纸款式考究的正面具名的便条,从款式到各个构件的语词选择也都更注重礼节。

现在的名片都由长方形的硬质长片纸制成,印刷精美雅致,规格一般为 6 厘米×9 厘米。分为横式和竖式两种。

横式:姓名用大些的字号印在名片中央位置,单位印在左上角,顶格印。职务、职称用小字印在姓名后边。职务也可以印在单位后边。联系地址、电话号码和邮政编码用小字印在右下角。印刷的字体,姓名用楷书、隶书或行楷字体,其他部分可用仿宋体或楷书印刷。单位有标志的,可以印在左上角。

竖式:同横式的差别是文字横印与竖印。左上角的标志、单们名称改印在右上角,地址等印在左下角。

有的名片印刷得很精致,显得雅致美观;有的背面用外文印上与正面一样的内容。

国外商人和国外同胞的名片要大些，长度为10厘米，宽度为7厘米。

名片设计的基本要求应强调三个字：简、功、易。

(1) 简：名片传递的主要信息要简明清楚，构图完整明确。

(2) 功：注意质量、功效，尽可能使传递的信息明确。

(3) 易：便于记忆，易于识别。

五、注意事项

(1) 忌涂改名片。名片如同脸面，不能随便涂改。

(2) 忌印有家庭电话。人在社交场合会有自我保护意识，私宅电话是不给的，甚至手机号码也不给。

(3) 忌头衔林立。名片上往往只提供一个头衔，最多两个。

(4) 没必要罗列一些格言警句之类的话语。

【课后实践】

一、思考训练

(1) 俗话说“站有站相，坐有坐样”。对此你怎么看?

(2) 请你为自己设计一张个性化的名片。

二、案例分析

案例1

天力公司是一家大型的、产品具有高科技含量的保健品公司。目前它在全国的保健品市场上已经占有很大的份额，配备了一万多名的营销人员。

有一天，肃静的会议室里，公司与德方的谈判正在进行。大家发现坐在李总身边的薛秘书穿着非常休闲：一件胸前印有图案的T恤衫，蓝色的牛仔裤，白色的旅游鞋。负责送水的助理秘书更是花枝招展，耳环闪闪发光，手镯晃来晃去，高跟鞋叮当作响。一个外国翻译还开了一个玩笑：“李总，最好让这位小组参加选美去。”

请问案例中的两位秘书在着装上有哪些不妥之处?

案例 2

上海某公司业务部门张经理在美国约见客户史密斯先生，他请史密斯到一家高级餐馆就餐。与史密斯先生一见面，张经理马上拿出自己的公文包，寻找名片，但是他没有找到。后来却在自己的上衣口袋中发现了自己的名片。但是他发现名片上的手机号码已经不是现在使用的号码了，于是立刻在名片上涂改起来，改好之后才与史密斯先生互换了名片。两人就座之后，张经理关心地询问道："史密斯先生，你的脸色不太好！是不是最近病了？"史密斯先生一听，感到很尴尬，但还是很委婉地回答："我最近经常熬夜，所以脸色不太好。"

讨论：结合本章所学内容，请分别对张经理及史密斯先生的行为作出评价。

案例 3

一名在德国的外国留学生，学业成绩很优秀，动手能力也很强，拿到博士学位后，自认为可以轻易地留在德国工作，没有任何问题。可他在求职中遇到了很多意想不到的麻烦。他四处求职，拜访过许多著名的大公司，均遭到拒绝，对方也没有对他说出任何拒聘的理由。以至他到一家很小的计算机公司去求职，仍然遭到了公司很有礼貌的拒绝。后来他才得知遭到拒绝的原委：这一切都因为自己乘坐公交车时曾经有过三次逃票的记录。这使得他更加气愤：因为这么点鸡毛蒜皮的区区小事，就小题大做，把我这个博士生拒之门外。

讨论：乘车逃票是区区小事吗？人的道德品质和礼仪修养是如何形成的？结合自身体会谈谈我们应如何自觉践行个人礼仪的基本要求？

第三章　社交礼仪与日常应用文书写作

【本章目录】

第一节　日常见面礼仪

第二节　社会交往礼仪

第三节　日常应用文书写作

【学习目标】

(1) 掌握日常交往过程中的介绍、握手、招呼、递交名片的礼仪。

(2) 了解并掌握社交礼仪中电话、馈赠、餐桌礼仪的基本要领。

(3) 掌握条据类文书以及启事声明文书的写作方法和技巧。

【案例引入】

从前，有一个年轻人向一位老人问路，他对着老人喊道："喂！老头子，这里离李庄有多少里？"老人毫不客气地答道："有5000丈。"那位青年人责备老人为何讲"丈"而不讲"里"。老人反诘道："究竟是谁不讲里(礼)？"那位青年人顿时幡然醒悟。这个故事的创作者巧妙地将"讲礼"和"讲里"融合在一起，一语双关，直中要害，发人深省。

第一节　日常见面礼仪

在日常生活中，我们经常会在各种场合与各行各业的人打交道，而首次见面的礼仪显得尤为重要，良好的印象对于今后双方的交往和工作都具有相当大的帮助。见面礼仪是日常交往礼仪中的基本礼仪，指的是与他人见面时应当遵守的礼节规范和行为准则，在见面时，要做到热情、友好，大方、得体。见面礼仪主要包括介绍、握手、招呼、交换名片。

一、介绍礼仪

介绍是社交活动中相互了解的基本方式，是人际交往的第一座桥梁。通过介绍能使素不相识的人彼此认识，缩短人与人之间的距离，为更好交谈、了解、沟通迈出第一步。

日常交往中的介绍主要有自我介绍、他人介绍、集体介绍三种方式。

（一）自我介绍

自我介绍，即在必要的社交场合，把自己介绍给其他人，使对方认识自己。恰当的自我介绍，不但能增进他人对自己的了解，而且还能产生意料之外的商机。但是，自我介绍也是一门艺术，需要掌握一定的基本常识和技巧。

1．把握时机

自我介绍要考虑场合，把握时机。当人们初次见面，彼此都有一种了解对方的愿望，有一种需要被人重视和尊重的心理。一般说来，自我介绍有这样三种情况：一是本人希望结识他人，如在社交场合，与不相识者相处或打算介入陌生人组成的交际圈时；他人希望结识本人，即社交场合有陌生人表现出对自己感兴趣或他人请求自己作自我介绍时；有必要使他人了解或认识自己，如业务接洽、应聘求职等场合。

2．内容得体

进行自我介绍时，要根据需要决定介绍的详略。社交场合自我介绍的内容大体上由三个要素组成，即本人姓名、工作单位、职业（或职务），一般情况下需要将三者都介绍出来。例如“你好，我叫张强，是北京发达科技有限公司的业务员”。在实际的交际场合，还应视具体情况决定自我介绍内容的繁简，如出差办事，只要介绍自己从哪里来或职业就可以了。而求职面试时，就应该将自己的学历、资历、专业、特长、能力介绍清楚，即充分显示自己的特长，才能在众多的面试者中脱颖而出。

3．形式标准

就形式而论，自我介绍主要分为两种：一是应酬型的自我介绍，它仅含本人姓名这一项内容，主要适用于面对泛泛而交、不愿深交者，如“您好，我是王科。”；二是公务型的自我介绍，它通常由本人的单位、部门、职务、姓名等项内容构成，并且往往不可或缺其一，如“我叫唐卿，是大庆广告公司的公关部经理”。它主要适用于正式的公务交往。

4. 把握分寸

自我介绍时不要过分地炫耀自己，如自己的身份、门第、财富、学识不要过分渲染；也不要作自我贬低，让人觉得你虚伪或不诚实。总之，如果自我介绍要表现出诚恳、友好、坦率、可以信赖，就必须实事求是、恰当好处地介绍自己。

5. 充满自信

自我介绍要做到从容、自信，避免见面后羞羞答答，东张西望、或心不在焉。自我介绍应该有一个良好的面部表情和姿态，微笑要自然、亲切，眼神要和善可掬，语调要热情友好，态度要恭谨有礼。

6. 其他注意事项

(1) 进行自我介绍时，要力求简洁，尽可能地节约时间，通常以半分钟左右为佳，如无特殊情况最好不要超过一分钟。为了提高效率，在作自我介绍时，可利用名片、介绍信等资料作补充。如果对方兴趣不高、工作很忙、心情不好、没有要求或正忙于其他交际之时，则不太适合进行自我介绍。

(2) 当你想了解对方时，可引导对方作自我介绍，但要避免直接相向，如：“你叫什么名字?”“你在哪里工作?”“今年多大了”。问话要尽量客气、礼貌，如“不知怎么称呼您?”“请问您贵姓?”“您是……”等。

(3) 他人作自我介绍时要仔细听，记住对方的姓名、职业等，如果没听清楚，不妨在个别问题上再问一遍。

(4) 当一方作自我介绍后，另一方也要相应地作自我介绍，要避免一方主动自我介绍，另一方不予回应的难堪局面。

(二) 介绍他人

介绍他人又称第三者介绍，是经第三者为彼此不认识的双方引见、介绍的一种交际方式。介绍他人就是以中介人的身份，对另外两人或多人相关情况所作的介绍，也可称为第三者介绍。作介绍的人一般是主人、朋友或公关人员等。从礼仪上讲，介绍他人时最重要的是要注意介绍的先后顺序。

1. 介绍原则

根据礼仪规范，在为他人介绍时，应该遵守“尊者优先了解情况”的规则，即把身份、地位较低的一方介绍给身份、地位较高的一方，让尊者优先了解对方的情况，以表示对尊者的敬重。

（1）地位顺序。介绍不同地位的人，应先把地位低的人介绍给地位高的人。

（2）辈份顺序。介绍不同辈份的人，应先把晚辈介绍给长辈。

（3）性别顺序。介绍不同性别的人，一般应先把男士介绍给女士。

（4）亲疏顺序。应先把与自己关系密切的家人、要好的朋友等，介绍给客人或关系一般的人。

在具体交往中，应根据实际情况灵活运用这些原则。例如，当男士德高望重而女士为年轻晚辈时，则应先把女士介绍给男士，即“性别顺序”要让位于“地位顺序”。又如集体介绍时，可按座位顺序，也可从贵宾开始介绍。

2. 介绍的顺序

在为他人作介绍时，谁先谁后是一个比较敏感的礼仪问题。根据规则，为他人作介绍时的礼仪顺序大致有以下几种：

（1）介绍上级与下级认识时，应先介绍下级，后介绍上级。

（2）介绍长辈与晚辈认识时，应先介绍晚辈，后介绍长辈。

（3）介绍年长者与年幼者认识时，应先介绍年幼者，后介绍年长者。

（4）介绍女士与男士认识时，应先介绍男士，后介绍女士。

（5）介绍已婚者与未婚者时，应先介绍未婚者，后介绍已婚者。

（6）介绍同事、朋友与家人认识时，应先介绍家人，后介绍同事、朋友。

（7）介绍来宾与主人认识时，应先介绍主人，后介绍来宾。

（8）介绍与会先到者与后来者认识时，应先介绍后来者，后介绍先到者。

3. 介绍的姿态

当为别人介绍时，千万不要用手指指点对方，而要用整个手掌，掌心向上，五指并拢，胳膊向外伸，斜向被介绍人。向谁介绍，眼睛就注视着谁。

4. 介绍的方式

在一般情况下，介绍的内容宜简不宜繁，只要介绍到被介绍人的姓名、单位、职务、部门就可。如果场合适宜，还可以进一步介绍双方的爱好、特长、个人学历、荣誉等，为双方提供更多可交谈的内容。如果介绍人能找到被介绍双方的某些共同点，会使双方的交谈更加融洽。介绍人还可以说明自己与被介绍人的关系，以便新结识的两人增进了解与信任。介绍的语言要规范，符合身份。由于实际需要的不同，为他人作介绍时的方式也不尽相同。有一般式介绍，以介绍双方的姓名、单位、职位等为主，适用于正式场合。例如“请允许我来为两位引见一下。这位是卡其秀公司营销部经理韩女士，这位是新力集团副总任女士”。有简单式的，只介绍双方姓名，甚至只提双方的姓氏而已，适用于一般的社交场合。例如，“我来为大家介绍一下，这位是谢总，这位是李总，希望大家合作愉快”。也有礼仪式的，这是一种最为正规的介绍，适用于正式场合，其语气、表达、称呼都更为规范和谦恭。例如，“孙女士，您好！请允许我把北京远方公司的执行总监李笠先生介绍给您；李先生，这位是广东润发集团人力资源部经理孙晓晓女士”。

5. 其他注意事项

(1) 要了解双方是否有结识的愿望。如，一些地位高的人不愿结识一些地位低的人；一些女士不愿结识一些男士。

(2) 介绍人要实事求是，掌握分寸。不要夸大其词，更不能把介绍者不具备的性格、品质、爱好和特长介绍给别人，让人难堪。

(3) 被介绍人对他人的介绍要做出礼貌的反应。如“你好”、“认识你很高兴”、“久仰久仰”等。

(4) 为他人作介绍时，要避免给任何一方造成厚此薄彼的感觉。不可以对一方介绍得面面俱到，而对另一方介绍得简略至极。

二、握手礼仪

握手礼仪是人们在社交场合最常使用、适应范围最广泛的见面致意礼节。它看似平常，但却是沟通思想、交流感情、增进友谊的重要形式。文雅而得体的握手，是人们必须掌握的一种交际艺术。

1. 握手的操作要点

(1) 神态。与他人握手时，应当神态专注、认真、友好。在正常情况下，握手时，应目视对方双眼，面含微笑，并且同时问候对方。

(2) 姿态。与人握手时，一般均应起身站立，迎向对方，在距一米左右伸出右手，握住对方的右手手掌，稍微上下晃动一两下，并且令其垂直于地面。

(3) 力度。握手的时候，用力既不可过轻，也不可过重。若用力过轻，有怠慢对方之嫌；不看对象而用力过重，则会使对方难以接受而生反感。

(4) 时间。一般来讲，在普通场合与别人握手所用的时间以三秒左右为宜。

2. 标准的握手姿态

标准的握手姿态是：握手时，两人相距约一步，上身稍前倾，伸出右手，四指并齐，拇指张开，两人的手掌与地面垂直相握，上下轻摇，一般以三五秒为宜。男士与女士握手，一般只轻握女士的手指部分，拇指轻压中骨节。两男士握手时，提倡虎口相压，有力度与气度，代表着自信与真诚的问候。

握手时，双方应正视对方，面带微笑，并以简要的语言向对方致意，可说一些客套语，如“您好”，“认识您很高兴”等等。当知道对方受到表彰或有喜事时可说“恭喜您”、“祝贺您”等以表示祝贺；欢迎客人时，可说“欢迎您”、“欢迎光临指导”；送客时说“祝您一路顺风”，以表示祝福。

对尊敬的长者握手可采取双握式，即右手紧握对方右手时，再用左手加握对方的手背和前臂。除了年老体弱或有残疾者外，一般不坐着握手。

握手力度要适宜，正式场合的握手力度一般以二斤左右为宜。一般来讲，如果两个人比较熟悉或久别重逢，力度可以大些，时间也可长些。

3. 握手的顺序

握手的主要原则是尊重别人。在握手时，双方握手的先后顺序很讲究。一般情况下，讲究的是“尊者居前”，即由握手双方之中的身份较高者首先伸出手来，位卑者只能在此后予以响应，而不可贸然抢先伸手，不然就是违反礼仪的举动。在商务场合，握手时伸手的先后次序主要取决于职位、身份。而在社交、休闲场合，它主要取决于年龄、性别、婚否。其基本规则可以归纳如下：

(1) 男女之间握手。如果男女之间握手，男士要等女士先伸出手后才握手。如果女方没有握手的意思，男方可改用点头礼表示礼貌。

(2) 宾客之间握手。若宾客之间握手，主人有向客人先伸出手的义务。对到来的客人，不论男女、长幼，主人均应先伸出手去，表示热烈欢迎，女主人也应如此。

(3) 长幼之间握手。若长幼之间握手，年幼的一般要等年长的先伸手。和长辈及年长的人握手，不论男女，都要起立趋前握手，并要脱下手套，以示尊敬。

(4) 上下级之间握手。若上下级之间握手，下级要等上级先伸出手。但涉及主宾关系时，可不考虑上下级关系，做主人的应先伸手。

(5) 一个人与多人握手。若是一个人需要与多人握手，则握手时亦应讲究先后次序，由尊而卑，即先年长者后年幼者，先长辈后晚辈，先老师后学生，先女士后男士，先已婚者后未婚者，先上级后下级，先职位身份高者后职位身份低者。

在接待来访者时，这一问题变得特殊一些：当客人抵达时，应由主人首先伸出手来与客人相握。而在客人告辞时，就应由客人首先伸出手来与主人相握。前者是表示“欢迎”，后者就表示“再见”。这一次序颠倒，很容易让人发生误解。

应当强调的是，上述握手时的先后次序不必处处苛求于人。如果自己是尊者或长者、上级，而位卑者、年轻者或下级抢先伸手时，最得体的就是立即伸出自己的手，进行配合。而不要置之不理，使对方当场出丑。

4. 握手的禁忌

我们在行握手礼时应努力做到合乎规范，避免违犯下述失礼的禁忌。

(1) 不要用左手相握，尤其是和阿拉伯人、印度人打交道时要牢记，因为在他们看来左手是不洁的。

(2) 不要在握手时戴着手套或墨镜，只有女士在社交场合戴着薄纱手套握手，才是被允许的。

(3) 不要在握手时另外一只手插在衣袋里或拿着东西。

(4) 不要在握手时面无表情、不置一词或长篇大论、点头哈腰，过份客套。

(5) 不要在握手时仅仅握住对方的手指尖，好像有意与对方保持距离。正确的做法，是要握住整个手掌。即使对异性，也要这么做。

(6) 不要在握手时把对方的手拉过来、推过去，或者上下左右抖个没完。

(7) 不要拒绝和别人握手，即使有手疾或手被汗湿了、弄脏了，也要和对方说一下“对不起，我的手现在不方便”，以免造成不必要的误会。

三、称呼礼仪

称呼，一般是指人们在交往应酬中彼此之间所采用的称谓。在交往时不论是用口头语言还是用书面语言，称呼都十分重要。选择正确的、适当的称呼，既反映自身的教养，又体现对他人的重视程度，有时甚至还体现着双方关系所发展到的具体程度。

(一) 职场称呼礼仪

在职场中，人们在各自的岗位上履行职责，遵守着岗位职责和工作规范。因此，工作中的称呼要做到庄重、正式、规范。职场中的称呼方式主要有以下几种：

1. 职务性称呼

在职场中彼此进行交往时以职务进行称呼，可以表明身份区别，既得体又可以显示出敬意。职务性的称呼大体有三种情况：

(1) 仅称呼其职务，如“局长”、“处长”、“经理”，等等。

(2) 在职务前加上其姓氏，如“王处长”、“李局长”、“章经理”，等等。

(3) 称呼前加上其姓名，这一般只适用于正式场合。如“王利局长”、“李力处长”、“张乾经理”等等。

2. 职称性称呼

对具有职称，特别是中、高级职称者，可在职场中直接以其职称相称。一般来说也有三种称呼方式：

(1) 仅用职称称呼，如“教授”、“工程师”、“研究员”，等等。

(2) 在职称前加上其姓氏，如“李教授”、“王工程师”、“张研究员”，等等。而这种称呼又常常为了简单而采用约定俗成的简称法来称呼，如将“王工程师”简称为“王工”、将“林编审”简称为“林编”等。但是要注意的是，在使用简称法时，要以不发生误会或歧义为原则。

(3) 在其职称前加上其姓名的称呼，这一般是在比较正规的场合才使用的称呼方式，如“杜威编辑”、“马洪教授”，等等。

3. 学衔性称呼

在工作中，对有学衔的，特别是具有较高学衔者，以学衔进行称呼，往往会增加现场的学术气氛，提高被称呼者的学术权威性。具体有四种方式：

(1) 仅称学衔，如“博士”。

(2) 在学衔前加上其姓氏，如“方博士”。

(3) 在学衔前加上其姓名，如“方志强博士”。

(4) 根据社交场合的具体需要，可将学衔具体化进行称呼，如“法学博士张力”、“工程硕士胡娜”，等等。这种称呼是最为正式的。

4. 职业性称呼

在比较正式的场合，往往习惯于职业性的称呼，这带有尊重对方职业和劳动的意思，同时也暗示了谈话与职业有关。通常也有两种称呼方式：

(1) 用其职业来称呼，如“师傅”、“大夫”、“医生”、“老师”、“警官”，等等。

(2) 在其职业前冠之以姓，如“李师傅”、“史大夫”、“张医生”、“刘老师”，等等。

5. 姓名性称呼

这是在职场交往中，对于交往对象直接称呼其姓名的方式。这一般仅限于同事、熟人之间。也有两种方式：

（1）直呼其名，如“李丽”、“王芳”等。

（2）只呼其姓，不呼其名，并根据具体情况在其姓氏前，加上“老”、“大”、“小”等进行称呼，如“老李”、“大刘”、“小张”，等等。

（二）生活中的称呼

生活中的称呼是指人们在日常生活中，彼此之间所采用的称呼语言。生活中的称呼要做到亲切、友好，不失为敬意，一般有以下几种称呼方式：

1. 用敬称来称呼

通常使用的词语有“您”、“您老”、“您老人家”、“君”、“公”等。称呼长辈时，应用“您”字或“您老”、“您老人家”等。对德高望重的年长者、资深人士进行称呼时，可在其姓氏后加“公”或“老”，如“王公”、“巴老”。对有身份者和年长者，也可以“先生”相称，在“先生”前加上被称呼者的姓氏，如“李先生”、“季先生”等。对文艺界、教育界的人士，以及有成就者、有身份的人，都可称其为“老师”，将“老师”一词加在其姓氏后，如“李老师”、“张老师”等。

2. 用亲近来称呼

对邻居、年长者、至交，有时可以用类似血缘关系的称呼来称谓，如“大爷”、“大娘”、“叔叔”、“阿姨”。在这类称呼前也可加上姓氏，如“王大爷”、“李大姐”等。

3. 用姓名来称呼

一般有以下几种情况：

（1）平辈之间、熟人之间，可以直接用姓名来称呼对方，如“李晓萍”、“王颖”等。但要注意，这类直呼姓名的称呼只能用在长辈对晚辈或平辈之间，而晚辈是不能对长辈直呼其名的。在这种称呼方式中，为了表示亲切，也可以在被称呼者的姓氏前分别加上“老”字或“大”、“小”字，而不呼其名。如对年长者，可称其“老李”；对同辈，可称其“大刘”；对年幼者，可称其“小杨”，等等。

（2）对同性的朋友、熟人，如果关系极为密切，可以不称其姓，而直呼其名，如“志鹏”、“玉华”等。而对异性，则一般不能这样称呼，要直接称呼其姓名，如“张志鹏”、“王玉华”等。如果对异性只呼其名，不称其姓，那就意味着彼此不是家人，就是恋人或配偶。否则，会让人感到失礼。

（3）在现实生活中，对一面之交、关系普通的交往对象，可视具体情况分别采用如下的称呼方法：以“同志”相称；以“先生”、“女士”、“小姐”、“太太”相称；以其职务、职称相称，如“李经理”、“王老师”等；入乡随俗，采用对方理解并能接受的称呼相称。

4．称呼禁忌

在与他人交往时，千万注意不要因称呼而冒犯对方的禁忌。一般而言，下列称呼都是不能采用的：

（1）错误称呼：在称呼他人时，要避免将对方的姓名念错，对于把握不准的字，要事先请教，不要凭自己的主观想象，贸然称呼对方，如将“查”、“盖”等这些姓氏望字猜音，发生错误。对于交往对象的年龄、辈分、婚否、职务等情况拿不准时，千万不要想当然地去称呼，而要摸准情况，再选择合适的称呼。

（2）庸俗低级的称呼：在职场交往的场合中，不要将私下个人之间交往的称呼搬出来。诸如“哥们儿”、“兄弟”、“姐们儿”、“老兄”之类的称呼。还有某些市井流行的称呼，因其庸俗低级，格调不高，甚至带有显著的黑社会风格，在正式的交往中亦应禁用。

（3）缺少称呼：需要称呼他人时，如果根本不用任何称呼，或者代之以“喂“、“嘿”、“下一个”、“那边的”以及具体代称，都是极不礼貌的。

（4）距离不当的称呼：在正式交往中，若是与仅有一面之缘者称兄道弟，或者称其为“朋友“、“老板”等，都是与对方距离不当的称呼表现。

（5）绰号性称呼：对与自己关系一般者，切勿擅自为对方起绰号，也不应以道听途说而来的绰号去称呼对方。至于一些对对方具有讽刺侮辱性质的绰号，更是严禁使用。

四、名片礼仪

在人际交往中，交换名片已经成为基本的礼仪。在现代人际中，名片是一种必不可少的联络工具，成为一种具有一定社会性、广泛性，便于携带、使用、保存和查阅的信息载体。在社交场合与他人进行交际应酬时，我们都离不开名片的使用。名片是重要的交际工具。它直接承载着个人信息，担负着保持联系的重任。而名片的使用是否正确，已成为影响人际交往成功与否的一个因素。

（一）名片的交换

名片的交换是名片礼仪中的核心内容。在社交场合如何交换名片，往往是个人修养的一种反映，也是对交往对象尊重与否的直接体现。因此，交换名片务必要遵守一定礼仪。

1. 携带名片

我们在参加正式的交际活动之前，都应随身携带自己的名片，以备交往之用。名片的携带应注意以下三点：

(1) 足量适用。在社交场合活动中携带的名片一定要数量充足，确保够用。所带名片要分门别类，根据不同交往对象使用不同名片。

(2) 完好无损。名片要保持干净整洁，切不可出现折皱、破烂、肮脏、污损、涂改的情况。

(3) 放置到位。名片应统一置于名片夹、公文包或上衣口袋之内，在办公室时还可放于名片架或办公桌内，切不可随便放在钱包、裤袋之内。放置名片的位置要固定，以免需要名片时东找西寻，显得毫无准备。

2. 递交名片

在与人交往时，递交名片要注意以下几个要点：

(1) 观察意愿。除非自己想主动与人结识，否则名片务必要在交往双方均有结识对方并欲建立联系的意愿的前提下发送。如果双方或一方并没有这种愿望，则无须发送名片，否则会有故意炫耀、强加于人之嫌。

(2) 把握时机。发送名片要掌握适宜时机，只有在确有必要时发送名片，才会令名片发挥功效。发送名片一般应选择初识之际或分别之时，不宜过早或过迟。不要在用餐、戏剧、跳舞之时发送名片，也不要在大庭广众之下向多位陌生人发送名片。

(3) 讲究顺序。双方交换名片时，应当首先由位低者向位高者发送名片，再由后者回复前者。但在多人之间递交名片时，不宜以职务高低决定发送顺序，切勿跳跃式进行发送，甚至遗漏其中某些人，最佳方法是由近而远、按顺时针或逆时针方向依次发送。

(4) 先打招呼。递上名片前，应当先向对方打个招呼，令对方有所准备，既可先作一下自我介绍，也可以说声“对不起，请稍候”、“可否交换一下名片”之类的提示语。

(5) 发送名片的方法。递名片时应起身站立，走上前去，双手将名片正面对着对方，递给对方。将名片递给他人时，应说“多多关照”、“常联系”等话语，或是先作一下自我介绍。与多人交换名片时，应讲究先后次序，或由近而远，或先尊后卑。

位卑者应当先把名片递给位尊者。

3. 接受名片

接受他人名片时，主要应当作好以下几点：

(1) 态度谦和。接受他人名片时，不论有多忙，都要暂停手中一切事情，并起身站立相迎，面含微笑，双手接过名片，至少也要用右手，而不得使用左手。

(2) 认真阅读。接过名片后，先向对方致谢，然后要将其从头至尾默读一遍，遇有显示对方荣耀的职务、头衔不妨轻读出声，以示尊重和敬佩。若对方名片上的内容有所不明，可当场请教对方。

(3) 精心存放。接到他人名片后，切勿将其随意乱丢乱放、乱揉乱折，而应将其谨慎地置于名片夹、公文包、办公桌或上衣口袋之内，且应与本人名片区别放置。

(4) 有来有往。接受了他人的名片后，应当即刻回给对方一枚自己的名片。没有名片，名片用完了或者忘了带名片时，应向对方作出合理解释并致以歉意，切莫毫无反应。

4. 索要名片

依照惯例，通常情况下最好不要直接开口向他人索要名片。但若想主动结识对方或者有其他原因有必要索取对方名片时，可相继采取下列办法：

(1) 互换法。即以名片换名片。在主动递上自己的名片后，对方按常理会回给自己一枚他的名片。如果担心对方不回送，可在递上名片时明言此意："能否有幸与您交换一下名片？"

(2) 暗示法。即用含蓄的语言暗示对方。例如，向尊长索要名片时可说："请问今后如何向您请教？"向平辈或晚辈表达此意时可说："请问今后怎样与您联络？"

(二) 递送名片的注意事项

若想适时地发送名片，使对方接受并收到最好的效果，必须注意下列事项：

(1) 首先要把自己的名片准备好，整齐地放在名片夹、盒或口袋中，要放在易于掏出的口袋或皮包里。不要把自己的名片和他人的名片或其他杂物混在一起，以免用时手忙脚乱或拿错名片。

(2) 出席重大的社交活动，一定要记住带名片。参加会议时，应该在会前或会后交换名片，不要在会中擅自与别人交换名片。

(3) 在一群彼此不认识的人当中，最好让别人先发送名片。名片的发送可在刚见面或告别时，但如果自己即将发表意见，则在说话之前发名片给周围的人，可帮助他们认识你。

(4) 不要在一群陌生人中到处传发自己的名片,这会让人误以为你想推销什么物品,反而不受重视。在商业社交活动中尤其要有选择地提供名片,才不致使人以为你在替公司搞宣传、拉业务。

(5) 对于陌生人或巧遇的人,不要在谈话中过早发送名片。因为这种热情一方面会打扰别人,另一方面有推销自己之嫌。

(6) 除非对方要求,否则不要在年长的主管面前主动出示名片。

(7) 无论参加私人或商业餐宴,名片皆不可于用餐时发送,因为此时只宜从事社交而非商业性的活动。

(8) 递交名片要用双手或右手,用双手拇指和食指执名片两角,让文字正面朝向对方,递交时要目光注视对方,微笑致意,可顺带一句"请多多关照。"

(9) 接名片时要用双手,并认真看一遍上面的内容。如果接下来与对方谈话,不要将名片收起来,应该放在桌子上,并保证不被其他东西压起来,使对方感觉到你对他的重视。

(10) 破旧名片应尽早丢弃,与其发送一张破损或脏污的名片,不如不送。

第二节　社会交往礼仪

一、电话礼仪

电话礼仪指的是在接打电话时应注意的礼仪。电话被现代人公认为便利的通讯工具。在日常工作中,电话的普及率越来越高,人们每天要接、打大量的电话。接打电话看起来很容易,对着话筒同对方交谈,觉得和当面交谈一样简单,其实不然,打电话大有讲究,可以说是一门学问、一门艺术。

(一) 基本礼仪

1. 礼貌问候第一声

当打电话给对方时,如果一接通,就能听到对方亲切、优美的招呼声,心里一定会很愉快,使双方对话能顺利展开。在电话中只要稍微注意一下自己的行为就会给对方留下完全不同的印象。如果在工作中接听电话时,应有"代表单位形象"的意识。如说:"你好,这里是××公司"。且声音清晰、悦耳、吐字清脆,给对方留下好的印象，对方对你所在单位也会有好印象。

2. 要有喜悦的心情

打电话时要保持良好的心情，这样，即使对方看不见你，但是也会被你欢快的语调所感染，给对方留下极佳的印象。由于面部表情会影响声音的变化，所以即使在电话中，也要抱着“对方看着”的心态去应对。

3. 清晰明朗的声音

打电话过程中绝对不能吸烟、喝茶、吃零食，即使是懒散的姿势对方也能够“听”得出来。如果你打电话的时候，弯着腰躺在椅子上，对方听你的声音就是懒散的，无精打采的，若坐姿端正，所发出的声音也会亲切悦耳，充满活力。因此，打电话时，即使看不见对方，也要当作对方就在眼前，尽可能注意自己的姿势。

4. 迅速准确地接听

听到电话铃声，应准确迅速地拿起听筒，最好在三声之内接听。电话铃声响一声大约三秒种。如果电话铃响了五声才拿起话筒，应该先向对方道歉，若电话响了许久，接起电话只是“喂”了一声，对方会十分不满，会给对方留下恶劣的印象。

5. 认真清楚的记录

随时牢记 5W 1H 技巧，所谓 5W 1H 是指“When（何时）、Who（何人）、Where（何地）、What（何事）、Why（为什么）、How（如何进行）”。在接打电话时 5W 和 1H 具有相同的重要性。

6. 挂电话前的礼貌

要结束电话交谈时，一般应当由打电话的一方提出，然后彼此客气地道别，说一声“再见”，再挂电话，不可只管自己讲完就挂断电话。

（二）接电话礼仪

在接听电话时需讲究必要的礼仪和一定的技巧，以免产生误会。无论是打电话还是接电话，我们都应做到语调热情、声量适中、表达清楚、文明礼貌。

1. 接听电话前

(1) 准备笔和纸：提前准备好笔和纸，当对方需要留言时，就可快速记录对方的谈话内容。

(2) 停止一切不必要的动作：不要让对方感觉到你在处理一些与电话无关的事情，对方会感到你在分心，这也是不礼貌的表现。

(3) 使用正确的姿势:如果你姿势不正确,不小心电话从你手中滑下来,或掉在地上,发出刺耳的声音,也会令对方感到不满意。

(4) 带着微笑迅速接起电话:让对方也能在电话中感受到你的热情。

2. 接听电话

(1) 三声之内接起电话:这是星级酒店接听电话的硬性要求。此外,接听电话还要注意:注意接听电话的语调,让对方感觉到你是非常乐意帮助他的,在你的声音当中能听出你是在微笑;注意语调的速度;当听到对方的谈话很长时,也必须有所反映,如使用"是的、好的"等来表示你在听。

(2) 主动问候,报部门和介绍自己;对方打来电话,一般会自己主动介绍。如果没有介绍或者你没有听清楚,就应该主动问:"请问你是哪位? 我能为您做什么? 您找哪位?"但是,人们习惯的做法是,拿起电话听筒盘问一句:"喂! 哪位?"这在对方听来,陌生而疏远,缺少人情味。接到对方打来的电话,您拿起听筒应首先自我介绍:"你好! 我是某某某。"如果对方找的人在旁边,您应说:"请稍等。"然后用手掩住话筒,轻声招呼你的同事接电话。如果对方找的人不在,您应该告诉对方,并且问:"需要留言吗? 我一定转告!"

(3) 需搁置电话时或让宾客等待时,应给予说明,并致歉。每过二十秒留意一下对方,向对方了解是否愿意等下去。

(4) 接听电话时,应注意使嘴和话筒保持四厘米左右的距离。要把耳朵贴近话筒,仔细倾听对方的讲话。

(5) 应让对方自己结束电话,然后轻轻把话筒放好。不可"啪——"的一下扔回原处,这极不礼貌。最好是在对方之后挂电话。

(三) 打电话礼仪

打电话时,需注意以下几点:

(1) 要选好时间。打电话时,如非重要事情,尽量避开受话人休息、用餐的时间,而且最好别在节假日打扰对方。

(2) 在打电话之前,要准备好笔和纸,不要吃东西、喝水或抽烟,要保持正确的姿势。

(3) 要掌握通话时间。打电话前,最好先想好要讲的内容,列出要点,以便节约通话时间,不要现想现说,通常一次通话不应长于三分钟,即所谓的"三分钟原则"。

(4) 用语规范。通话之初，应要先报部门和姓名，先做自我介绍，这样可以避免对方因为询问你的情况而浪费时间。请受话人找人或代转时，应说“劳驾”或“麻烦您”，不要认为这是理所应当的。

(5) 如果接到的电话是找你的上级时，不要直接回答在还是不在，要询问清楚对方的姓名和大概意图，然后说帮您找一下。将所了解的情况告诉你的上级，由他判断是否接电话。

(四) 使用手机礼仪

在手机越来越普及的今天，我们在使用手机时，应遵循以下几点原则：

1. 手机的放置

在公共场合，手机在没有使用时，都要放在合乎礼仪的常规位置。不要在并没使用的时候放在手里或是挂在上衣口袋外。放手机的常规位置有：一是随身携带的公文包里，这种位置最正规；二是上衣的内袋里；女士则要注意，手机就算再好看和小巧，也别把它挂在脖子上。

2. 必要时关掉手机

会议中和别人洽谈的时候，最好的方式是把手机关掉，起码也要调到震动状态，这样既显示出对别人的尊重，又不会打断发话者的思路。在餐桌上，关掉手机或是把手机调到震动状态也是必要的。避免正处在兴头上时，被一阵烦人的铃声打断。

3. 遵守公德，注意场合

注意手机使用礼仪的人，不会在公共场合、开车中、飞机上、剧场里、图书馆和医院里接打手机。公共场合特别是楼梯、电梯、路口、人行道等地方，不可以旁若无人地使用手机，应该把自己的声音尽可能地压低一些，而绝不能大声说话。在一些场合，比如在图书馆或剧院里打手机是极其不合适的，如果非得回话，采用静音的方式发送手机短信是比较适合的。

4. 打手机前要考虑对方是否方便

给对方打手机时，尤其当知道对方是身居要职的忙人时，首先想到的是，这个时间他(她)方便接听吗？不论在什么情况下，是否通话还是由对方来定为好，所以“现在通话方便吗?”通常是拨打手机的第一句问话。

5. 能打座机就不打手机

在没有事先约定和不熟悉对方的前提下，我们很难知道对方什么时候方便接听电话。所以，在有其他联络方式时，还是尽量不打对方手机为好。由于手机话费相对较高，而且通讯属于个人私事和个人秘密。因此，联系不熟悉的人时可先拨打其办公室座机，有急事需拨打手机时则应注意讲话言简意赅。如果需要长时间通话，应主动询问对方是否需要拨打其座机电话。

6. 收发短信的注意事项

不要在别人能注视到你的时候查看短信。一边和别人说话，一边查看手机短信，是对别人不尊重的表现。在短信的内容选择和编辑上，应该和通话文明一样重视。所以不要编辑或转发不健康的短信。

当然了，这些指的是在工作场合中的一些礼仪。如果在平常的生活当中，三五朋友当中则无必要这么严格，不然现在手机的一些功能就无法完全应用。

（五）接打电话常用礼貌用语

（1）您好！这里是×××公司×××部（室），请问您找谁？

（2）我就是，请问您是哪一位？……请讲。

（3）请问您有什么事？（有什么能帮您？）

（4）不用谢，这是我们应该做的。

（5）×××同志不在，我可以替您转告吗？（请您稍后再来电话好吗？）

（6）对不起，这类业务请您向×××部（室）咨询，他们的号码是……。（×××同志不是这个电话号码，他（她）的电话号码是……）

（7）您打错号码了，我是×××公司×××部（室），……没关系。

（8）您好！请问您是×××单位吗？

（9）我是×××公司×××部（室）×××，请问怎样称呼您？

（10）请帮我找×××同志。

（11）对不起，我打错电话了。

（12）对不起，这个问题……，请留下您的联系电话，我们尽快给您答复，好吗？

二、赴宴礼仪

宴会是为了表示欢迎、答谢、祝贺、喜庆等举行的一种隆重、正式的餐饮活动，是最常见的社交形式之一。在职场中，常常要宴请有关人员，也免不了要参加别人的宴请。懂得宴请礼仪的常识，是现代人必须具备的一种社交能力。

（一）赴宴前的准备

1．及时回复邀请

客人收到邀请卡，一定要尽早回复能否出席，这是对邀请人的一种尊重，以方便邀请方对宴请的安排。一旦接受了邀请，不要随意改变。如遇到特殊情况无法去赴宴，但你又是本次宴请的主要嘉宾，记住，一定要向邀请方说明情况，有必要的话，还可改日登门道歉。

2．着装要求

赴宴前除了要问清楚时间、地点外，还要清楚着装的要求。不同的宴会形式会有不同的着装要求。接到邀请函后，一定要看清楚邀请函上的内容，上面都有对来宾的着装要求。如果你接到的邀请函上有着装要求，一定要按要求着装。否则，随意着装，和宴会的场合氛围不相符，会让自己很尴尬的。一般的宴会，男士可穿正式西服或民族服装，妆容要干净、清爽。女士穿小礼服或套装裙，化淡妆，发式要与服装协调，赴宴时携带小型手袋为宜。

3．准备礼物

可按照宴请的性质和当地的习惯以及主客双方的关系，准备赠送的礼品。送礼一定要"入乡随俗"，先弄清楚对方的信仰、习惯和送礼禁忌，然后再挑选礼品。礼物可以是一瓶葡萄酒，一盒糖果，一个花篮，等等。

4．到达时间

客人应早于约定的时间五分钟左右抵达。到早了，主人还没做好接待准备；迟到了，让主人等待，都是失礼的。不过，家庭酒会有许多朋友参加，对于时间并没有特别严格的要求，一般在聚会开始的一个小时内陆续抵达也不算失礼，若真的不能准时到达，一定要懂得给主人打个电话说明一下。

（二）赴宴过程的礼仪

1．礼貌入座

入席时，应依照主人或招待人员的指示入座，并在就座时向其他客人表示谦让。出于礼貌，和客人一起入座或同时入座时，要分清尊卑，先请对方入座，自己不要抢先入座。在就坐时最好从座椅的左侧接近座位。这样做，是一种礼貌，而且也容易就坐。就坐时，如果附近坐着熟人，应该主动打招呼，即使不认识，也应该点头示意。在公共场合，要想坐在别人身旁，还必须征得对方的允许。动作要轻，不要碰响座椅。

西餐入席的规矩十分讲究，席位一般早已安排好了，这时，和你同来的先生或女士绝不会被安排坐在你身边。欧美人认为熟人聊天的机会多得很，要趁此机会多交朋友。男女主人分别坐在长方形桌子的上、下方，女主人的右边是男主宾，男主人的右边是女主宾。其他客人的坐法是男女相间。男士在上桌之前要帮右边的女士拉开椅子，待女士坐稳后自己再入座。大家落座之后，主人拿餐巾，你就跟着拿餐巾。

2. 文明用餐

（1）就餐时应有愉快的表情。在入座之后，一面做好就餐的准备，一面可以和同席的人随意进行交谈，以创造一个和谐融洽的用餐气氛。不要旁若无人，兀然独坐，这都是对主人和其他宾客的不礼貌。

（2）用餐时要讲文明。若控制不住要打喷嚏或咳嗽时应用手帕捂住口鼻，低头转向一旁，避免发出声响。在餐桌上不能拧鼻涕，可用手帕轻擦或去洗手间。切忌饮酒过量，席间不要吸烟，除非男主人公吸烟或向客人递烟，一般在宴会没有结束前吸烟是失礼的。

（3）正确的“吃相”。进餐时应自然、从容，嚼食物时慢些，喝汤时不要发出声响。在入座之后，不要眼睛骨碌碌地盯着餐桌上的冷盘等，或者下意识地摸弄餐具，显出一副迫不及待的样子。

（4）开始用餐时，特别要注意以下几点：

主人举杯示意开始时，客人才能开始；客人不能抢在主人前面。

夹菜要文明，应等菜肴转到自己面前时，自己再动筷，不要抢在邻座前面；一次夹菜不宜太多。

要细嚼慢咽，这不仅有利于消化，也是餐桌上的礼仪要求。决不能大块往嘴里塞，狼吞虎咽，这样会给人留下贪婪的印象。

不要挑食，不要只盯着自己喜欢的菜吃。或者急忙把喜欢的菜堆在自己的盘子里。

用餐的动作要文雅，夹菜时不要碰到邻座，不要把盘里的菜拨到桌上，不要把汤盆弄翻。不要发出不必要的声音，如喝汤时“咕噜咕噜”，吃菜时嘴里“叭叭”作响，这都是粗俗的表现。

用餐结束后，可以用餐巾、餐巾纸或服务员送来的小毛巾擦嘴，但不宜擦头颈或胸脯；餐后不要不加控制地打饱嗝或嗳气；在主人还没有示意结束时，客人不能离席。

进餐时如感觉有些热，请不要当众脱下衣服，可以到外面休息一下，顺便脱下衣服再进来。

作为宴会的主人是不能中途提前退席的，一定要等到所有客人都进餐完毕，再一一送行。

3．退席和离席

退席在宴会进行中是一个容易引人注目的举动。退席的时间要把握好，通常是在大家都吃完之后。如若确有要紧的事必须提前走，可以向主人和别的客人说明原因后告辞，同时请大家多待会。临走时应向主人道谢，对其他客人点头示意。退席的注意事项：

(1) 如果你已提出退席，就马上从座位上站起，不要口里说走，身子却坐着不动。告知退席并致谢后，不要拉住主人谈个没完，影响主人照顾别的客人。

(2) 退席的男宾应先与男主人告别，女宾则相反，然后再向主人家庭的其他成员告别。

(3) 如果同时退席的人数较多，只需与主人微笑握手言谢就可以了。

(4) 进餐完毕，应让第一主人、第一主宾先起身离席，其他人员随后依次离席。离席时，年轻者应主动帮助照顾年长者，让他们先行离席。

三、就餐礼仪

(一) 餐桌上的一般礼仪

就餐的一般要求有以下几个方面：

入座后姿式端正，脚踏在本人座位下，不可任意伸直，手肘不得靠桌沿，或将手放在邻座背上。

用餐时要关心别人，尤其要照顾长辈和女宾。就餐时，请长辈先就坐，晚辈再坐。

用餐时须温文尔雅，从容安静，不能急躁；在餐桌上不能只顾自己，也要关心别人，尤其要招呼两侧的女宾。

应小口进食，举止文雅，口内有食物，应避免说话。自己手上持刀叉，或他人在咀嚼食物时，均应避免跟人说话或敬酒。

自用餐具不可伸入公用餐盘夹取菜肴，取菜舀汤，应使用公筷公匙。

吃进口的东西，不能吐出来，如系吃滚烫的食物，可喝水或喝果汁缓解。

两肘应向内靠，不宜向两旁张开，碰及邻座。

好的吃相是食物就口，不可口就食物。食物带汁，不能匆忙送入口，否则汤汁滴在桌布上，极为不雅。

切忌用手指掏牙，应用牙签，并以手或手帕遮掩。

避免在餐桌上咳嗽、打喷嚏、咯气及放屁，万一不禁，应说声“对不起”。

喝酒宜各自随意，敬酒以礼到为止，切忌劝酒、猜拳、吆喝或用酒杯敲击玻璃转盘“过电”。

如餐具坠地，可请侍者拾起。如不慎将酒、水、汤汁溅到他人衣服上，可表示歉意，叫服务员帮助即可，不必恐慌赔罪，不然反使对方难为情。

如欲取用摆在同桌其他客人面前之调味品，应请邻座客人帮忙传递，不可伸手横越，长驱取物。

如吃到不洁或异味食物，应将入口之食物，轻巧地用拇指和食指取出，放入盘中。倘若发现盘中的菜里有昆虫或异物，不要大惊小怪，宜待侍者走近，轻声告知侍者更换即可。

主食进行中，不宜抽烟，如需抽烟，必须先征得邻座之同意。

在餐厅进餐，不能抢着付账，推拉争付，实为不雅。若系做客，不能抢付。未征得朋友同意，亦不宜代友付账。

进餐的速度，宜与男女主人同步，不宜太快，亦不宜太慢。

在招呼服务时，一般应用眼色或举手示意，切忌高声大叫，而且要注意礼貌。

（二）中餐用餐礼仪

1. 用餐座次礼仪

在中餐用餐中，是很讲究座次礼仪的（见下表）。

用餐座次礼仪

原　则	具　体　含　义
右高左低原则	两人一同并排就坐，通常以右为上座，以左为下座。这是因为中餐上菜时多以顺时针方向为上菜方向，居右座的因此要比居左座的优先受到照顾
中座为尊原则	三人一同就坐用餐，坐在中间的人在位次上高于两侧的人

（续表）

原　则	具　体　含　义
面门为上原则	用餐的时候，按照礼仪惯例，面对正门者是上座，背对正门者是下座
特殊原则	高档餐厅里，室内外往往有优美的景致或高雅的演出，供用餐者欣赏。这时候，观赏角度最好的座位是上座。在某些中低档餐馆用餐时，通常以靠墙的位置为上座，靠过道的位置为下座

2. 餐具使用礼仪

餐具实用礼仪表

筷子	(1) 不论筷子上是否残留着食物，都不要去舔； (2) 和人交谈时，要暂时放下筷子，不能一边说话，一边像指挥棒似地舞着筷子； (3) 不要把筷子竖插放在食物上面，因为这种插法，只在祭奠死者的时候才用； (4) 严格筷子的职能。筷子只是用来夹取食物的，用来剔牙、挠痒或是用来夹取食物之外的东西都是失礼的
勺子	(1) 尽量不要单用勺子去取菜，用勺子取食物时，不要过满； (2) 暂时不用勺子时，应放在自己的碟子上，不要把它直接放在餐桌上，或是让它在食物中“立正”； (3) 不要把勺子塞到嘴里或者反复吮吸、舔食
食碟	(1) 用食碟时，一次不要取放过多的菜肴，也不要把多种菜肴堆放在一起； (2) 不吃的残渣、骨、刺不要吐在地上、桌上，而应轻轻取放在食碟前端，放的时候不能直接从嘴里吐在食碟上，要用筷子夹放到碟子旁边； (3) 如果食碟放满了，可以让服务员换
水杯	(1) 水杯主要用来盛放清水、汽水、果汁、可乐等软饮料时使用； (2) 不要用它来盛酒，也不要倒扣水杯。另外，喝进嘴里的东西不能再吐回水杯
餐巾	餐巾只能用来擦手，擦手后，应该放回盘子里，由服务员拿走。有时候在正式宴会结束前，会再上一块湿毛巾，和前者不同的是，它只能用来擦嘴，却不能用来擦脸、抹汗
牙签	(1) 尽量不要当众剔牙。非剔不行时，用另一只手掩住口部，剔出来的东西不要当众观赏或再次入口，也不要随手乱弹，随口乱吐； (2) 剔牙后，不要长时间叼着牙签，更不要用来扎取食物

3．进餐礼仪

用餐时要由尊者先动碗筷。

取菜的时候，应从盘子靠近或面对自己的盘边夹起，不要从盘子中间或靠近别人的一边夹起，更不要左顾右盼，翻来覆去。在公用的菜盘内挑挑拣拣，夹起来又放回去会显得缺乏教养。

多人一桌用餐，取菜要注意相互礼让，依次而行，一次夹菜也不宜太多，取用适量。距离自己较远的菜，可以请人帮助，不要起身甚至离座去取，也不要随便为别人夹菜，这样做不仅不卫生，而且还会让对方勉为其难。

吃饭要端起碗，应该用大拇指扣住碗口，食指、中指、无名指扣碗底，手心空着。不端碗、伏在桌子上对着碗吃饭是非常不雅观的。

（三）西餐用餐礼仪

1．就座方法

英美式就座方法：原则上男主宾坐在女主人右边，女主宾坐在男主人右边，男女相间就坐，夫妻不能坐在一起。

法式就座方式：主人位置在中间，男女主人对坐，女主人右边是男主宾，左边是男次宾，男主人右边是女主客，左边是女次客，陪客则尽量往旁边坐。

2．西餐全套餐顺序

下表为西餐全套餐顺序一览表。

西餐全套餐顺序表

套餐顺序	特　　点
餐前开胃菜	这是西餐的头盆，大多数是由蔬菜、水果、海鲜等组成的拼盘
面包	西餐正餐面包一般是切片面包，也有刚烤好的小面包
汤	和中餐不同的是，西餐的汤放在前面上。西餐的汤大致可分为清汤、奶油汤、蔬菜汤和冷汤等四类
副菜	鱼类菜肴一般作为西餐的第三道菜，也称为副菜。品种包括各种淡、海水鱼类，贝类及软体动物类
主菜	肉、禽类菜肴是西餐的第四道菜，也称为主菜。肉类菜肴的原料取自牛、羊、猪、小牛仔等各个部位的肉，其中最有代表性的是牛肉或牛排。禽类菜肴的原料取自鸡、鸭、鹅，通常将兔肉和鹿肉等野味也归入禽类菜肴。蔬菜类菜肴（色拉）可以安排在肉类菜肴之后，也可以和肉类菜肴同时上桌，所以可以算为一道菜，或称为一种配菜

（续表）

套餐顺序	特　点
点心	主菜过后，可以上一些蛋糕、饼干和三明治等点心，供没吃饱的人吃
甜品	比如布丁、冰激凌等
果品	包括核桃、榛子、杏仁以及草莓、苹果、菠萝等干鲜果品
热饮	正规的热饮是红茶和什么都不加的黑咖啡

3. 用餐姿势

吃西餐时，身体要坐直，坐端正，不要趴在餐桌上；手臂不要放在餐桌上，也不要张开妨碍别人，两个胳膊肘也不能架在桌上；不要跷腿，也不要靠在椅背上。正确的姿势应该是只有一只手放在桌上用餐，另外一只手放在膝盖上。头要保持一定的高度，不能太低，也不能过多地移动头部。

4. 餐具介绍

摆在中间的称为装饰盘，用以盛装一般料理，装饰盘对面放的是用咖啡或点心时所用的刀叉和小汤匙，餐巾通常放在装饰盘的上面或左方，盘子旁摆刀叉、汤匙等。右前方摆设玻璃杯类的餐具。最大的是装水用的高脚杯，次大的是红葡萄酒所使用的杯子，细长的玻璃杯为白葡萄酒专用。左方是奶油刀和面包盘，而甜点所用的餐具多半是伴随食品一起送上。

5. 餐具的使用

中国人习惯使用中餐餐具，而西方人则习惯使用刀叉，而且相当讲究。不同刀叉有不同用途，不能随意混淆。因此，当我们吃西餐时，就应该了解和遵循西方人的礼仪规范。

(1) 餐巾的使用。餐巾是为了在用餐时防止衣服弄脏而准备的。大部分餐巾是没有折痕的，皱褶的餐巾适合放置在桌上。在餐厅，一开始就将餐巾打开是违反餐桌礼仪的，通常是在点完料理后才将餐巾打开。

餐巾对折后应放置于膝盖上，餐巾除了用来擦拭嘴巴、手、手指以外，也可以在吐鱼骨头或水果的种子时，拿来遮住嘴巴。另外，在饮用饮料之前也可利用餐巾擦拭嘴唇。但不能用来擦汗或擦鼻涕，将口红整个印在餐巾上也是不对的。涂了口红的人应在用餐前用面纸轻轻抹去口红，决不能将口红印在餐巾上。

暂时离开座位时，应轻轻地将餐巾折好，很自然的放在餐桌上。千万不要把餐巾挂在椅背上，或是揉成一团放在桌子上。吃完甜点后，就可以将餐巾拿掉。

(2) 刀叉的使用。刀叉的使用分美国式和欧洲式两种,美式用法是切完肉把刀放在盘子上,叉子从左手换到右手,然后用叉子叉起切好的肉。欧式用法则始终为左手拿叉,右手拿刀。可以用刀子往叉子上放食品。餐桌上摆放的刀叉有一定顺序,一般以三套刀叉居多,用餐时由外向内依次取用。冷盘用叉,吃鱼用银刀叉,吃肉用钢刀叉,吃生菜用叉,布丁或点心用叉或匙,水果用刀叉。用餐过程中,如未吃完,请把刀叉放在盘的两侧,摆放方法是叉在左边面朝下,刀在右与叉在左形成一个角;用餐完毕,刀和叉应并排放在盘子的右边或中间,以示意服务员收去。刀放下时刀口应向内。

在席间谈话时,可以不必将刀、叉放下。但如果你要做手势,就应该把刀叉放下,切不可拿着刀叉在空中比划。另外,也不能将刀叉竖起来拿着。正确使用刀叉,不仅是礼仪上的需要,同时也是为了自己和他人的安全。

(3) 勺子的使用。在正式场合下,勺有多种。小的是用于喝咖啡和吃甜点心的;扁平的用于涂黄油和分食蛋糕;较大的用来喝汤或盛碎小食物;最大的是公用的,常见于自助餐,切莫搞错。汤匙和点心匙除了喝汤、吃甜品外,绝不能直接舀取其他主食和菜品;不可以将餐匙插入菜肴当中,更不能让其直立于甜品、汤或咖啡等饮料中。进餐时不可将整个餐匙全部放入口中。

6. 就餐饮酒的礼仪

饮酒是各种宴请都不可缺少的内容,不同的是根据宴会的级别、规格,选用的酒品牌和种类各不相同,但饮酒的基本礼仪却是相同的。

(1) 斟酒。酒具应大小一致,酒瓶应当场打开。在没有侍者的情况下,应由主人或主人安排的主陪首先为宾客斟酒,作为客人不要过于发挥主观能动性。为客人斟酒时应该站在客人的右侧,酒杯应放在餐桌上,瓶口不能与酒杯相碰,酒也不宜斟得太满。斟酒的顺序是先位高者、年长者、远道而来者,然后顺时针给每人逐个斟酒。

(2) 敬酒。宴请中有权利首次提议举杯的是宴请的主人,第一资格人是男主人,男主人不在时为女主人。宾客应该按主人的意图行事,不要喧宾夺主。主人敬酒后,客人应回敬一杯,回敬酒时应在被敬者开始饮酒后,敬酒人再把酒送到自己嘴边。男士不应首先提议为女士干杯,晚辈、下级不宜首先提议为长辈、上级干杯。提议为尊贵的客人干杯时,杯中酒最好一饮而尽。碰杯的顺序是首先由主人和主宾碰杯,而后主人一一与其他宾客碰杯。

(3) 喝酒。姿势要正确。合乎礼仪的饮酒姿势应该是端起酒杯，首先欣赏酒的颜色，闻一闻酒香，然后轻啜一口，慢慢品味。酒量要适中。酒后容易失言或失礼，因此主客双方都应控制喝酒的数量。

(4) 其他注意事项。在正式宴请中，主宾的饮酒量均应控制在平时酒量的一半以下。拒喝要得体，在宴请过程中，不会喝酒或不打算喝酒的人，可以有礼貌地阻止他人敬酒，但不应一概拒绝，至少应喝一点果汁或饮料，以不影响他人的兴致和宴会的气氛。

拒喝的方式多样，可以主动要一些饮料，并说明自己不喝酒的原因，也可以让斟酒者少斟一点。不要为了拒绝而东躲西藏，更不要把酒杯扣在餐桌上，或把已倒入杯中的酒悄悄洒在地上。按照礼节，杯子里的酒是可以不喝的，而空着杯子是不合适的。

劝酒要适度，对确实不会喝酒的人不宜劝酒，对于不会饮酒者，劝酒也应适可而止，把人灌醉是不礼貌的。不要在客人的饮料里斟烈性酒，强迫、勉强他人喝酒会令人不快，也是违背宴请初衷的。

四、馈赠礼仪

馈赠，即赠送物品。它是人际交往中的一种表达祝贺、敬重、感激和怜爱之情的常用形式，也是中国人的一种传统礼仪。《礼记·曲礼上》："礼尚往来。往而不来，非礼也；来而不往，亦非礼也。"在现代交往中，馈赠礼品是沟通人际关系的润滑剂，无论好友，还是合作伙伴，相互馈赠礼品都能增进彼此的感情，是社会生活中不可缺少的交往内容。但是，送礼不当却会招来不必要的麻烦。有一点需要注意，我们要把馈赠礼物、正常交往中的送礼与收买贿赂、腐蚀拉拢区别开。

【微型案例】

北京大学与连战互赠礼物

2005 年 4 月 29 日，中国国民党主席连战在北大演讲结束后，北京大学向连战赠送两件具有特殊意义的纪念品。其一是连战母亲赵兰坤 76 年前在当时的燕京大学(北京大学前身)学习时的学籍档案和照片。北大方面表示，希望转达对赵兰坤校友的诚挚问候，祝愿她老人家健康、长寿。第二件礼品是标有"未名湖"图案的雕漆瓶，表达北大师生对连战先生精彩演讲的衷心感谢。连战也向北京大学回赠了礼品。一件是台湾彰化鹿港的一个“国宝级”的礼物，上面雕刻有牡丹凤，代表的是吉象富贵、幸福。此外，连战把他的专著及祖父连横先生著作全集赠送给北大。

（一）馈赠原则

馈赠作为社交活动的重要手段之一，受到人们普遍肯定。得体的馈赠，恰似无声的使者，给交际活动锦上添花，给人们之间的感情和友谊注入新的活力。认真研究和把握馈赠的基本原则，是馈赠活动顺利进行的重要前提条件。

1. 轻重原则——礼轻情意重

礼品有贵贱厚薄之分，有善恶雅俗之别。

礼品的贵贱厚薄，往往是衡量交往中人的诚意和情感浓烈程度的重要标志。然而礼品的贵贱与其价值并不总成正比。因为礼物是言情寄意表礼的，是人们情感的寄托物，人情无价而物有价，有价的物只能寓情于其身，而无法等同于情。

也就是说，就礼品的价值含量而言，礼品既有其物质的价值含量，也有其精神的价值含量。“千里送鹅毛”的故事，在我国妇孺皆知，被标榜为礼轻情意重的楷模和学习典范。“折柳相送”也常为文人津津乐道。我们提倡“君子之交淡如水”，提倡“礼轻情意重”。一般情况下，我们不妨既要注意礼轻情意重，又要入乡随俗地择定不同轻重的礼物。

2. 时机原则

就馈赠的时机而言，及时适宜是最重要的。中国人很讲究“雨中送伞”、“雪中送炭”，即要注重送礼的时效性，因为只有在最需要时得到的才是最珍贵的，才是最难忘的。

我国是一个节日较多的国家，在传统节日相互赠送相应的礼品，会使双方感情更为融洽。另外，在对方的某些纪念日，以礼品相送也会起到很好的效果。因此，要注意把握好馈赠的时机，包括时间的选择和机会的择定。一般说来，时间贵在及时，超前滞后都达不到馈赠的目的；机会贵在事由和情感及其他需要的程度。“门可罗雀”时和“门庭若市”时，人们对馈赠的感受会有天壤之别。所以，对于处境困难者的馈赠，其所表达的情感就更显真挚和高尚。

3. 针对性原则

所谓“宝剑赠侠士，红粉赠佳人”，送礼一定要看对象。不论是国际交流，还是国内交往，是正式活动还是私人应酬，交往对象因国家、民族不同，因年龄、性别、职业不同，兴趣各异。选择时，一要因人而异，务必要根据不同的对象选择不同的礼品，满足不同的需要。礼品不在价值高，而在受礼人喜爱。人有不同的品性和喜好，送礼要让受礼人喜爱、乐于接受，就要针对不同人的品性和喜好。在选择礼品时，要尽可能了解受礼人的性格、爱好、修养与品位，尽量把礼品送到受礼人心坎儿上。送礼主要不是考虑金钱，而是尽量让礼品起到增进友好关系的作用。二要因事而异。即在不同情况下，向受礼人赠送不同的礼品，比如，出席家宴时，宜向女主人赠送鲜花、土特产和工艺品，或是向主人的孩子赠送糖果、玩具。探视病人，向对方赠送鲜花、水果、书刊为好。对旅游者，赠送有中国文化或民族地方特色的物品等等。

4．投好避忌的原则

由于民族、生活习惯、生活经历、宗教信仰以及性格、爱好的不同，不同的人对同一礼品的态度是不同的，或喜爱或忌讳或厌恶，因此我们要把握住投其所好、避其禁忌的原则。

尤其需要强调的是避其禁忌。馈赠前一定要了解受礼者的喜好，尤其是禁忌。例如，中国人普遍有“好事成双”的说法，因而凡是大贺大喜之事，所送之礼，均好双忌单，但广东人则忌讳“4”这个偶数，因为在广东话中，“4”听起来就像是“死”，是不吉利的。再如，白色虽有纯洁无瑕之意，但中国人比较忌讳，因为在中国，白色常是悲哀之色和贫穷之色。同样，黑色也被视为不吉利，是凶灾之色、哀丧之色；而红色，则是喜庆、祥和、欢庆的象征，受到人们的普遍喜爱。另外，我国人民还常常讲究给老人不能送“钟”，给夫妻或情人不能送“梨”，因为“送钟”与“送终”，“梨”与“离”谐音，是不吉利的。这类禁忌，还有许多需要我们去遵循，这里就不一一列举了。

（二）馈赠礼品六要素

得体的馈赠要考虑六个方面的问题：送给谁（Who），为什么送（Why），送什么（What），何时送（When），在什么场合送（Where），如何送（How）。也就是要考虑馈赠对象、馈赠目的、馈赠时机、馈赠场合、馈赠方式六个要素，简称馈赠“五个 W 一个 H”规则。

1．馈赠对象

馈赠对象即馈赠客体，是赠物的接受者。馈赠时要考虑到馈赠对象的性别、年龄、职位、身份、性格、喜好、数量等因素。

2．馈赠目的

馈赠目的即馈赠动机。任何馈赠都是有目的的，或为表达友谊，或为祝颂庆贺，或为酬宾谢客，或为慰问哀悼。馈赠动机应高尚，以表达情谊为宜。

3．馈赠内容

馈赠内容即馈赠物，是情感的象征或媒介，包括赠物和赠言两大类。赠物可以是一束鲜花、一张卡片或一件纪念品。赠言则有多种形式，如书面留言、口头赠言、临别赠言、毕业留言等。馈赠时，应考虑赠物的种类、价值的大小，档次的高低、包装的式样、蕴含的情义等因素。

4．馈赠时机

馈赠时机即馈赠的具体时间和情势，主要应根据馈赠主客体的关系和馈赠形式来把握。

5．馈赠场合

馈赠场合即馈赠的具体地点和环境，主要应区分公务场合与私人场合，根据馈赠的内容和形式来选择适当的场合。

6．馈赠方式

馈赠方式主要有亲自赠送、托人转送、邮寄运送等。

（三）送礼要把握好时机

从礼仪的角度而言，赠送礼品需要注意两个方面：赠送礼品的时间、赠送礼品的地点。

赠送礼品的时间是指选择赠送礼品恰当的时机及具体时间。通常情况下，下列时机是比较恰当的：

1．节假日

遇到我国传统节日如春节，法定节日如元旦等都可以送些适当的礼物表示祝贺。

2．喜庆嫁娶

乔迁新居、结婚等，遇到这些喜庆日子，一般应备礼相赠，以示庆贺。商务上的交往中也有一些喜庆日子，如开业典礼、周年纪念等，备礼相送表示祝贺与纪念，可以增进社会交往关系。

3．探视病人

亲友、同学、同事或领导有病，可以到医院或病人家中探望，顺便带去一些病人喜欢的水果、食品和营养品等，表示问候与关心。

4. 拜访、做客

这种时候可以备些礼物送给主人，特别是女主人或小孩。

5. 感谢帮助

当你在生活或工作中遇到困难得到别人的帮助时，为了表示感谢，可以送些礼品表示感谢。在具体时间方面，一般当我们作为客人拜访他人时，最好在双方见面之初向对方送上礼品，而当我们作为主人接待来访者之时，则应该在客人离去的前夜或举行告别宴会上，把礼品赠送给对方。

考虑赠送礼品的地点时要注意公私有别。一般来说，工作中所赠送的礼品应该在公务场合赠送，如在办公室、写字楼、会客厅；在工作之外或私人交往中赠送的礼品，则应在私人居所赠送，而不宜在公共场合赠送。

（四）如何送礼：包装与递送

在挑选好礼品后就要考虑如何赠送礼品了。根据礼仪惯例，如何赠送主要是指礼品的包装和送礼的具体做法。

把礼品精美地包装起来，一方面是表示送礼人把送礼作为很隆重的事，以此表达对受礼人的尊敬；另一方面，受礼人不能直接看到礼品，会使他产生一个悬念。如果是恰当的礼物，那么当受礼人打开包装看到中意的礼品时，一定会喜出望外，另有一番惊喜。这给送礼又添了一分情趣，加深了对送礼人的好印象，起到了增进关系的作用。因此，作为礼品外衣的包装一定要有。

礼品包装要求不论礼品本身有没有盒子都要用彩色花纹纸包装，用彩色缎带捆扎好，并系成好看的结，如蝴蝶结、梅花结等。重视包装就要做到下面两点：一是包装所用的材料，要尽量好一点；二是在礼品包装纸的颜色、图案、包装后的形状、缎带的颜色、结法等方面，要注意尊重受礼人的文化背景、风俗习惯和禁忌，不要犯忌。

送礼的具体做法是，送礼者一般应站着用双手把礼品递送到主人的手中，并说上一句得体的话。送礼时的寒暄一般应与送礼的目的吻合，如送生日礼物时说一句“祝你生日快乐”，送结婚礼物时说一句“祝两位百年好合”等。中国人有自谦的习惯，这在送礼时也应有所表现，送礼时一般喜欢强调自己礼品的微薄，而不介绍所送礼品的稀罕、珍贵或是多种用途和性能，如“区区薄礼不成敬意，请笑纳”、“这是我特意为你选的”。总之，得体的寒暄一是表达送礼者的心意，二是让受礼者受之心安。西方人在送礼时，喜欢向受礼者介绍礼品的独特意义和价值，以表示自己对对方的特别重视。

另外，对自己带去的礼品，不应自贬、自贱，说什么“是顺路买的”，“随意买的”，“没什么好东西，凑合着用吧”等等，既没有必要，又容易让对方产生不被重视的误会。

（五）受礼的讲究

在一般情况下，他人诚心诚意赠送的礼品，只要不是违法、违规的物品，最好的方式应该是大大方方、欣然接受为好，当然接受前适当地表示谦让也未尝不可，在国内这是必需的环节。

当赠送者向受赠者赠送礼品时，受赠者应中止自己正在做的事，起身站立，双手接受礼品，然后伸出右手，同对方握手，并向对方表示感谢。接受礼品时态度要从容大方，恭敬有礼，不可忸怩失态，或盯住礼品不放，或过早伸手去接，或拒不以手去接，推辞再三后才接下。接过礼品后，应表示感谢，说几句不要破费之类的客套话。如果条件允许，受赠者可以当面打开欣赏一番，这种做法是符合国际惯例的，它表示看重对方，也很看重对方赠送的礼品，这样做比把礼品放在一旁，待他人走后再拆封自己欣赏，确有许多好处。礼品启封时，要注意动作文雅，不要乱撕、乱扯，随手乱扔包装用品。开封后，赠送者还可以对礼品稍作介绍和说明，说明要恰到好处，不应过分炫耀。受赠者可以采取适当动作对礼品表示欣赏之意并加以称道，然后将礼品放置在适当之处，向赠送者再次道谢，切不可表示不敬之意或对礼品说三道四、吹毛求疵。

（六）送礼要注意禁忌

送礼的禁忌问题时常为人们所忽视，因此有必要提一提。礼品选择不当是馈赠礼品的最大禁忌。礼品的选择要考虑到各国的历史、文化、风俗和习惯的影响，再加上社会与宗教的压力，特别是一些国家、个人和民俗的禁忌，至少要注意三点：

第一，要尊重由于风俗习惯、民族差异和宗教信仰等形成的禁忌。选择礼品不要凭自己的“想当然”办事，要自觉地、有意识地避开对方的礼品禁忌，注意礼品的品种、色彩、图案、形状、数目和包装等。比如说，在我国是绝不能把一台崭新的钟送给老年人的；不能送给基督教徒一尊佛像，就算那是古玩也是不妥的。

第二，要尊重个人的禁忌。每个人由于经历、兴趣和习惯的不同，可能形成个人的禁忌，选择礼品时，也要注意了解受礼对象的个人忌讳。例如，一位著名教授

(男士)到穆斯林民族聚集地讲学,当地少数民族的同志热情好客,在送别时送给汉族教授一顶绿帽子,绿色是穆斯林民族最喜欢的颜色。这显然是不合适的。作为汉族教授,对"绿帽子"显然是有所禁忌的。

第三,要遵守国家的有关规定,不能选择违法违规的物品作礼品。比如,不能将涉黄、涉毒的物品作为礼品送人。对外国友人送礼品,要把握好贵贱,因为许多国家对公务员接受礼品有明确的规定,送的礼品价值过重有行贿之嫌。

除了上述三点之外,应选择什么样的礼品才合适呢?其实,并没有固定的答案。一般来说,礼品可以分为两种:一种是可以长期保存的,如工艺品、书画、照片、相册等;一种是保存时间较短的,如挂历、食品、鲜花等。馈赠时可根据自己的实际情况加以选择。喜礼,如朋友结婚,可送鲜花、书画、工艺品、衣物等;贺礼,如企业开张、大厦落成、厂庆等可送花篮、工艺品等。所以选择的礼品应具有一定的宣传性、纪念性、独特性、时尚性,有时还应注意礼品要具有便携性。

第三节 日常应用文书写作

一、日常应用文书概述

(一) 日常应用文书的含义

日常应用文书是一个内涵十分广泛的概念,一般是指人们在处理日常事务、进行礼仪社交所使用的各种实用性文书。

(二) 日用应用文书的作用

相对行政公文而言,日用应用文书是实用性、事务性、规范性较强的一种文书。尽管不属于正式公文,但它比正式公文使用的范围广、频率高,且更灵活、方便。

(三) 日用应用文书的写作特点

日用应用文书种类繁多,形式多样,但也有一些共同特点。

1. 有相对严格、固定的格式

日用应用文书使用范围广,在长期使用过程中逐渐形成了相对严格、固定的格式,体现了一定的规范性。

2. 有相对固定的惯用语

日用应用文书由于篇幅限制或内容的特殊性,形成了一些相对固定的惯用语,一般情况下不能变更。

3. 有特殊的语言要求

各类日用应用文书根据表达不同内容的需要，都有特殊的语言要求，如条据、告启类文书语言要求平直、朴实，言简意赅。

（四）日用应用文书的主要种类

1. 条据类文书

条据类文书是人们在处理日用事务时写作的书面凭证，又分为凭证式和说明式两种。凭证式条据有借条、欠条收条、领条等；说明式条据有请假条、留言条、便条等。

2. 告启类文书

这种文书是为达到一定目的而把特定内容公诸于众的，包括启事、声明等。

3. 书信类文书

根据书信的适用对象和作用，书信可分为一般书信和专用书信。本教材主要介绍专用书信。专用书信是指用于公众事务联系的书信，包括贺信、慰问信、感谢信、公开信、求职信、应聘信、介绍信、证明书、申请书、倡议书等。

（五）日用应用文书写作要求

1. 中心明确

行文的目的、提出的主张要明确，不能模棱两可，似是而非。这样可以使读者一目了然地把握文章的主题，也可以很好地提高办事效率，解决实际问题。

2. 语言简洁明了，平实朴素

简洁明了是指用最少的文字，清楚无误地表达出唯一的思想内容；平实朴素就是用自然而不装饰的语言来表情达意，反映客观事实的本质。

3. 书写格式规范

在长期的写作实践中，各类日用事务文书都形成了自己的固定格式，不能随意改动。

二、条据类文书

（一）含义

条据是单位或个人在处理日常临时性事务或发生账目往来时使用的一种书面

凭证。它通过书面形式把临时要告诉别人的某件事写成简便的条子(便条),或在交接钱物时写成书面文字作为凭证(单据)。这种便条和单据合称为条据。

(二) 作用

条据的作用体现在以下两方面:

(1) 留作凭证和证明。

(2) 传递信息、陈述理由和说明要求。

【微型案例】

秀才的字据

从前有个地主,为人吝啬。他希望自己的孩子长大后有出息,却又不肯给老师吃喝。因此,当地的人都不愿到他家去当老师。后来,一个外地的秀才主动找到地主,表示愿到他家当老师。地主说:"先生,我没有好饭菜招待您。"秀才说:"行。"地主又说:"先生,您是名师,听说每学期要收学费三十两银子。我却没钱给您。"秀才说:"行。我不要你招待我吃鸡鸭鱼肉,也不用你交三十两银子的学费,总该有豆腐白菜吃吧。"地主连连点头说:"有,有。先生,就按您说的,您给我写个字据吧。"秀才点点头,提笔写道:

东家:

无鸡鸭也可无鱼肉也可豆腐白菜不可少不得要学费银子三十两。

某某秀才

某年某月某日

地主拿起纸条看了一眼,认为字据上写得是"无鸡鸭也可,无鱼肉也可,豆腐白菜不可少。不得要学费银子三十两",便高高兴兴地把字据锁到柜子里去了。过了没有几天时间,秀才就摔碟子打碗,嫌顿顿吃豆腐白菜都把身体吃垮了。地主一听,从柜子里拿出字据对秀才说:"先生,您可不能反悔。您写了字据哩。"秀才说:"我写了什么字据?"地主拿出字据,秀才接过去,手持毛笔,边念边加标点:"无鸡,鸭也可;无鱼,肉也可;豆腐、白菜不可。少不得要学费银子三十两。"

秀才念完,地主可傻了眼。只好杀鸡、杀鸭、蒸鱼、炖肉招待先生,还交了学费银子三十两。

(三)特点

1. 内容明确客观

条据的内容所反映的都是工作生活中严肃认真的事,因此必须客观确凿,不无中生有,不弄虚作假。

2. 语言简洁明了

条据的语言表述不求精采华丽,以将内容表达客观明确为原则,所以简洁明了是条据的语言特色。

3. 书写严谨无误

条据中会涉及事情的缘由、钱财名称和数量、立据时间等诸多要素,因此不能有丝毫的疏漏和差错。

(四)种类

条据可分为两大类:一类是说明性的条据,如请假条、留言条等;一类是凭证性条据,如借条、收条等。

三、条据文书写作

(一)请假条

1. 请假条的含义

请假条是个因事或因病向单位负责人请求批假的便条。

2. 请假条的写作

请假条一般可分为标题、称呼、正文和敬祝语、结尾四部分。

第一部分——标题。标题即“请假条”。

第二部分——称呼。为引起负责人的注意,可以直接称呼其身份,如:“×××老师”、“×××主任”等。

第三部分——正文和敬祝语。正文在称呼之下另起一行,前空两格后书写。正文内容要简洁明了,明确说明请假的要求、请假的起止时间以及请假的理由。在正文之后便是敬祝语。通常的写法是分两行写,正文后另起一行,前空两格写“此致”,再起一行,顶格写“敬礼”。

第四部分——结尾。结尾署上姓名和日期。如果是写给老师的假条,姓名前加上“学生”两字,表示对老师的尊敬。

［例文一］

请　假　条

吴老师：

昨天晚上气温突然下降，我感冒发烧，今天不能上学，请准假一天。

此致

敬礼！

学生：王××

20××年××月××日

［例文二］

请　假　条

商务培训中心：

因我行于1月10日晚举行员工大会，任何人不得缺席，所以本人1月10日晚不能回校参加培训。特此请假，恳望批准！

此致

敬礼！

工商银行海珠营业部刘××

20××年××月××日

3. 写请假条须注意几点

（1）格式要正确。

（2）语言要简洁明了，要把原因和请假时间写清楚。

（3）理由要充分，情况要真实。如有相应的证据如医生证明等，可随条附上。

（二）留言条

1. 留言条的含义

在日常交往中，因没有见到对方，但又有话要告知，或有些事要托付其办理，这时可写张条子留给对方。这种简明的说事表意的条子就叫留言条。

2. 留言条的写作

留言条一般分为标题、称呼、正文、结尾四部分。

第一部分——标题。留言条的标题，可以直接写“留言条”，也可以只写“留言”。有时也可以省略标题。

第二部分——称呼。称呼在留言条标题下面第一行顶格书写。为引起被告知者的注意，可以写其姓名，也可称其身份，如“李老师”、“李师傅”、“王主任”等；对于熟人可用习惯叫法，如“老王”、“大王”、“小李”等。

第三部分——正文。正文另起一行，前空两格，陈述所要说明的内容。一般要将所要说明的事情的诸要素即何时、何地、何人、何事讲清楚。

第四部分——结尾。结尾书写留言者姓名及日期，以便对方了解留言人和留言时间。

［例文一］

留　言　条

杨处长：

司令部办公室来电话，请你明天上午九时到司令部三楼会议室开宣传干部思想工作汇报会议，请你准备好材料，按时到会。

陈××

××月××日××××时

［例文二］

留　言　条

张××先生：

来访不遇，甚憾。邻居说你今夜不归，明晚才回。后天下午四点半，我再来。

肖××

××月××日

3. 写留言条须注意以下几点

(1) 留言条具有一定的公开性，因此要注意不要涉及隐私和机密问题。

(2) 交代事情要简明扼要，语言要简洁。

(3) 如写给十分熟悉的人，可直呼其名，也不必写敬祝语。日期可写星期几，上午或下午，乃至几点钟。

(三) 借条

1. 借条的含义

借条是借用人因需要，向他人或单位借用钱物时所立的凭据。

2. 借条的写作

借条一般分为标题、正文、结尾三部分。

第一部分——标题。“借条”二字就是借条的标题。有时可以不写标题，直接书写借用的内容。

第二部分——正文。正文内容一定要具体，依次写清楚被借方姓名和所借物品名称、数量、借期、归还时限等。其中涉及到的数字应使用中文大写。

第三部分——结尾。结尾要写明借方姓名以及写借条的时间。

[例文]

借　　条

今借到××公司人民币柒千元整，作为搬家装修房屋之用。借期半年，到时一次还清。

此据。

借款人：王××

20××年××月××日

(四) 欠条

1. 欠条的含义

欠条是借用人对尚未归还的财物向被借用者所立的凭据。

2. 欠条的写作

欠条一般分为标题、正文、结尾三部分。

第一部分——标题。标题即“欠条”。

第二部分——正文。正文是欠条的主体部分，内容要依次具体地写明被欠方的姓名或单位、所欠钱或物的名称、已归还的数量、仍拖欠的数量，归还尚拖欠部分的时间等。数字应用中文大写。

第三部分——结尾。结尾分两行书写借用人的姓名及写欠条的日期。

[例文]

欠　　条

原借到邱××同志人民币贰仟元整，××××年××月××日已还现金伍佰元，尚欠一仟伍佰元整，一个月内还清。

刘××

20××年××月××日

（五）收条

1．收条的含义

收条是在某种特定情况下，接受财物者向对方提供的接受凭据。

2．收条的写作

收条一般分为标题、正文、结尾三部分。

第一部分——标题。收条的标题一般就写“收条”二字。也有的没有标题，直接写收条内容。

第二部分——正文。正文内容要写送交钱物者的姓名或单位名称、钱物名称和种类、数量，以及用途或目的。数目字要有中文大写。

第三部分——结尾。在正文右下角写接受人姓名与日期。

[例文]

收　　条

今收到××公司业务员王××同志交来现金共计人民币捌仟伍佰元整。

收款人：杨××

20××年××月××日

（六）代收条

1．代收条的含义

在归还钱物时，如果钱物的主人不在场，而是由其他人代为接收并转交，此时写下的接收凭据，就叫代收条。

2．代收条的写作

代收条一般可分为标题、正文、结尾三部分。

第一部分——标题。标题一般用“代收条”三个字。

第二部分——正文。正文内容要写清楚钱物主人的姓名或名称、收方的名称、归还钱物的名称、归还钱物的种类以及数量。数目字要有中文大写。

第三部分——结尾。在正文右下角，分两行书写代收人的姓名和代收日期。

［例文］

代　收　条

今代收到吕××同志还给胡××同志的人民币伍佰元整。

代收人：吕××
20××年××月××日

（七）领条

1．领条的含义

个人或单位向其他的个人或单位领取物品时留给发放人的文字凭据就是领条。

2．领条的写作

领条一般可分为标题、正文、结尾三部分。

第一部分——标题。标题可以直接写“领条”二字。

第二部分——正文。正文内容要写清领取人姓名，所领物品的名称、种类、数量。数目字要用中文大写。

第三部分——结尾。结尾分两行写领取人的姓名与领取日期。

［例文］

领　　条

今领到××公司发给办公室人员的《××月刊》2004年第一期共五十本。

经手人：何××
2004年××月××日

（八）代领条

1. 代领条的含义

当领取人不在场，而由他人代为领取钱物时，代领人所写的凭据就叫代领条。

2. 代领条的写作

代领条一般可分为标题、正文、结尾三部分。

第一部分——标题。标题即“代领条”三个字。

第二部分——正文。正文要写清代何人领取保物及领取财物的名称、种类、数量。数目字要用中文大写。

第三部分——结尾。结尾分两行写代领人姓名和领取日期。

［例文］

代　领　条

今代王××同志领到九月份工资捌佰肆拾元整。

此据。

代领人：王××

20××年××月××日

四、条据文书写作注意事项

（1）写说明性条据，态度要严肃认真，书写要字迹工整，语言要简明准确，避免由于字迹潦草、表述不清、指代不明等原因，引起对方误解，延误办事。

（2）凭证式条据中涉及到的数字要准确、清楚，用大写汉字，即零、壹、贰、叁、肆、伍、陆、柒、捌、玖、拾、佰、仟、万、亿。钱款数额前应写清币种。“元”“角”等字后面还要加一个“整”字。数字如有写错的情况，应更正后由责任者加盖印章。双方有一方不同意就必须重写。

（3）有的凭证式条据需保管较长时间，宜用钢笔或签字笔写，不要用铅笔或圆珠笔，以防涂改，避免模糊。

（4）为避免因同名同姓引起的纠纷，钱数大的借据要把双方所在的单位（或身份证号）写上。涉及集体的必须要有具体经手人负责签名。

五、告启类文书

告启类文书是指机关、单位、团体就某一具体事项向群众公开陈述、报道、解说，以使周知的一种简短应用文，通常包括启事、声明、公示、公告、通告、海报、商业广告、通知、通报、产品说明书等。

（一）启事

1. 定义

启事是机关团体、企事业单位、公民个人有事情需要向公众说明，或者请求有关单位、广大群众帮助时所写的一种说明事项的实用文件。启事可张贴、登报、广播、在电视上放映。

2. 启事的写法

启事一般分三部分：

第一部分为标题。在第一行中间用比正文大的字写上文种"启事"或说明事项内容和文种，如"招生启事"、"征稿启事"、"招聘中学教师启事"等。还有一种写明启事单位名称加内容、文种，如"北京显像管厂聘请法律顾问启事"等。

第二部分为正文。在第二行空两格写正文。正文因启事所说明的事项不同而异。总的要求是条理清楚，简明扼要。正文后可以写上"此启"或"特此启事"的结束语，现在一般启事都不写这些套话了。

第三部分为落款。在正文后偏正右边，写上启事单位名称，如"××公司"、"××人"。单位名称已写入标题，后边就不必再写了，只写联系地址，电话号码，邮政编码，联系人，年月日。

3. 寻物启事的写法

寻物启事是个人或单位丢失了物品，希望通过启事得到帮助找回物品的一种应用文。寻物启事一般可张贴于丢物的地点，或贴在单位门口，或贴在街巷较显眼的位置，有的寻物启事也登在报纸上。寻物启事内容一般包括以下几项内容：

（1）写明丢失物的名称、外观、规格、数量、品牌等，同时要写明丢失的时间和具体地点。

（2）交待清楚拾物者送还的具体方式，或注明发文者的详细地址、联络方式等。

（3）寻物启事是求人协助寻找，故除写些表示谢意的话外，还可以写明给以拾到者必要的酬金之类的话。

[例文一]

寻物启事

3月23日晚8:00左右，在淮海路上遗失一个公文包，内有金额为伍万的存折一份、派遣证一个及其他物品，有拾到者请与失主联系，失主愿重金酬谢。

失主：××××(联系电话：××××××)

20××年××月××日

[例文二]

寻人启事

12月18日上午10时左右，我带女儿去金鹰商厦购物，女儿不慎走失。女儿姓名王晓，3岁，身高60厘米；圆脸，双眼皮，头上夹一大红色蝴蝶结发卡，上身穿鹅黄色羽绒服，下身穿红色绒线裤，脚穿红色皮鞋。如有人发现或知道线索，请速与我联系，一定重谢。联系电话：××××××，手机：××××××。

王××

20××年××月××日

4.招领启事的写法

招领启事则是拾到东西或收留了走失者的个人或单位，为寻找失主而使用的启事。写法和寻物启事基本相同。须注意的是：如果是拾到钱物，正文部分要写明拾到的时间和地点，但不能写明钱的数量和东西的特征，以防冒领；如果是收留了走失者，则一定要具体介绍其性别、大致年龄及外貌特征等，以方便失主辨别。

[例文一]

招领启事

昨天下午上活动课时，我班×××同学在操场主席台南侧跑道上拾到票夹一只，内有手表一只，银行卡一张，人民币若干。希望失主到班主任×××老师处认领。

高三①班
20××年××月××日

[例文二]

认领启事

昨天下午4时左右，我公司收留了一位迷路的老年妇女，大约70岁左右，山东口音，上身穿藏青色棉袄，下身穿黑色裤子，脚上穿黑色棉鞋。据本人称，前来探望在一工厂做工的儿子，外出闲逛，迷失了回家的路。希望她的儿子速来我单位将其母亲领回，也希望知道此情况的熟人速转告他的儿子。联系电话：××××××。联系人：×××女士。

××××公司
20××年××月××日

【小链接·常识辨析】

"启事"和"启示"有什么区别

"启事"和"启示"，是人们日常生活中用得较频繁但又容易混淆的两个词。遗失了东西，写一张"寻物启事"；某单位要招工，贴一份"招聘启事"。但是，上述"启事"却常被人写成"启示"，这类错误甚至见诸报刊上的广告用词，可见对这两个词的构成和它们各自的含义大有辨析的必要。

"启"是个多义字。"启"的甲骨文字形像用手去开门，所以它的本义是打开。例如，《左传·襄公二十五年》"门启而入"，"启"指打开，后来"启"由打开的意义引申为开启、启发、让人得以领悟等意思。双音词"启发"、"启迪"均用此义。开导蒙昧叫"启蒙"。教导初学者也叫"启蒙"，现在称幼儿教育为启蒙教育即用此义。再引申之，"启"还有陈述、表白的意思。古诗《孔雀东南飞》中有"堂上启阿母"，此处"启"的意思就是告诉、表白。旧式书信在正文开头称"某启"或"敬启者"，"启"均表写信的人向对方表白启告。"启"的这个意义构成的双音词有"启白"、"启告"、"启报”等。

在合成词“启事”和“启示”中,“启”表示意义并不相同。“启示”的“启”义为开导启发,“示”也表示同样的意义。“示”本指把东西给人看。在“示威”、“示弱”、“示众”等词语中,“示”皆表此义。由让人看的意义再引申,“示”又有指示、开导、让人明白某种道理的意思。如:“老师,这个问题怎样解答,请您给我一些启示!”因此,在合成词“启示”中,“启”与“示”是同义并用。“启示”的意思是启发指示、使人有所领悟的意思。至于“启事”的“启”,则为陈述表白的意思。“启事”即为公开声明某事而刊登在报刊上或张贴在墙壁上的文字。

(二)声明

1. 定义

声明本用于国家、政党、政府或团体公开说明真相,或向公众表明自己的立场、态度和主张,局限于政治、外交等领域。后来,声明的适用范围扩大到工作和日常生活领域,一般单位和个人也可以使用声明来说明与本单位或本人直接相关的问题或事实真相,向公众表明自己的立场、态度和观点。这里介绍后一类型声明的一般写法。

2. 声明的写法

(1)标题:常用单位+事由+文种。

(2)正文:一是发出声明的原因、目的,二是声明的主要内容,要声明立场、态度、主张,语言精炼,用词恳切,切忌笼统、含糊。主体部分一般分条列项写出具体的声明事项,最后以“特此声明”作为结语。如果开头与主体之间已有“特作如下声明”或“特声明如下”之类的字样,就不写“特此声明”的结语。声明事项单一不涉及繁杂问题的,主体部分也不必分条列项。

(3)落款:单位、时间。标题已发单位的可不写单位,只签署法人代表职务、姓名,有的联署法律顾问姓名。

[例文]

声　明

本公司职工黄国荣已于2001年8月20日离开本公司,他在离职后签订的一切与本公司有关的合同及所作承诺,一律无效。

特此声明。

广东中山美丽华灯饰家具有限公司
20××年××月××日

六、书信类文书

根据书信的适用对象和作用，书信可分为一般书信和专用书信。本教材主要介绍专用书信。专用书信是指用于公众事务联系的书信，包括贺信、慰问信、感谢信、公开信、介绍信、证明信、申请书、倡议书等。

（一）申请书

1. 申请书的概念和特点

申请书是个人或单位为实现其愿望对上级有所请求时所写的一种专用书信。

表现为内容单一，主题明确，一般一事一书，即一份申请书只提出一个问题。

2. 申请书的写法

申请书的结构由标题、受文对象、正文、结尾、落款、日期组成。

(1) 标题。在申请书第一行的正中要写上申请书的名称。有的只写“申请书”字样。有的由申请事项和文种构成 ，如“入党申请书”等。标题的字体可以稍大，也可与正文一样。

(2) 受文对象。也叫台头或称呼，即在标题下××空一两行顶格处写出接受申请书的组织、机关、团体的名称或有关负责同志的姓名，如“××团支部”、“××市工商局”、“××同志”等名称后面加个冒号 。

(3) 正文。先写清所申请的事情，然后再写依据和理由。正文要从接受申请组织或领导名称下一行空两格处写起，从第二行起再顶格写。如果申请的理由比较多，可从几方面谈，如果申请加入某组织，也可对该组织的认识过程分几个阶段谈认识。

(4) 结尾。申请书可以有结尾，也可以没有。结尾一般是写“此致敬礼”之类表示敬重，可以在正文完后接着写“此致”，再起一行顶格写“敬礼”；也可以在正文下一行偏“此致”，另起一行顶格写“敬礼”。还可以写表示感谢、表示祝颂的话。此外，还可写些“敬祈核准”、“请领导批准”等语。

(5) 落款。正文的右下方，写上申请人姓名或申请部门名称(要盖章)。

(6) 日期。在落款下面写上写申请书的年、月、日。

3. 写申请书应注意的事项

(1) 申请对象要明确。

(2) 申请内容要具体清晰。

(3) 申请语言要朴实。

[例文]

申请补办学生证

教务处:

我是2013级机电2班学生×××,不慎将学生证遗失,多方寻找仍无下落。特提出申请,请求补办学生证,希望批准。

此致

敬礼!

申请人:×××

2013. 12. 20

(二) 请柬

请柬又称请帖,是人们在节日和各种喜事中请客用的一种简便邀请信。请柬是为邀请宾客参加某一活动时所使用的一种书面形式的通知。一般用于联谊会、与友好交往的各种纪念活动、婚宴、诞辰或重要会议等,发送请柬是为了表示举行的隆重。

1. 格式内容

(1) 在封面上写"请柬"(请帖)二字。

(2) 抬头写被邀请者(个人的姓名或单位)名称。

(3) 交待活动内容。如开座谈会、联欢晚会、过生日等;交待举行活动的时间和地点,如果是请看戏或其他表演还应将入场券附上。

(4) 结尾。如"致以——敬礼"、"顺致——崇高的敬意"等。

(5) 署明邀请者(个人、单位)的名称和发出请柬的时间。

2. 请柬的写作要求

(1) 请柬不同于一般书信。一般书信都是因双方不便或不宜直接交谈而采用的交际方式。请柬却不同,即使被邀请者近在咫尺,也须送请柬,这是表示对客人的尊敬,也表明邀请者对此事的郑重态度。

(2) 语言上除要求简洁、明确外,还要措词文雅得体。

[例文]

请　　柬

周××总经理:

兹定于20××年×月×日下午×时于××举行隆重酒会,庆祝我公司乔迁之喜,特邀请您及家人同来庆贺。恭请届时光临!

地址:××市××路××号(××大厦旁白楼)

联系方式:×××××××××

联系人:刘××

此致

敬礼

××公司总经理 洪××

××年×月×日

【课后实践】

一、案例分析

案例1

某公司王经理约见一位重要的客户方经理。见面之后,客户就将名片递上。王经理看完名片将名片放到了桌子上,两人继续谈事。过了一会儿,服务人员将咖啡端上桌,请两位经理慢用。王经理喝了一口,将咖啡杯子放在名片上,自己没有感觉,客户方经理邹眉头,没有说什么。

讨论:

(1) 请分析王经理的失礼之处。

(2) 应该如何放置对方的名片。

案例2

某新任局长宴请退居二线的老局长。席间端上一盘油炸田鸡,老局长用筷子点点说："喂 ，老弟，青蛙是益虫，不能吃。"新局长不假思索，脱口而出："不要紧，都是些老田鸡，已退居二线了，不当事了。"老局长闻听此言顿时脸色大变，连问："你说什么？你刚才说什么？"。新局长本想开个玩笑，不料说漏了嘴，触犯了老局长的自尊，顿觉尴尬万分。席上的友好气氛尽被破坏，幸亏秘书反应快，连忙接着说："老局长，他说你已退居二线，吃田鸡不当什么事。"气氛才有点缓和。

讨论：

宴请交谈时应注意什么？

二、情景拟写

情景 1

假如你所在的班级将于下周举行一次"我爱我的专业"演讲比赛，你是组织者之一，请你完成相关的条据的拟写，必要内容可以合理虚拟或补充。

(1) 你需要到生活委员处从班费中领取够买比赛证书、奖品的钱款，请拟写一张领条。

(2) 比赛前你需要到院团借无线话筒、音响、电子记分牌、相机等物品，请拟写一张借条。

情景 2

某职业技术学院秘书专业 2011 届毕业生王某，欲开设一家文印社，想求租 30 平方米左右的铺面房，地点最好在××一带。

请代王某拟写一份求租启事，必要内容可以合理虚拟或补充。

第四章　求职礼仪与求职文书写作

【本章目录】

第一节　求职礼仪的重要性

第二节　求职前的准备

第三节　求职面试时的基本礼仪

第四节　面试应对策略

第五节　求职面试后的必备礼仪

第六节　求职文书的写作

【学习目标】

（1）了解求职礼仪的重要性。

（2）了解求职前的一些准备工作。

（3）掌握求职时需要的一些文书写作。

【案例引入】

成都大学毕业的阿芬到广州中卫集团实业有限公司面试，那天刚好是总经理面试，阿芬以为抓住了好机会，便滔滔不绝地自我“推销”。正在兴头上，总经理突然说了一句：“小姐，你的‘庐山真面目’我还未见到呢。”原来，阿芬长发披肩，“刘海”把清秀的脸遮去了一大半。总经理认为：我尊重人才，才亲自面试，可人才也得尊重我啊，像阿芬那种只见人而不见其脸的求职者，面试中没有把必要的礼仪放在重要的位置。所以我建议她回家把头发弄清爽了，再去求职。

当前，求职竞争日趋激烈，用人单位的门槛亦不断提高，对求职者提出了更高的要求。如何成功地叩开求职的大门，怎样找到一份称心如意的工作，成为每位求职者迫切关心的现实问题。

美国职业学家罗尔斯曾说："求职成功是一门高深的学问。"心理学家奥里·欧文也说："大多数公司录用的是有礼节的人，而不是最能干的人。"求职者除了要具备良好的专业素养外，掌握一些求职面试的礼仪惯例和技巧更是非常必要的，有时这些礼仪形式甚至会起到举足轻重的作用。

那么，何为求职礼仪呢？求职礼仪是公共礼仪的一种，它是求职者在求职过程中与招聘单位接待者接触时应具有的礼貌行为和仪表的形态规范。它通过求职者的应聘资料、语言、仪态举止、仪表、着装打扮等方面体现其内在素质，古人云："见微而知著。"

第一节　求职礼仪的重要性

求职礼仪是发生在求职过程中，求职者首先要有一种"求"的心态，无论自己的条件多么好，无论人才市场的供求状况对自己怎么有利，都不能摆出一副舍我其谁的架势。因此，求职过程中求职者更要讲究对人的尊重，讲究礼貌修养，给招聘者留下一个良好的印象，让求职者所中意的招聘单位能录用你，使你如愿以偿。但求职虽说是"求"，并不意味着自己人格的低下，要不卑不亢，要有礼有节地提出和维护自己正当的利益、要求和尊严。无论招聘者或求职者，都是站在同一公正、平等、互尊的位置上互相审视的，彼此互为选择。

求职礼仪是求职者整体素质的一个重要表现，它对于能否实现求职者的意愿、能否被理想单位录用起着重要作用。

首先，求职礼仪能体现求职者的文化素质。

一般来说，文化层次不同的人，对礼仪规范的广度与深度的理解也不同。文化层次越高，对礼仪规范掌握越多，理解亦越深。他们不仅懂得礼仪规范的一般要求，而且懂得礼仪规范在不同场合的特殊要求。招聘者往往能从求职者所表现出的礼仪规范中看出求职者的文化修养。

第二，求职礼仪能体现求职者的道德水准。

礼仪规范是一个人道德水准的外在表现，不可避免地要受道德规范制约，是一个人心灵文明程度的反映。一个讲文明、懂礼貌、爱社会、爱集体、尊敬长者、尊重他人的人，一个有较高道德素养的人，在他的礼仪行为中，必然处处体现出较高的道德素养。招聘者与求职者的接触时间较短，总体的感性了解只能从求职者的行为礼仪中探索和了解。

第三，求职礼仪能体现求职者的个性特征。

人与人相比较，个性特征是各不相同的。招聘单位对人才的挑选，包括对求职者个性特征的了解，虽然不同岗位需要有与之相适应的个性特征者胜任，但是，要求求职者具有良好的个性特征是一致的。比如是自信还是高傲、是谦虚还是自卑、是文雅还是内向、是爽直还是粗鲁，等等。礼仪体现着求职者个性的素质、修养和境界，有经验的招聘者往往十分注意并且能从求职者的求职礼仪中发现具有自己企业所需要的个性特征的求职者。

第四，求职礼仪能促成顺利完成求职面试的全过程。

求职招聘中，招聘者除了重视求职者的素质外，理所当然地也需要了解求职者的知识、能力、经验等各方面的情况。因而，询问与掌握这些情况，也是求职面试的重要内容。然而，要了解求职者的知识结构、能力与风度、工作经验，又与求职礼仪规范有密切的联系。因为礼仪行为是获得相互尊重了解的行为表现，一个求职者如不懂得、不讲究礼仪，首先就缺乏尊重人的前提，招聘者往往不会与之深谈，也不可能进一步了解其知识与学历情况。一个注重礼仪的人，既反映了他个人的文明修养，又给人以美的享受，使人乐意与他交谈。招聘者就会有兴趣和耐心进一步了解其各方面的情况，甚至当发现与其他应聘者相比，虽有欠缺的地方，也能给予理解、关怀和鼓励，从而使求职事半功倍，脱颖而出，最终被录用。

第五，注重求职礼仪能为树立企业形象、创造良好工作环境作有益的铺垫。

对外开放，发展国际间的经济、文化交流，其关键的一环是树立国家、企业和个人的良好形象。一个人的礼仪素质高，在代表国家、政府、团体、企业进行对外活动的时候，往往能给人留下良好的印象，促进彼此进一步的了解和交往。对别人的任何失礼行为，都显示自己是无礼貌的人，只会给别人留下不好的印象。如果这些失礼行为不及时纠正，养成习惯，可以想象，在他今后的工作交往中必然会受挫，并给单位造成损失。现在，许多单位都提倡“愉快的工作环境”，这个环境除了工作场所的安静整洁、有条不紊、光线充足之外，还需要职员彬彬有礼，和平友爱，这样才能充分发挥职员的潜能，提高他们的工作效率。所以每个求职者都应该为己、为他人、为单位，不断提高自己的礼仪修养，将自己培养成知书识礼的人。

据说，现在香港许多商行、公司的老板，在招工时已将“礼仪”作为录取新职员的条件之一，礼貌素质差的人不容易被录用。而在工作中粗心大意，不讲礼貌，得罪顾客的人随时会被解雇。可见，香港人“礼仪经商”的观念很明确。

在国内市场中，用人单位更是大发感慨地说，以前想要一个人，顶多是看看简历，大概差不多就行了。进了单位能不能用，好不好用，只能是“瞎猫撞上死耗子”。而现在一层层考试、面试，既保证了公平，又可以对求职者的各个方面有个全面了解，尤其可以考查求职者的综合分析能力、语言表达能力和礼仪素质。

越来越多的有识之士重视求职礼仪。一个懂得求职礼仪、仪表出众的人，在求职面谈中更能得心应手，也较别人有更大的成功机会。如果“望之不似人君”，则会令人怀疑其工作能力。今天的商业社会，注重形象包装，即是有卓越的才干、丰富的经验，并配上适当的仪表，才能使个人的潜能发挥得淋漓尽致，事业前途更是得心应手。

第二节　求职前的准备

一、了解自我，准确定位

为了避免找工作时的盲目性，求职者应当及早全面客观地分析和评价自己的实际情况，正确地判断出自己究竟适合哪种工作，从而使自身情况与职业要求结合起来，实现个人与职业的最佳匹配。

一个理想的职业应是符合自己的个性、最使自己感兴趣，以及最能发挥自己的潜力的工作。因此，全面分析解剖自己时，需要从以下四个方面着手。

一是分析了解自己的知识和能力结构。只有客观地分析评价自己所学的专业、知识与能力，才能知道自己到底适合从事哪个行业的哪项具体工作，也才能选出最能发挥出自己潜力的工作。

二是分析了解自己的气质和性格。求职者可以进行气质与性格的心理测验，了解自己的优点、缺点、长处和短处，从而根据自己的性格与气质类型来判断适合什么样的工作。例如，人们总是把外倾型性格与公关、服务、销售等职业相联系，而把内倾型的性格与会计、医生、图书管理员等职业相联系。

三是分析了解自己的兴趣与爱好。兴趣与爱好往往是职业定向的萌芽，是初步的职业意向。求职者可以进行职业个性测试，以协助了解自己的职业兴趣和职业倾向，及早为自己的职业生涯做好准备。

四是分析了解自己的身体状况。求职者必须对自己的身体状况作一个全面的衡量，衡量内容包括：一般状况（身高、体重等）、疾病情况、有无缺陷或特别素质等。这样，就可以从生理角度来判断自己比较适宜从事哪种职业。

可见，了解和定位自我就是要清楚自己是什么样的人、自己想干什么以及能干什么的过程，最终使自己对自我有一个清晰的印象，以便在求职择业时做到有的放矢、成竹在胸。

二、开发渠道，获取信息

为了获得较理想的工作，求职者还应当想方设法通过多种渠道对人才市场的状况有一个全面且详细的了解，以便获取真实而有效的招聘信息和用人单位的基本信息。

（一）利用广阔的信息渠道

（1）每年用人单位都要集中前往各大学校园举办招聘会，这是大学毕业生求职的大好机会。第一，毕业生可以获得用人单位散发的有关企业的宣传册，以及与其招聘考核相关的辅导材料；第二，毕业生还可以通过用人单位的宣讲，了解用人单位欣赏的思维方式和语言表达要求；第三，毕业生可以根据用人单位招聘成员"待人接物"的团队风格，权衡他们对于招贤纳才的诚意，判断自己是否适合这样的人际氛围；第四，毕业生还有可能与未来的面试官进行短时间的交流，了解他的姓名、职位和个人风格；第五，毕业生有可能见到似曾相识的熟人，并非常友好地得到他们的名片，他们将是向你透露"第一手内部信息"的最好联系人。

（2）各类报刊、就业网站上登载的招聘信息，人才交流市场与正规职业介绍所的招聘信息，学校就业指导中心的求职信息等，都是求职者获取信息的有效形式。

（3）地毯式访问法，也叫"闯见访问法"，即求职者在不太熟悉或完全不熟悉用人单位的情况下，直接访问某一特定地区或某一行业的所有单位。通过这种方式找工作，不能无目的地到处乱跑乱撞。为保证求职的效果，求职者首先应当根据自己的个性、特长、专业，并结合社会需求，确定一个较适当的就业范围和可访问的单位范围。

不过，人们大多不欢迎不速之客，若在用人单位毫无准备的情况下进行访问，往往会没有什么结果。因此，我们在访问前，应当先向用人单位寄去求职信或者打个电话，以便跟用人单位建立起一定的联系，使彼此预先了解一下情况，从而为访问面谈的顺利进行奠定基础。

另外，在访问前，求职者还应做好各种准备。首先，应当对该单位的性质、业务范围以及发展情况等信息有所了解，做到“知彼”。其次，应当备好个人的有关材料，如介绍信、个人简历、学业成绩、学位学历证书等。这些个人材料最好不要用复印件，以免给用人单位造成“你已经找了很多单位，都没被录用”的感觉。最后，还应当注意修饰自己的仪表，做到穿戴装扮得体大方，与自己的身份、年龄和个性等相协调，与谋求的职业岗位相一致，给接待者留下良好的第一印象。

地毯式访问法可以使求职者与用人单位进行直接面谈，能够最直接地了解对方，如果运用得当，是毕业生较为有效的求职手段。

(4) 连锁介绍法。连锁介绍法就是求职者通过熟人、朋友，或者这些熟人、朋友再委托他们的熟人、朋友帮助寻求更多的求职信息和机会。这种方式使得求职者个人单枪匹马的求职活动变成了众人一起想方设法的群体活动，获取的求职信息会更多更广。同时，由于介绍人事先了解用人单位的需求情况，从而大大增加了被录用的可能性，正可谓“人多力量大”。

需要注意的是，在采用连锁介绍法找工作时，求职者要将自己各方面的情况客观地向熟人和朋友们介绍，不可吹嘘或贬低自己；而当熟人和朋友面露难色时，也不可勉强；若他们帮助了自己，更要表示谢意。

(二) 掌握全面的信息点

面试之前的准备工作，绝不可以只关注自己，还要多多关注求职单位的有关情况。只有这样，才能使面试过程更加顺利、更加完美。

【微型案例】

你可以走了

身为某外资企业市场总监的胡先生，提起八年前的第一次面试，还让他记忆犹新。

当时的就业压力并不大，但胡先生还是早早地做好了充足的面试准备。无论是求职信、个人简历，还是自己的着装，都请教过很多人，可以说是很完美。而且，他事先也做了充分的心理调适，所以心态上也很放松。

面试的时候，无论是说自己的经历，还是谈技术，从主考官的表情来看，还是对他非常满意的。四十分钟的面试就要接近尾声了。主考官突然问："胡先生，我看您事先做了很充分的准备，说明你对我们公司和这份工作很重视。那你知道我们公司是干什么的吗？""干什么的？"胡先生一下子就懵了，对呀，干什么的我还真没注意过！半晌，胡先生一脸尴尬地说："对不起，这一点我还没来得及进行足够的关注……"主考官手一挥："好了，胡先生，你可以走了。"

通过上面的案例我们可以看到，在了解用人单位的基本信息时，要尽量做到能够有一个整体上的清晰了解。如果你对面试官提出的第一个问题是"你们这家公司是从事什么工作的"，落选肯定是情理之中的事了。

因此，为了获得理想职业，面试前不妨把有助于了解用人单位的信息点列成清单，然后逐一落实。这些信息点通常包括该单位的内部信息与外部信息两大类。内部信息包括单位发展历史与最新动态、发展目标与企业文化、最高领导人的姓名、企业、规模（员工数量）与行政结构、总部及分支机构的业务范围与地理分布、产品或服务内容与类别、财政状况、绩效考核体系、培训体系和薪酬体系、正在招聘的职位描述及能力要求、员工的职业发展路径，等等。外部信息包括客户类型与规模、竞争对手的类型与规模、该单位的公众形象与社会评价，等等。

上述信息点会在你的面试交流中最大限度地得到体现。比如，若对于所面试的职位有清晰的认识，就能够说出为什么这是你渴望的职位。总之，这些信息可以成为你面试过程中言之有物的知识背景，内化在你逻辑化、结构化、清晰化的交谈语言中，体现出你对该单位发展持有的高度敏感性、兴趣和获得该职位的诚意。

三、求职者要有良好的竞争心态

每个人都有争强好胜之心，竞争能力是自身发展和社会发展的需要。竞争是实力的展示，竞争是人格的考验，竞争的目的是为了使人们在危机感中不断寻找和夺取拼搏前进的新的制高点，让每个人的才能得到充分的发挥，从而使人类的精神和物质财富得到空前的丰富。但是，我们应该明白，竞争是众多的人在追求同一个目标，每次较量的结果，冠军只能有一个，可能大多数不能如愿。要认识到这是一种正常现象，要有一种宽松的心态，只要尽力，就顺其自然，"谋事在人，成事在天"，

"愿赌服输"。然后重振旗鼓寻找新的目标继续前进。成功有先后,胜利在迟早,只要目标合乎客观实际,加上自己顽强的努力,人人能够成功。

曾听说过这样一件事情:日本某公司拟招聘一名总裁助理,应聘者众。然而电脑一出错使一名笔试成绩优秀的大学生被"涮",当听说此青年曾因此自杀未遂时,公司马上决定真"涮"。

因此,求职者要保持良好的竞争心态,要正确看待择业过程中一时的挫折,主动摆脱受到挫折后的颓丧情绪,积极设法寻求新的择业机遇,努力争取下一次就业竞争的成功。

四、克服恐惧心理

有一名高校毕业生在学校组织的供需见面会上感叹道:"我们很兴奋,但真正面临择业的关键时刻,又很惶恐,我真害怕,不知道如何是好……"

某大学A女生,她的成绩在班中算是最好的,在学习上几乎没有难道她的问题,而今为了找一份工作,却搞得焦头烂额,原因只有一个,她见到招聘经理就紧张,心里发慌,语无伦次,甚至牙齿咬到舌头上,结果落得个"英雄无用武之地"。

试想,一粒良种没有落入沃土,会有开花结果的一天吗?即使你有极高的天分,没有一个良好的心理素质,没有一份适应社交的技能,没有适合你施展的一方天地,那结果也只有夭折于茫茫人海。

方法一:暗示自己

有一位求职面试者不断提高自己:"我想获得这个职位。"这个暗示使得他的信心和力量之火不断地燃烧,因而闯过了所有的障碍。这个暗示是他一直努力追求的目标,其他事(诸如失败)根本就不当一回事。由于这样的信心和力量,使得他最终求职成功。

方法二:不要随便否定自己

人们往往非常在意自己的缺点,甚至,有很多人认为自己一无是处,是个无用之人,就像童话故事中的"丑小鸭"。因此,有的求职者担心比不上他人或害怕失败,紧张、恐惧心理就油然而生。如何克服这种心情呢?关键是要有自信。商业竞争中有这么一句话:"人无我有,人有我好,人好我新。"意思是强调自己与众不同之长处。"天生我才必有用",人总是各有所长,有的人英语不好但精通电脑,有的人成绩不拔尖但肯吃苦耐劳。每个人都应该发现并发挥自己的优势,心里牢牢记住:

“或许我有些方面技不如人，但别人也有比不上我的地方，我并非一无是处！”这样，自信心就会重新树立起来，就能向成功迈进一步。但是，在充分展示自己的成绩和才能的时候，不应该抱有自诩、炫耀的心情，因为，过分的自信往往等同于自大。

方法三：不要心存“不可能”的想法

拿破仑说：“我的字典里没有‘不可能’这几个字。这句话其实很正确，人类是很能适应环境的一种动物，只要肯尝试，没有一件事是绝对“不可能”的。

你是否在无意中，经常使用许多否定的语句：“不可能”、“不行”、“没办法”、“不要”、“不好”之类，或者在你的家人、同事之间，也有人时常采用这种说法？而凡是说“做做看”、“说说看”、“我赞成”、“一定能够成功”之类的人，常常就是勇往直前，积极行动的人。上述虽只是用语不同而已，但是就你内心深处，对于事物的看法，已经在无形之中受到了影响。我们必须要下定决心，在日常生活的会话之中，绝对不要说否定语；而且还要进一步用肯定语来代替。若能做到这点，你自然会具备积极行动的姿态，而说服力也大大地增强。以上两种心态，说来实在有天壤之别。

方法四：拥有信念和精力

凯撒说：“信念是人类的征服者。”用充满着必胜的信念和旺盛的精力来面对求职面试是较容易得心应手的，这是不容质疑的真理。如果求职能把所有的勇气和精力都投注于一件事情中，必然可以得到辉煌的成果。随着必胜信念的增加，精力也相对地提高，而精力在必胜信念的鼓舞之下，相对地得到激励。

五、不轻易表示放弃

初进市场的求职者容易把自己估计得偏高，常常抱着“非×公司、××单位不进”的念头，而一旦这个非去不可的公司拒绝了他，又容易产生失落感，从而落入自卑的深渊。这个时候，不要轻易被挫折所击败，不要轻言放弃，凡是一定会有解决的方法。应痛定思痛，分析原因，找出自己的不足，以更大的信心寻找市场，抓住下一个机会，相信“山穷水尽疑无路，柳暗花明又一村”。

六、勿轻易放弃专业

眼下专业意识虽然已被淡化，但专业仍是大学生的立足之本，从事本专业的工作，比改行应有更大的发展潜力。

小刘和小杨是同时进某电脑公司的计算机系硕士毕业生，小刘坚持不放弃电脑专业，当了一名网络开发工程师，小杨则应聘行政助理，放弃了计算机专业。在日新月异的计算机领域，小刘跟上了发展的步伐，三年后当了网络工程师主管，而小杨却忙碌于无休止的行政事务，彻底放弃了计算机技术。开始，小杨的收入要高于小刘，而现在反而不及小刘的一半，在公司的地位和作用也大大落后了。

七、不要害怕失败

一家公司在招聘人时，招聘人员问应聘者："在工作中你怎样看待错误?"许多人回答："我尽量不出错误。"对此回答的应聘者，该公司没有录用。该公司希望听到的回答是："我并不担心自己会出错，但我能做到不重复同一个错误。"

人非圣贤，孰能无过？错误是难免的，关键是能够很快地吸取经验教训，总结经验。求职也如此，不要害怕失败，你应牢牢记住："失败乃成功之母!"、"失败是成功的踏脚石"。通往成功的路是不平坦的，跌倒是难免的，跌倒并不等于失败，真正的失败是跌倒了爬不起来。

八、求职者需要培养健康的心态

在这竞争激励的社会环境里，健康的身体很重要，但良好的心理条件也不容忽视。求职面试时，求职者如果没有健康积极的心态，就很难在待人接物时表现出主动热情，也不可能做到彬彬有礼，自尊自信。健康良好的心态是求职成功和事业成功的重要保证。

有了切实的心理准备，具有良好的心理素质，就能主动接受挑战，你的精神就有了可靠的后方家园。

参加面试前，做好必要的思想准备、心理准备是十分有益的。一般地说，准备工作应做得细致、对路，"兵来将当，水来土淹"，能增加求职面试的成功率。

第三节　求职面试时的基本礼仪

美国通用汽车公司招收新雇员的最后一道关就是面试，但与其他公司不同的是，该公司的面试房间很大，应试者需要走过很长一段距离才能来到主考官面前。并且，一排有六个主考官拿着应聘者的情况介绍表但却不提任何问题，只是一直注视着应聘者，一分钟后即示意他们可以走了，面试结束。应试者们被弄得丈二和尚摸不着头脑，怎么没有提问就结束了呢？

其实，主考官是通过应聘者进门后的举止，诸如走路姿态、神情、坐姿、被注视下的表情反应、心理变化，以及最终出门时的速度、动作等，来判定这个人的气质、修养、个性、自信心以及创造性等特点。所以根本用不着提问题，一切都尽在不言之中。

这一面试实例表明，最能体现应聘者良好素质和行为的时候，往往就是面对面与人打交道之际。通过衣着服饰、仪态表情、谈吐举止，面试者能够对应试者的整个人作出大概的评价，而这通常就发生在面试的前三十秒里。所以，要想在有限的时间里使面试者对自己产生好感，应试者就应当特别注重各种仪表规范与言行礼节，以塑造得体、大方的求职形象，给人以良好的第一印象。

一、注重仪表形象

印象是求职者的第一块敲门砖。有一些求职者本身很有实力，只是因为面试时仪表出了问题，导致丧失了工作机会。例如，重庆的公务员考试就把仪表列在考试范围内，仪表仪容的测评占面试分数的10％。如此大的比重不难看出仪表在面试中的重要性。

参加面试时，注重自己的仪表形象是非常重要的。拖沓不整和过于夸张、有失庄重的仪表都会给用人单位留下糟糕的第一印象。因此，面试当天，应当给自己留出充分的时间做好一切准备。在备齐了所有应当随身携带的求职信、简历等必要物品之后，还应当包装一下自己的外在形象，做到衣冠楚楚有精神。

有专家言："面试只看三个重点，即头发、首饰配件与鞋子。"这三个方面都应当给人一种稳重、干练、高效的感觉，具体要求如下：

（一）发容干净整齐

头发位于人体的"制高点"，人们打量他人也往往是从头开始的，所以仪容修饰更要"从头做起"。头发代表一个人的个性与整洁的习惯，比如，油腻的头发说明这个人整洁习惯欠佳。因此，求职者在面试的时候，一定要记住头发的整洁远比发型更重要，整洁就是一定要梳洗干净整齐，无汗味，无头屑，千万不可凌乱不堪，当然也不要使用太多发胶。发型大方，不怪异，不太长也不太短，前发不要遮眼遮脸，男士鬓角的头发不要过耳。另外，发型发式最好还能与自己所要应聘的工作相一致。

比如，工作岗位比较严肃的，最好不要留过于夸张的前卫、时髦的发型，也不要把头发染成其他颜色，以免给人留下不稳重的印象。男士还要注意剃须，女士尤其要注意化淡妆，千万不能浓妆艳抹、香气袭人。另外，还要保持口气清新。去面试之前最好先漱口或嚼一下口香糖，以免口腔有异味。此外，还要注意自己的指甲，已经留了长指甲的你如果再“十指黑黑”就太糟糕了，恐怕连握手都勉强了主考官。

（二）佩饰得体大方

佩饰不但说明了一个人的品味，也代表了对自我的要求。佩饰的价格并不能代表品味高低，搭配得体大方最为重要。一般而言，平时不戴首饰的人，在面试时也最好不戴，要知道简单就是有品味。以男性为例，面试当天千万不能打扮过头，不要佩戴镶宝石的领带夹、闪亮的袖扣、造型夸张的眼镜或手表等引人注目的配件。在面试政商类工作岗位时，更不要戴耳环、项链等佩饰。女性如果戴首饰，在面试时也应选择秀气、高雅的饰品来佩戴，千万不可佩戴贵重的珠宝。此外，一般只佩带两三种就足够了，千万不要佩戴过多，把自己打扮成“圣诞树”就有失庄重了。佩戴首饰一定要恰如其分，要避免戴叮当作响的指环、手镯、手链或脚链等佩饰。

（三）鞋袜整齐规范

鞋子位于人体的“最低点”，似乎最容易被人们忽略，但它往往最能透露个体形象的信息。一位服装仪容看起来都很完美的人，只是在交谈的过程中，被面试官无意地瞥见了藏在裤管底下的不规范或肮脏的鞋袜，应试者先前的所有努力都将会付之东流。鞋袜虽然不起眼，却能体现个人做事的细心程度，因此，单位在选人时也很注意这点。所以我们在面试时更要注意鞋袜的规范与整齐。

如果男士穿的是西服，那么就应该穿皮鞋。运动鞋、布鞋、凉鞋与西服是不匹配的。鞋子体现稳健与庄重，别出心裁的鞋样不要出现在面试现场。绝对不要为了显出自己不羁的生活方式而拒绝穿袜子。袜子一般要和裤子的颜色相适合，不妨选择黑色或者深色的，袜子要有一定的长度，长到在坐下或者交叉两腿时不露出腿为宜。女士的鞋要和裙、裤相适应，鞋跟不要太高太细，凉拖鞋等不庄重的款式是不合适的。如果穿裙装，要穿肉色长筒袜，不能脱丝或卷边，不要穿到腿肚的半截袜，更不要穿黑色或其他花色长筒袜。

（四）着装规范整洁

面试时着装首先必须整洁，不整洁的着装会使应聘者的形象大打折扣。整洁并不要过分讲究花哨华丽或高额的花费，面试时所穿的西服、衬衫、裤子、皮鞋、袜子都不宜给人以崭新发亮的感觉，但衣服一定要干净、平整、挺括，但不可过分修饰。其次是要简朴大方，太夺目的色彩或太花哨的纹样表明应聘者不够稳重。最后，要避免大胆的装束。男士切勿穿短裤、凉鞋、运动鞋；女性切忌浓妆艳抹，切忌穿迷你裙、无袖上衣、高跟拖鞋。即使是炎热的夏天，也不要穿得太露太透，不要选择闪光的涂层面料，更不要穿运动鞋和露趾凉鞋。

就着装的规范性来说，男士或女士在面试前应该选购一套剪裁合体、做工精良的套装，但不要过分提高自己的衣着档次。合乎自身形象的着装会给人以干净利落、有专业精神的印象，男士应显得干练大方，女士应显得庄重高雅。一般来说，男士最好穿着庄重的西服套装或夹克，西服的颜色应以深色为好，并要熨烫平整挺括，衬衫领口和袖口要干净，黑色皮鞋要擦亮。女士最好穿着正规、素雅的套装或套裙。裙子要以窄裙为主，裙长要到膝或者过膝，并且较少使用饰物和花边进行点缀，不能怪异、新奇或过于暴露，否则都是不庄重的。在色彩方面要求以冷色调为主，应当清新、雅气而凝重，以体现出求职者的典雅、端庄和稳重。

另外，还可以根据所应聘的职位特点和要求来选择面试着装。比如，应聘银行、政府部门，或文秘、人力资源管理、财务管理、营销等职位时，穿着偏向传统正规。对于应届毕业生来说，允许有一些学生气的装扮，即使面试名企，也可以穿休闲类套装。它相对正规套装来说，面料、鞋子、色彩的搭配有更大的自由度。

除了上面介绍的之外，在选择面试着装时，可以力求使自己的着装色彩、风格与所应聘单位的特点协调融洽。举例来说，应征百事可乐公司的人可以从红和蓝当中选择其一。如果所应征的公司还没有采用标志色彩，求职者可以从应征工作的属性来选择面试当天所穿服装的色彩。如果应征的是管理工作，那么深蓝色就相当适合，它给人一种稳重感；如果应征需要充满活力的工作，代表朝气的红色和浅蓝色就相当适合。

二、注重仪态举止

面试在很多情况下是与面试官最直接的“短兵相接”，一举一动、一言一行，都让面试官尽收眼底。所以除了讲话以外，仪态举止等无声语言对面试成败的影响非常关键。比如，有时一个眼神或者手势都会影响到整体评分；适当的微笑，就能显现出一个人的乐观、豁达、自信。因此，在面试中，注重塑造得体大方的仪态举止会给应聘者带来事半功倍的效果。

进入面试场地，要表现得冷静自信而不乏谦恭，诚实而不乏机敏。面试时，即使紧张得要命，也要振作精神，面露微笑。不管怎样为难、失望、受挫、生气或无聊，都不要形诸于色，不要皱起眉头、抓耳挠腮、垂头丧气、怒视对方或打哈欠、目视四周、与人随意攀谈或四处乱打量。不论成败，保持镇定从容、自然大方是个人应有的良好教养与行为。

面试时一定要避免拖拉椅子，而发出很大噪音；不要一屁股坐在椅子上，耷拉着肩膀，含胸驼背；更不要半躺半坐在椅子上，脚腿自觉不自觉地颤动或晃动；而男性跷着二郎腿，女性双膝分开或双腿叉开也会给人一种放肆和缺乏教养之感。面试时，最好等接见者请你就座时才按指定位置就座，并注意坐姿的优美与神态。如果他忘了请你入座，你也可以客气地问："我能坐下来吗？"这种礼貌的言行同样会给人留下深刻的印象。若是站着，不要站得离主考官太近，两手不要叉腰或抱肩，也不要双手插入口袋或把双手交握在背后。否则，会给人一种轻慢之感。

面试时，不要抽烟，也不要把烟分递给别人。而在送接名片或茶杯等物时，要起身双手递接。在跟人握手时，要注意姿态、握手时间以及伸手的先后次序等问题，不要矫揉造作，或缩手缩脚、拘束呆板，要充分展示自己的礼貌、谦恭和热情。

当招聘主管与你面谈的时候，要做到符合交谈的基本要求，如谈吐自然、礼貌、简洁、规范。讲话时，态度要自信谦虚但不能过分谦卑。说起话来唯唯诺诺、对人只会点头称是、不置可否的人多半会被用人单位拒之门外。

面谈时，若办公室里或边上还有其他的人，千万不要忽略他们的存在。没有经验的求职者，特别是刚出校门的学生，走进办公室后目不斜视，往往只与招聘主管打招呼，不仅忽视了其他人的存在，而且对坐在边上之人的提问也漫不经心，临走时也不向其他人道一声告辞。结果是，本以为自己表现甚佳，但殊不知，招聘主管可能只是个奉命行事的，而被你轻视冷落在一旁的那位才是真正决定你"命运"的人。因此，所有的势利行为都不可取。要记住：平等待人、善于公关、热忱礼貌，正是面试所要考察的一个重要内容。

三、遵守见面礼节

参加面试时，致意行礼及时，言行举止得体大方、文明优雅是基本的礼节。热情招呼、适当寒暄、礼貌握手、恰当的交谈方式与目光交流，以及站、坐、走的得体姿势都是面试时的最基本要求。这都能展现应聘者良好的气质风度以及得体的仪态举止，给人以有教养、讲文明礼貌的感觉。

面试时，握手是最重要的一种身体语言。专业化的握手能创造出平等、彼此信任的和谐氛围。你的自信也会使人感到你能够胜任而且愿意做任何工作。这是创造好的第一印象的最佳途径。怎样握手？握多长时间？这些都非常关键。因为这是你与面试官的初次见面，这种手与手的礼貌接触是建立第一印象的重要开始，不少企业把握手作为考察一个应聘者是否专业、自信的依据。因此，在面试官的手朝你伸过来之后就握住它，有力地摇两下，然后把手自然地放下。握手应该坚实有力，有“感染力”。双眼要直视对方，自信地说出你的名字，即使你是位女士，也要表示出坚定的态度，但不要太使劲，更不要使劲摇晃；不要用两只手，用这种方式握手在西方公司看来不够专业，而且手应当是干燥、温暖的。如果他/她伸出手，却握到一只软弱无力、湿乎乎的手，这肯定不是好的开端。如果你刚刚赶到面试现场，用凉水冲冲手，使自己保持冷静；如果手心发凉，就用力搓几下。

四、注意守时诚信

守时是职业道德的一个基本要求，与用人单位约好了时间，就应当按时赴约。通常，应试者应至少提前十分钟到达面试地点，这样可以熟悉一下环境，稳定一下心神。提前半小时以上到达会被视为没有时间观念，但在面试时迟到或是匆匆忙忙赶到却是致命的。一个在面试时迟到的求职者，不管有什么理由，往往会给人留下很坏的第一印象，令人觉得你并不在意这份工作，或被认为你平时很散漫，缺乏自我管理和约束能力，为人处世缺乏诚信，即缺乏职业能力，给面试者留下非常不好的印象。即使拿出很充分的迟到理由，也仍然会使人怀疑你在今后的工作中能否守时。不管什么理由，迟到会影响自身的形象，这是一个对人、对自己尊重的问题。而且大公司的面试往往一次要安排很多人，迟到了几分钟，就很可能永远与这家公司失之交臂了，因为这是面试的第一道题，你的分值已经被扣掉了。

如果路程较远，宁可早到半小时，甚至一个小时。但早到后不宜提早进入办公室，最好不要提前十分钟以上出现在面谈地点，否则聘用者很可能因为手头的事情没处理完而觉得很不方便。外企往往是说几点就是几点，一般绝不提前。当然，如果事先通知了许多人来面试，早到者可提早面试或是在空闲的会议室等候，那就另当别论。对面试地点比较远，地理位置也比较复杂的，不妨先跑一趟，熟悉交通线路、地形，甚至事先搞清洗手间的位置，这样你就知道面试的具体地点，同时也了解路上所需的时间。

但是招聘人员是允许迟到的，这一点应聘者一定要清楚，对招聘人员迟到千万不要太介意，也不要太介意面试人员的礼仪、素养。如果他们有不妥之处，你应尽量表现得大度开朗一些，这样往往能使坏事变好事。否则，招聘人员一迟到，你的不满情绪就流于言表，面露不快，招聘人员对你的第一印象就大打折扣，甚至导致满盘皆输。因为面试也是一种人际磨合能力的考查，你得体、周到的表现，自然是有百利而无一害的。

礼仪是个人素质的一种外在表现形式，而面试礼仪是最为重要的一个面试环节，是面试制胜的法宝。面试礼仪这个环节又由许多小环节构成，如果礼仪知识知之甚少，或忽视礼仪的作用，在一个小环节上出现纰漏，必然会被淘汰出局。一家著名的跨国公司招聘一名会给予颇高薪水、权力的管理人员时，有三位实力相当的候选者通过了初试。但是，在随后的一次面谈后，人力资源部经理毫不犹豫地选择了其中的一个。原因很简单：他是三个人中，唯一一个进人房间后向所有在场的人点头致意、问候早安，见到有其他人进来时起身、微笑致意，用双手平平地接过名片……并在离开时将一次性茶杯主动收起放人垃圾桶内的人。可以看出，三名候选人的区别，无非是些小小的细节，但这些细节体现的却是个人日常德行、礼节教养的差异。

第四节　面试应对策略

面试是综合素质的考场，对应聘者的考察是多方面的：不仅要考察学识和才能，而且要看人品和个性；不仅要看是否能干，而且要看是否肯干；不仅要看是否用得上，而且要看是否靠得住……。因此，招聘单位会就此设计出各种问题和怪招来考验应聘者。而对于应聘者，就很有必要学会一些巧妙应对的面试策略。

一、面试常见问题解析

在面试过程中，最大的困难就是如何回答好面试人员提出的问题。了解用人单位进行面试的目的以及常见的测试问题，将有助于应聘者做到心中有数、有备而战。

一般来说，用人单位会提出一系列问题对应试者进行测试，主要有以下六个方面的目的。

一是应聘者的实际情况与自荐材料或他人的介绍是否一致。

二是应聘者是否还具有档案材料和自荐材料所没有表现出来的或者不太详尽的优、缺点，如仪容仪表、举止风度、兴趣爱好、表达与交际能力等。

三是应聘者的应变能力如何，反应是否机敏，口头表达是否准确、流畅和是否有条理、富于逻辑性。

四是应聘者的专业知识与相关知识的深度与广度。

五是应聘者是否对所应聘的岗位工作的艰巨性、可能遇到的困难与不利条件有足够的估计，是否具有相应的业务能力与克服困难的决心和毅力。

六是应聘者的性格、气质属于何种类型，是否具有诚实、谦逊、果断和自信等优良品格。

了解了用人单位的测试目的，就可以对用人单位在面试中可能会提出的问题有个大体的估计。下面就是用人单位在面试过程中常提的一些问题以及这些问题背后的目的。

（一）关于应聘者的学业

面谈中，面试人员常常会让应聘者说明在个人简历或求职申请表中所提到的有关情况，以了解应聘者的学习生活以及在校园的基本表现，从而考察你具备什么样的基本素质和才能。以下是一些常见的问题。

（1）你最喜欢（或最不喜欢）哪门功课？为什么？

用人单位提出这类问题是想了解你的文化与学科兴趣范围，弄清你的学识取向，即你是否目标明确，重点突出，是否有自己独特的知识结构。

（2）当初你为什么会选择这一专业（或学校）？

用人单位提出这类问题是想了解你的思想和行动上的独立性，看看你是否善于自己作出决定，弄清你的学习动机，以及想知道你的家庭背景对你学习及未来工作的影响。

（3）你各门功课的平均成绩如何？你认为考试成绩能否反映你的实际才能？

用人单位提出这类问题是想大致了解你的智力与勤奋程度。

（4）作为一个学生，你遇到的最大的挑战是什么？你是怎样迎接这一挑战的？

这类问题是招聘者想了解你的创新意识与进取精神：你是否能从容而努力地

应对新任务或突然出现的问题，使自己不断地发展和提高。

（二）关于应聘者的经验和能力

招聘者通过这些想了解你的工作经验、主要业绩和能力，包括：你最擅长什么？你是否有发展的潜力？你是否可以担任更为重要的工作等。以下是一些常见的问题。

(1) 你有什么工作经验和社会经验？简单描述一下你参加某一次活动的情况以及你的职责。

(2) 你从学校和社会的一些实践活动中学到了什么？你的主要业绩是什么？或者你最引以自豪的成绩是什么？

(3) 在你所做过的事情中，你认为最大的成就是什么？你所遇到的最困难的事情是什么，如何解决的？你最难忘的经历是什么？

(4) 在你所做过的工作中，你最喜欢哪一件(或最不喜欢哪一件)？为什么？

(5) 你对你的老板最喜欢的(或最不喜欢的)是什么？

用人单位希望能够从你有限的社会经验中衡量你是否有能力胜任这份工作。因此，作为应聘者应该强调在学校各种活动中或者在社会实践中所获得的经验能够运用到这份工作上。

另外，这类“最喜欢”或“最不喜欢”的问题，除了可以使招聘者对你的某一方面有更进一步的了解外，还会明察你的洞察力以及逻辑思维能力。例如，在回答“你最不喜欢什么样的人”时，可以采用抽象概述的方式：“我不喜欢那些唯我独尊的人、那些损人利己的人、那些口是心非的人”。

（三）关于应聘者的个性特长

招聘者为了全面地了解你，还想知道你的某些个性素质。例如，你是怎样看待自己的？你有哪些雄心壮志？你的工作习惯、个人兴趣及价值观如何？等等。于是，可能向你提出下列问题：

(1) 请简单介绍你自己；请描述一下你的性格特点；你有什么兴趣和爱好？

(2) 你最大的长处是什么？

用人单位对一个人的长处最感兴趣。因为，如果你连自己的长处都不清楚，或没有信心，又怎能让别人对你有信心？

(3) 你最大的短处是什么？

招聘者想知道你如何看待自己的缺陷，并且看看你是否诚实可信。其策略就是通过观察你会不会忽然变得局促不安或极力掩饰来作出判断。

此外，用人单位了解应聘者的优点与缺点不是通过它来确定取舍的标准，而是从职业发展角度考虑的。应聘者如果就事论事地谈缺点，往往会陷入困境。因此，在以适当的语言来客观地评价自己的缺点时，还应该提出克服这些缺点的办法。面试人员其实对应聘者有什么样的缺点（除非是致命的）并不感兴趣，而是想了解应聘者认识问题和解决问题的能力。

(4) 你通常与哪种人相处最融洽？为什么？你觉得什么样的人难以相处？假设你必须和这样的人在一起工作，你该怎么办？

这是招聘者为了更进一步了解你的成熟程度、处事能力和团队精神而提出的一道难题，目的是想看看你驾驭人际关系的能力如何，你是否有足够的忍耐性、适应性、宽容性和合作精神，你是否个性很要强并且容易感情用事。

(5) 你近期（如一两年内）的目标是什么？你长远的目标打算又是怎样？你有没有考研、出国留学或其他方式继续深造的打算？

这类问题是了解你是否是个时间观念和效率观念较强的人，是不是一个能科学地制订计划并有条不紊地实现既定目标的人，是不是一个既有战略眼光又有理性、既着眼于现在又放眼于未来的人。

（四）关于应聘者的工作期望和理想

(1) 你认为在哪种工作环境中最能发挥你的才能？

(2) 你有没有制定人生目标？它是什么？

(3) 什么是你选择工作的首要因素？

(4) 五年以后你对自己的工作有什么期望？

(5) 你对自己的事业有什么长远目标，如何实现这一目标？

(6) 你认为怎样才算事业成功？

(7) 你认为自己是不是一个有野心的人？

用人单位问这些问题是想从中了解应聘者的价值是否与企业价值相符，主要考察应聘者对本单位的价值观与文化有多大程度的认同，以确认应聘者是否能够真正融入集体中去。因此，对于应聘者来说应该更多地了解用人单位的相关背景和业务，以及行业发展前景等相关信息。

（五）关于应聘者的工作技能和语言能力

(1) 你有没有参加一些专业考试，成绩如何？

（2）你的计算机水平如何，会使用哪些软件？

（3）你的普通话水平如何，能否用普通话作自我介绍？

（4）你懂得其他语言吗？

（5）你有没有参加过与这个职位相关的培训？

面对这些问题，应聘者应该如实回答，切忌夸张失实。现在一些毕业生往往在简历中描述自己的计算机或英语水平时爱用“精通”、“流利”等稍显张扬的词语。但这些能力往往很容易在当场进行测评，应聘者一旦有所闪失，用人单位便会认为你夸夸其谈、华而不实，会有受骗上当的感觉。因此，应聘者要避免发生这种情况。

（六）关于应聘者申请的职位和部门

（1）你为什么申请这个职位？它哪一方面最吸引你？你了解这份工作的职责吗？

（2）你为什么想加人本单位工作？你对本单位有多少了解？

（3）你为什么认为自己非常适合这份工作？你认为自己的哪些经历会有助于胜任这份工作？

（4）如你被录用了，将如何开展工作？

（5）你认为在本单位成功发展需要什么样的条件？

（6）你还申请了什么职位？你若被多家单位录用，会如何选择？

（7）你能否到外地工作或者经常出差？

（8）如果工作需要的话，你能否加班？

在仅仅一次不长的面试过程中，用人单位如何去判断应聘者的求职诚意与个人素质？最常用的方式就是通过以上这些问题深入了解应聘者对该职业的态度与职业素质，从而判断他（她）是不是本单位所需要的人才。而应聘者对用人单位的了解，以及对用人单位的尊重与向往等主动的态度，恰恰是用人单位判断应聘者是否有诚意的一个重要标准。

（七）关于时事问题

（1）你看了最近的政府工作报告了吗，有什么想法？

（2）你认为最近政府的哪些措施会对本行业发展有重要影响？

（3）你主要注意哪些方面的媒体报道？

“两耳不闻窗外事，一心只读圣贤书”的学生已经不能适应现代社会的要求。若能关心时事，并能从中敏锐地发现相关信息，应聘人员往往就会对你刮目相看。

用人单位的这些问题就是想考察应聘者独立思考问题的能力，从中发现应聘者是否能广泛地吸取各方面信息，并能够提出自己的观点。

（八）假设性问题

（1）假设有顾客不满意你的服务，并要投诉你，你会如何处理？

（2）假设由于你的失误而使工作出现问题，但你的上司并不知情，你会怎样处理？

用人单位利用这些问题主要是对应聘者的应变与机敏反应能力进行评估。而这些问题往往都会和单位的工作处境相关。

应聘者在回答这些问题时，首先要镇定，慌张和不理智是致命的缺陷。同时，还应很快作出反应，迟钝或停顿时间过长都会给招聘人员留下不好的印象。

事实上，除了上述招聘人员向应聘者提出的问题之外，作为应聘者也同样可以不失时机地向对方提出某些恰当的问题与其交流。

例如，为了显示你对该职位的兴趣与诚意，你可以提问与该职位相关的问题，如“对于担任该职位的员工，公司有什么期望和要求？”而为了显示你对该单位的兴趣，你也可以提问与该单位相关的问题，如“未来几年，贵公司会有什么新的发展计划？”这个问题还可使你从中了解更多有关该单位的发展潜力、发展方向等信息，以决定自己的去向。再如，为了表示你有兴趣在该行业发展，并想去进修，你也不妨提问“公司对于员工在业余时间的进修是什么态度？”“公司提供多长时间的培训计划？”等等。可以说，凡是与“工作”相关的问题都是“好”问题。

通过向招聘方提问题的机会，应聘者可以对自己此前的失误或者不足加以补救，不仅表现自己想加入该单位的最大诚意，还可使用人单位进一步深入了解自己。

当然，此时不要过急过早地提出薪酬问题。这应当由招聘方提出，自己做到心中有数即可。若操之过急，就会给人以斤斤计较的感觉，使面试成绩大打折扣。

二、面试交流与表达的技巧

在回答面试问题时，心平气和地真诚应对与巧妙的艺术表达都是获得成功所必不可少的法宝。具体来说要注意以下几个方面：

首先，要坦率诚恳、实话实说。

主考官可以谅解一个人的不足，但绝不会欣赏一个人的虚伪和傲慢。狂妄自大的应试者败下阵来往往还不知原因所在。因此，面试中如果面试者谈到你的不足，或指出你的错误观点时，不要巧言令色，自以为是；如果遇到一些自己不熟悉或根本不懂的问题，应坦率承认，而不要回避或牵强附会地解释一番以图蒙混过关。

有一位大学生面试一家报社的编辑职位，招聘方问道："你是党员吗？我们是机关报，党员优先考虑。"他不是党员，怎么办？这位面试者诚恳地说："我的专业是国际政治，学过许多马列原著，我相信在理论上我有一定实力，但我更希望在实际工作中也能达到一个真正党员的要求。现在有些人入党的动机并不单纯，我觉得我本人还没有达到真正党员的标准，我正在向这个目标努力，等我对自己各方面都满意了，我会申请入党的。"对方对他真诚而巧妙的回答很满意。

其次，表达要简洁明了，谦逊慎重。

表达尽量三言两语，清晰明快，能少说的话，就不要多说。在阐述自己的想法时，尽可能先说论点和结论，再根据需要加以论证，这可以使表达简明扼要。讲话时尽量不要使用模棱两可的语言。譬如，回答某一问题时只说"还行"或"可能很强吧"等。最好用貌似平直，实则蕴含了你的能力、特长和业绩的表述。但特别注意不要夸大自己的能力，尽量用具体的事例说明问题，避免用"极好"、"极强"等字眼。因为强中更有强中手，招聘主管对你的期望值越高，失望值可能也就越大。

此外，有的人在面试时侃侃而谈公司应该如何如何，好像是来应聘董事长或智囊团主席的。这类人往往很是聪明能干，并在事前对公司做过一些调研工作，有备而来。但他们却忽视了重要的一点：作为一个已具规模的公司，需要的不是半途杀进来的诸葛亮，而是踏踏实实的好员工。每当有人滔滔不绝地发表高见时，那些坐着的真正高级职员嘴角边往往就会泛起一丝微微的嘲笑，因为他们招聘的是下属，而非上司。这是应试者一定要切记的一点。

最后，要学会倾听和分析问题，机智应变。

有些问题，主考官并不需要你给出一个明确的答案，他只是想从你的回答中判断你处理问题的方式、原则和能力，判断你的性格和人品。因此，这就需要你想一想主考官提问的意图究竟是什么？

又如，在参加机关事业单位的面试时几乎都会遇到这类问题："当你的意见和领导冲突时，并且领导的意见是错误的，你如何处理？"

主考官提这个问题是想考察你的团体合作能力和人际协调能力。团体精神是完成一次工作的关键，没有这种精神的人到哪里都不受欢迎。但协作精神也不是一味地迎合别人，毫无主见，缺乏独立人格。

因此，回答这个问题，当然不能当面指出领导的错误与领导发生正面冲突。因为没有几个领导愿意当面向你承认错误，也没有几个领导希望下属的眼光和能力总是胜过自己的。那么，你该怎么回答呢？你不妨这样回答：我会遵照领导的意见开始工作，但我会在恰当的时候以恰当的方式告诉领导，并且拿出具体理由来证实我的意见的正确性，争取获得领导的支持和帮助，使我的工作顺利完成。

另外，面试中主考官有时可能会故意设计一些古怪难答的问题让你回答，其意在考察你的应变能力以及处理随机问题的“适应性”和“机敏性”。此时，需要你冷静对待，在明确对方意图后委婉作答，切不可反唇相讥，或与主考官争辩而铸成大错。

第五节　求职面试后的必备礼仪

许多求职者只留意应聘面试时的礼仪，而忽略了应聘后的善后工作，而这些步骤亦能加深别人对你的印象。面试结束后并不意味着求职过程完了，也不意味着求职者就可以袖手旁观以待聘用通知的到来，有些事你还得认真做。

一、感谢

为了加深招聘人员对你的印象，增加求职成功的可能性，面试后两天内，你最好给招聘人员打个电话或写封信表示谢意。

感谢电话要简短，最好不要超过五分钟。

感谢信要简洁，最好不超过一页。感谢信的开头应提及你的姓名及简单情况。然后提及面试时间，并对招聘人员表示感谢。感谢信的中间部分要重申你对该公司、该职位的兴趣，增加些对求职成功有用的事实内容，尽量修正你可能留给招聘人员的不良印象。感谢信的结尾可以表示你对自己的素质能符合公司要求的信心，主动提供更多的材料，或表示能有机会为公司发展壮大做出贡献。

面试后表示感谢是十分重要的，因为这不仅是礼貌之举，也会使主考官在作决定之时对你有印象。据调查，十个求职者往往有九个人不会感谢，你如果没有忽略这个环节，则显得“鹤立鸡群”，格外突出，说不定会使对方改变初衷。

二、不要过早打听面试结果

在一般情况下，考官组每天面试结束后，都要进行讨论投票，然后送人事部门汇总，最后确定录用人选，可能要等三至五天。求职者在这段时间内一定要耐心等候消息，不要过早打听面试结果。

三、收拾心情

面试回来后，你已经完成一次面试，但这只是完成一个阶段。如果你向几家公司求职，则必须收拾心情，全身心投入应付第二家公司的面试，因为，未收到聘书之前，不能算成功，你不应放弃其他机会。

四、查询结果

一般来说，如果在面试两周后主考官许诺的通知时间到了，还没有收到对方的答复时，你就应该写信或打电话给招聘单位或主考官，询问是否已作出决定。

五、做好再次冲刺的思想准备

应聘者中不可能每个都是成功者，万一你在竞争中失败了，也不要气馁。这一次失败了，还有下一次，就业机会不止一个，关键是必须总结经验教训，找出失败的原因，并针对这些不足重新准备，“吃一堑，长一智”，谋求“东山再起”。

六、总结经验教训，走出求职误区

要想求职成功，必须走出求职误区。求职误区有如下方面。

1. 以求尽善尽美

许多求职者，尤其是应届大学毕业生，总希望给用人单位留下一个极为完美的形象，并为此而绞尽脑汁，竭尽所能，或是在求职信或简历中注入大量水分，或者把自己装扮成全才，或者是夸大自己某方面的才能，以求尽善尽美，以为这样才会被用人单位录取，但结果往往是不太理想。

事实上，许多单位不会追求人才的完美，特别是对那些应届毕业生，更是不会期望太高，只要具备一定的专业知识，有进一步发展的潜力，是可造之才、可用之才就行了，能力可以在以后的工作中逐步提高。

2. 架子和面子

有些求职者心高气傲，放不下架子和面子，不愿做苦累脏的工作，而这正是时下部分下岗者的择业心态，若长期下去，最终就是贻误终身，永远陷入困境，这是为智者所不取的。如果能消除偏见，走出择业误区，面对现实，认清形势，正确对待自己，端正择业态度，这才是下岗者应有的明智选择，这总比唉声叹气，怨天尤人，或自暴自弃，或蹉跎岁月，无所作为强得多。退一步说，如果我们每个人都靠自己的双手去拼搏，使每个家庭都走出困境，这起码也会减轻国家、社会和政府的负担。

3. 好高骛远

经济管理专业的张先生，25 岁，自以为年轻、有文凭，每次都挑高的职位应聘，结果，虽然有时聘上主任、副经理职位，但都干不满试用期就被老板辞退。十个月，已跳槽五次，试用底薪是 1500 元左右，最高收入虽达 3000 元，但除去生活费开支，也只有 2000 多元。张先生还说，如果再次求职，一定会重新调整自己的求职观念，因为他已经意识到，白领人士的高薪是凭本事干出来的，“万丈高楼平地起”。

4. 近视眼

找工作自然考虑薪酬，高收入工作肯定格外受到青睐，这不足为奇。但如果眼睛只盯着钱，把钱看得太重，则患上了求职“近视眼”。挣钱多的工作，不一定是最合适最理想的工作。最理想的工作首先是能发挥自己专业特长的工作。如此，于社会可能获得最佳的效益，于己则有了长远发展的基础。

5. 皇帝女儿不愁嫁

人们常把大学生比喻成“天之骄子”，部分大学毕业生也对自己估计过高，自认为很了不起，是“皇帝女儿不愁嫁”，在找单位时往往高不成，低不就，提出的条件既高又多，待遇要高，住房要好，令用人单位难以接受，其求职结果可想而知。因此，求职要脚踏实地，准备工作要做早、做足、做好。

6. 随波逐流，不假思索

选择工作单位时自己毫无主见，总是随波逐流，看大多数人选择哪里，自己就选择哪里；大多数人往哪里挤，自己就往哪里挤。他们认为，大多数人喜欢干的，一定是好工作，大多数人选择的，一定没错。结果，人云亦云，不假思索，盲目地千军万马过独木桥，忽视了自己的特长，丧失了最能发挥自己特长的机会，忘记了也有“风景这边独好”。

7. 挑肥拣瘦

陈小姐是今年财务专业的中专学生，求职数月至今仍未找到一份合心意的工作，原因是陈小姐求职时过于挑拣。陈小姐找的第一份工作是会计，试用期月薪700元，每天工作十小时，陈小姐嫌工作时间长而不愿意干。第二份工作是出纳，条件、待遇都符合陈小姐的要求，可不包住宿，陈小姐也不愿意干。第三份工作是文员，待遇不错，但陈小姐说专业不对口，不加考虑就拒绝了。后来朋友又相继介绍了两份工作，陈小姐虽感满意，可用人单位因她学历低、没工作经验而不予录用。

俗话说："你拣人，人拣你。"所以求职时切莫过于"挑肥拣瘦"，应根据自身的特点与实际情况去择业，先稳定再求发展，不要老是"高不成低不就"，否则只会蹉跎岁月，难成事业。

8. 非国企不进

非国企不进是很多毕业生就业求职时普遍存在的现象，很多职工"所有制观念"较强。他们愿意去国企工作，宁愿到国有企业拿较少的工资，也不愿到非国有企业拿较高的报酬。这是留恋昔日的风光，还是幻想"背靠大树好乘凉"？现在市场经济条件下任何企业都面临激烈竞争，国企也有破产的可能，任何企业都不可能有长生不老的药方。同时，人们就业观也在逐渐发生改变，每个人凭自己的知识、能力，在社会上为自己换取相应的物质生活待遇、社会地位、他人的尊敬及个人的成就感。只要能为社会做贡献，有足够的收入，那么，无论在国有企业，还是在集体、私营企业，乃至干个体，都同样光荣。

9. 东家不打打西家

有的求职者，千辛万苦找了一份工作，一受到挫折，就意气用事，抱着"东家不打打西家"、"此处不留人，自由留人处"的念头，不顾后果，一走了之，结果后悔不已。

小方刚走出校门，很快就找到了一份收入颇好的工作，欣喜之余有点自大，但在工作中受过几次小小的教训后，才发觉打工并不像自己想象的那样简单、美好，于是便哭着向朋友诉说在单位里如何受气，结果仅仅干了两个月，就"炒"了老板。

三个月之后，小方找到了第二份工作，收入虽然不比以前，但她心想：钱少一点，工作起来也许很愉快，所以就不介意了，并夸口对人说自己有半年的工作经验。但经过一段时间的观察后，经理发现她不大能胜任目前的工作，于是就调整了她的岗位，工资也减了。小方愤愤不平之余，经常板起脸孔上班，总认为经理这样做着实委屈了自己，一气之下，又潇洒地辞了职。

后来，小方又找了第三份工作，但头一天上班，她就觉得那里的员工低俗没有文化，自己跟他们简直沟通不了，加上小方又是新来的员工，自然没有人主动跟她说话，因此，在那里成了孤立的一个，很不受同事们的欢迎，所以没多久，又做不下去了。

如此断断续续地工作，浑浑噩噩地过了一年，失去的比得到的东西更多，目前尚未找到一份正式的工作，眼看着如今下岗人员越来越多，小方悔不当初。

总之，如果求职者在求职及面试活动中注意以上礼仪，就为你求职的成功创造了必要的条件，也可以说你开始走上了成功之路。求职是一条崎岖的路，路漫漫其修远兮，求职者唯有风雨兼程，上下求索，才能“道路是曲折的，前途是光明的”，天湛蓝且辽阔，曙光在前，希望在前。

第六节　求职文书的写作

为了能够尽快地找到一份合适的工作，求职者要善于有效地推销自己，其奥妙就在于使招聘单位对自己“一见钟情”，进而达到“非你不娶”的效果。而求职信与个人简历正是自我推销的广告，是求职者与用人单位结成“姻缘”的桥梁。求职者一般都要通过它们与用人单位进行第一次接触，两者书写的质量将直接决定着求职者给用人单位留下的第一印象之好坏。因此，为获得理想的求职成效，求职者必须写好一封合乎礼仪且高质量的求职信和个人简历。

一、求职信的写作礼规

（一）求职信的写作原则

一份高质量的求职信并不在于辞藻的华丽、篇幅的长短，而是更加强调它的清晰性、全面性、说服力和规范性原则。

清晰性，是指求职信的表述语言简明扼要，思路清晰，内容层次分明，书写规范整洁，给人一种干练、高效之感。

全面性，是指求职信应当综合反映你的各方面素质，不仅要使用人单位对你的概貌有一个大体的了解，而且要突出那些能引起用人单位兴趣、有助于获得工作的内容，包括专业知识、实践经验和技能、爱好特长和个性特点等，即要从“名”、“特”、“优”上做文章，全面塑造你的形象。当然，这些内容切勿离开“胜任工作”这一中心主旨，也不能仅罗列事项或泛泛而谈。

说服力，是指求职信应当具有能打动对方，使对方认可并接纳你的内在逻辑力量和真诚情感。这种说服力就来自于看似平淡的叙述。其中，恰当、诚恳地写出你想从事某项工作所具备的条件则能引起对方的共鸣，因为这让对方感到招纳此人对本单位将有很大的益处。

规范性，是指求职信在格式、内容与结构上符合一定的规范和要求。

求职信的格式与一般的书信大体一样，即包括称呼、正文和结尾。只是结束语在写好“此致、敬礼”或“谨祝、安好”等谦恭礼貌的祝颂语后，要写明自己的学校、姓名、联系地址、联系电话等具体信息。如果是打印的求职信，一定要亲笔签名，以示郑重。

就正文的内容结构来说，求职信一般包括以下三大部分。

第一部分，求职意向和愿望。此处，求职者应当首先写好一个醒目、简短且吸引对方的开头语，力争在几秒钟之内抓住对方的注意力。比如，可以先表示对该单位的景仰，即简洁地说明该单位在你心目中的形象和地位。在具有吸引力的开头之后，再简单明了地写清自己希望从事哪种工作、哪个职位。因为用人单位常常同时招聘多个工作岗位的人员，如不写明，用人单位将难以回复和选拔。

第二部分，具有的资格和能力。在这一部分，求职者主要简述自己能够胜任此工作的原因以及对求职有价值的一些资历，即说明自己具有何种才能、经过哪方面的培训和锻炼、对此工作有何研究、有何成就等有利的竞聘条件。具体而言，此部分的内容要突出以下三个方面的特点。

一是要反映出你的学业水平和能力。通常，用人单位欢迎基础扎实、知识面较宽的求职者，所以有些大学毕业生因害怕自己的专业成绩不好，而不知该怎么写。成绩不好已经无可挽回，但更重要的是，现在这个时代已经开始进人“以能力取人”，而不仅仅是“以分数取人”的时代。因此，只要自己有与众不同之处，就要敢于扬长、善于扬长。如组织管理能力、社会活动能力、善于处理人际关系、善于攻关等，往往都是用人单位特别感兴趣的。若你有此类特长，就应在求职信中把它具体地展示出来。

二是要反映出你的品德修养和实干精神。调查表明，现在的企事业单位既迫切需要补充大学毕业生，又担心进来的大学生是“飞鸽牌”，即不安心本职工作、缺乏事业心和责任心，如果招聘了这样的大学生，不仅不利于单位发展，反倒成了单位的包袱。因此，用人单位往往把品德修养放在考核求职者的首位。他们更加欢迎那些能够与企业同甘共苦、荣辱与共、齐头并进的求职者。

三是反映出你的个人特点，即良好的个性和生活情趣。几乎所有的用人单位都希望录用充满热情和活力的青年大学生，但表现个性要有针对性。例如，外贸单位大多喜欢能说会道、善于交际的性格，而制造企业、厂矿则更欢迎踏踏实实、事业心和责任感强的性格；广告公司喜欢有点“灵气”、常常“出格”的人，而行政机关则更愿意录用稳妥庄重、有条有理的人。当然，若该单位热心于体育事业，赞助过某体育项目，你也不妨“投其所好”，写上在学校体育比赛中的不俗表现。一般情况下，对于个性特点不要过分渲染，应当点到为止。另外，不要在求职信中过多地提及与工作或事业发展无关的个人信息，一般也不应提及工资的数目要求。

第三部分，结束语。可简短表达自己的心愿，如服从安排或希望做什么工作；可说明你的个人简历已经附上；可委婉地提出面试请求或答复等。

根据实际情况，若有必要，还可对所求职的单位提出自己的建议，如生产技术或市场营销方面的，也可以是管理方面的。当然，所提的建议应当与自己所求的岗位相契合，并切忌好高骛远，过于自负。在应聘中，若你的建议确有真知灼见而被用人单位看中，哪怕你在其他方面稍差一点也无妨。

（二）求职信的写作礼节

求职信是求职者与用人单位之间的首次交往，其最终效果直接影响着求职者给对方的最初印象，所以更要遵循恰当的礼仪规范。具体来说，既要遵循一般信件的要求，更要注重求职特色，这可概括为以下六个方面。

1．称呼要恰当礼貌

用人单位负责人从信件中第一眼看到的是你对对方的称呼，所以称呼很重要。求职者未必对用人单位有关人员的姓名很熟悉，所以在信中可以直接称呼职务头衔，如“北京未来之舟公司负责人”、“国发公司经理”、“南京汽配厂厂长”。写求职信的目的是求职，带有“私”事公办的意味，因而称呼要求严肃谨慎，不要过分亲密，以免给人以“套近乎”或者唐突之感。当然，礼貌性的致辞还是可以适当使用的。例如，称呼之前一般要加表达敬意的修饰语，如“尊敬的”、“敬爱的”、“尊贵的”等。

2．问候要真诚自然

一般，信的开头都要有问候语，问候语可长可短，但即使短到“您好”两字，也能体现出写信人的一片真诚，表达出对对方的一分敬意。

3．内容要清楚准确

正文是书信的主体，即写信人要说的事。正文从信笺的第二、第三行开始，前面应空两格。书信的内容尽管各不相同,写法也多种多样,但都要内容清楚、结构明确、文辞通畅、字迹工整。另外,还要谦恭有礼,即根据收信人的特点及写信人和收信人的特定关系进行遣词造句,包括谦词敬语的选择和语调的把握等。

4. 祝颂要热诚规范

祝颂语有格式上的规范要求,一般分两行写,上一行前空两格,下一行顶格。祝颂语可以套用约定俗成的句式,如“此致,敬礼”、“祝您健康”之类;也可以另辟蹊径,即景生情,以更能表示出对收信人的良好祝愿。例如,“祝贵公司事业发达,鹏程万里”,“祝贵校越办越好”等。

5. 署明落款要礼貌完整

信的最后落款要注明写信人的名字和写信日期,为表示礼貌,在名字之前加上“求职者”或“您未来的部下”等。名字之下,还要选用适当的敬辞,如“叩上”、“敬启”等。

6. 信封称呼要礼貌规范

求职信的信封书写也很重要,因为对方首先看到的就是信封,如果从信封上就给对方留下了好印象,那么求职成功率无疑就会更大。

信封除要清楚、准确地写明收信人地址及邮政编码、收信人姓名、发信人地址及姓名以外,还要恰当地选用对收信人的礼貌词语。首先,要注意收信人的称呼。封皮是写给邮递员看的,所以应根据收信人的职衔、年龄等,写上“经理(或总经理)”、“厂长”、“人力资源部经理”或“先生”、“女士”,如果是在国家行政机关或事业单位求职,信封上则可以写“同志”。其次,要讲究“启封辞”、“缄封辞”的选择。“启封辞”是请收信人拆封的礼貌语词,它表示发信人对收信人的感情和态度。一般用“钧启”“赐启”等。

二、个人简历的写作

个人简历是求职者自我描述的一幅“彩照”和推销自我的名片,它是对个人学历、工作经历、特长、性格及其他有关情况所作的简明扼要的书面介绍,亦是打开面试大门的钥匙。

(一) 个人简历的写作原则

个人简历的写作应当遵循整洁、简明、准确、诚信的原则。整洁,就是简历的外观形式必须端庄、清爽、醒目,能让人“一目了然”。简明,就是内容言简意赅,不能长篇大论；并且内容要具有针对性，写清楚与应聘职位有关的学历、经历和成就即可。准确，就是用词规范贴切，术语使用得当合体。诚信，就是简历中的内容应当实事求是，不能弄虚作假、夸大其词。

一份完整的个人简历，一般包括个人资料、求职目标、任职资格、学历、工作经历、专长与成就、学术论文论著、课外活动、外语技能、社团职务、推荐人等项目，但根据个人的实际情况可以有所增补或删减。

个人资料，包括姓名、出生年月、性别、籍贯、身高、体重、健康状况、婚姻状况、业余爱好、通信地址及联络电话等信息。

求职目标，即求职者的愿望，要明确具体地写出想要申请的职位，即欲在求职单位扮演的角色和承担的责任。

任职资格，要言简意赅地写清应聘此岗位的优势和特长，让用人单位对求职者的学历、专业、工作经验、能力等有一个概括性的了解。有时为避免与下面的内容重复，此项亦可省去。

学历，应按由低到高或者由高到低的次序写清学习起止年限、学校、系科和专业。

工作经历，包括工作起止时间、工作单位名称、所任职务。对于刚毕业的大学生来说，虽无工作经历，但可以写上自己担任过的职务或组织参与的活动。虽然这些活动或经验可能是短期的、不成熟的，但都可以不同程度地反映一个人的志趣、社交能力、组织能力、协调能力、领导能力和人格成熟度等个性特征，这些正是用人单位考察的重点。因此，如果你具有与所应聘岗位相关的经历，无论时间长短，都一定要写在简历上。

专长，是专业范围内最突出最擅长的强项。专长不仅指求职者所学的专业，还应包括在工作、生活及兴趣发挥中发展而来的各种特长，与所应聘岗位相关的专长尤为重要。比如，应聘办公室秘书，若应聘者具有较高的外语、计算机、中文写作水平，那就肯定比没有此项专长的人多了几分成功的砝码。

成就，可以是所学专业领域的工作成就；也可以是科研成就，如发表的学术论文论著、参加的重大科研项目等；还可以是所获得的国际性、全国性、省部级、校级奖励。此项切记要实事求是，要具体量化，通常还要附上论文论著、证书的原件或复印件。

语言能力，包括外语水平以及中文表达和书写能力，如写明全国外语考试或专业外语等级考试成绩以及所发表的文章等级等。

计算机能力，是指计算机操作能力，如查找资料和编辑程序的水平和能力，要写得具体和详细，如获得全国计算机等级考试的级别证书。

若有必要，求职者可以在最后列上证明人，意在表明自己在简历中所列情况属实，真实可信。本项目不必过多展开，而是写上“函索即寄”或写上证明人资料即可。如果对方函索证明人，求职者应提供二三名对自己相对了解、同时又在本专业领域拥有相当职务或相当职称的人。当然，在此之前，一要获得证明人的许可；二要附上证明人的通信地址、邮政编码和电话号码；三要将自己简历的复印件交给证明人一份，以便他们对简历有全面的了解，能够有的放矢地回答用人单位的询问。

（二）个人简历的写作忌讳

个人简历可以说是求职材料的核心内容，因此，简历在写作上一定要多多揣摩，以免出差错、前功尽弃。除前面介绍的写作原则外，下面四点也要避免。

一是缺乏重点。一封有效的求职信应该重点突出。求职者能干什么，优势在哪里，谋求什么职位应当一目了然。很多求职者竞争力很强，但写起简历来却没有突出重点。如果一份简历看上去适合任何单位、任何职位，它给人的印象就是求职者不能确定自己的工作目标，相比别人而言，也就失去了竞争优势。

二是缺乏营销战略。这个错误非常普遍。很少有求职者把求职看成一项推销活动。具有市场营销观念的人，会动用各种销售工具，以获得决策者的信任。求职信实际上是一份市场销售书，目的是把求职者带到下一轮面试中去。把自己的工作经历设想成销售工具，意味着求职者在写简历的时候首先考虑了读者的购买需求。求职信上每个词都要表明求职者能满足他们的需求，帮他们解决问题，节省时间和金钱，增加利润或改善客户关系。

三是缺乏工作业绩陈述。可以说大部分的简历都缺乏工作业绩陈述。过去的工作成绩是雇主评判求职者未来表现的依据。工作业绩能刺激雇主迫不及待地抢在竞争对手之前给求职者打电话。为了达到最佳效果，业绩必须量化成数字或百分比，量化的业绩比空洞地叙述业绩更可靠、具体和客观。

四是语气缺乏成熟大度。像“给我一个机会，还您一个惊喜”等幼稚的求职语经常在个人简历里出现。如果主考官真的给你一个机会，你会带给应聘单位什么“惊喜”？这样的语言会显得既虚伪又空洞。此外，为便于用人单位更全面地了解自己，还可以在简历上贴上一张清晰、精神的近期照片，因为从照片上往往也能反映出一个人的气质与个性。

【课后实践】

一、思考训练

(1) 你结合本章内容说说面试前应做好哪些准备工作?

(2) 结合自己的实际,谈谈大学生应如何避免走入求职误区?

(3) 请结合自身实际设计一份个性简历。

二、案例分析

案例

小金是某职业学校的毕业生,平时说话声音小,底气不足,而且面容苍白,头发蓬乱,不修边幅。毕业前夕,她参加了很多企业的招聘会,投递了自己的简历。学习成绩很优异的她接到了很多面试通知,可是几乎都没有成功,她大为不解。

讨论:请结合本章内容分析一下小金没有成功的原因。

第五章　办公室礼仪与办公室文书写作

【本章目录】

【学习目标】

(1) 学习了解办公室的各种日常礼仪。

(2) 掌握办公室几种文书的写作。

【案例引入】

王鹏在一家体育用品企业的销售部工作。这份工作对于他来说再适合不过，因为王鹏自己就是一个体育爱好者，篮球、羽毛球、乒乓球、游泳等体育项目，无一不精，成绩无一不好。所以，王鹏干起来如鱼得水，精力充沛，也深得上司赏识。只是，王鹏是个不拘小节的人，为了能在午休时间和下班后能够及时到单位的员工俱乐部大展身手，就把自己的整套设备都搬来办公室，各种服装、器材堆在办公室里，让人眼花缭乱。为此，经理曾经几次提醒他：不要把私人物品放在办公室，但王鹏都是一笑了之，我行我素，直到发生了这样一件事：

某日，一位远方来的客商到王鹏的企业采购体育服装和器材。王鹏安排他在办公室等候，自己连忙去找经理。当王鹏和经理推门进来的时候，发现客商一只手正拿着王鹏的篮球服，另一只手握着他的乒乓球拍，看到两人进来，说："篮球服的做工不错，拍子的质量也还可以，就是有点脏了，应该注意保养，经常换新的。"原来，客商把王鹏的个人用品当成了企业展示的产品，说明原委之后，双方好不尴尬。有了这次教训，王鹏把个人物品全部收了起来。

问题分析：大家觉得王鹏的做法有什么不妥之处？

第一节 办公室的环境

每个职场人士都希望事业有成就，在单位里受欢迎，这些都离不开礼仪。同时，一个企业的员工形象也代表了这个公司的企业管理体制和文化。舒适、和谐的工作环境是办公室工作顺利运转的重要保障。更重要的是，每一个办公室都会从侧面反映整个公司的管理和实力。

办公室是办公的集中地点，整理好了办公桌，整个办公环境也就好了一半。从办公桌的状态可以看到当事人的状态，会整理自己桌面的人，工作起来肯定干净爽快。办公桌要向阳摆放，让光线从左方射来，以合乎用眼卫生。案头不能摆放太多的东西，只摆放需要当天或当时处理的公文，其他书籍、报纸不能放在桌上，应归入书架或报架；除特殊情况外，办公桌上不放水杯或茶具。招待客人的水杯、茶具应放在专门的地方，有条件的应放进会客室；文具要放在桌面上，为使用的便利，应准备多种笔具：毛笔、自来水笔、圆珠笔、铅笔等。笔应放在笔筒里而不是散落在桌子上。下班后的桌面上只能摆放计算机，而文件或资料应该放在抽屉里或文件柜中。同时，办公室中不宜堆放积压物品，堆积物品会影响观瞻，给来访人以脏乱差的印象，要经常清理办公室里的废弃物。

电话是办公室的必备物品。办公电话一般摆放在专用电话桌上，无电话专用桌，也可以摆放在办公桌的角上。电话机要经常清理，用专用消毒液进行擦洗，不能粘满灰尘和污垢，一个办公室是否清洁，电话机是重要指标。书架应靠墙摆放，这样比较安全。如果办公室里有沙发，最好远离办公桌，以免谈话时干扰别人办公。茶几上可以适当摆放装饰物，例如盆花等。临时的谈话可在这里进行，较长时间的谈话或谈判，应在专门的会议室。办公室的地面要保持清洁，水泥地面要常清扫、擦洗；地毯要定期吸尘，以免滋生寄生虫。办公室的墙切忌乱刻乱画，不能在办公室的墙上记电话号码或张贴记事的纸张。墙面可以悬挂地图、公司有关图片。

窗户要经常打开换气;门窗不常开,室内空气混浊,会给访问人带来不便。要保持工作区域的空气质量,切忌在办公室吸烟。

办公室办公人员较多,可以不特别进行修饰,但要做到窗明几净。窗玻璃要经常擦洗,书架的玻璃门要保持洁净、透明。办公室的门不应该关闭过紧,以免来访者误以为没人在,也不能用窗帘遮挡。宽敞的办公室可以放置盆花,但盆花要经过认真选择,一般不用盛开的鲜花装点办公室,过艳的色彩会分散来访者的注意力,使人们的精力发生偏移;可以选择以绿色为主的植物,绿色植物是装点办公室的主要材料,绿色可以给人舒适的感觉,可以调节人的情绪。对盆花要经常浇灌和整理,不能够让其枯萎。可以在绿叶上喷水,使其保持葱绿之色。花盆的泥土不能有异味,肥料要经过精选。有异味的肥料会引来苍蝇或滋生寄生虫,反而会给办公室带来污染。

第二节　办公室要遵守的日常礼仪

一、办公室仪表礼仪

(一) 办公室工作人员的仪表要求

办公室工作人员仪表必须端庄、整洁。具体要求是:

头发:办公室人员的头发要经常清洗保持清洁,做到无异味,无头皮屑;男士的头发前边不能过眉毛,两边不能过鬓角;女士在办公室尽量不要留披肩发,前边刘海不能过眉毛。

指甲:指甲不能太长,应经常注意修剪,女性职员涂的指甲油要尽量用淡色。

面部:女士职员要化淡妆上岗,男士不能留胡须,胡须要经常修剪。

口腔:保持清洁,上班前不能喝酒或吃有异味食品。

服装:服饰要与之协调,以体现权威、声望和精明强干为宜。男士最适合穿黑、灰、蓝三色的西服套装领带。女士则最好穿西装套裙、连衣裙或长裙。男士注意不要穿印花或大方格的衬衫;女士则不宜把露、透、短的衣服穿到办公室里去,否则内衣若隐若现很不雅观。工作场所的服装应清洁、方便,不追求修饰。具体要求是:

(1) 衬衫:无论是什么颜色,衬衫的领子与袖口不得污秽。

(2) 领带:外出前或要在众人面前出现时,应配戴领带,并注意与西装、衬衫颜色相配。领带不得肮脏、破损或歪斜松弛。

(3) 鞋子应保持清洁,如有破损应及时修补,不得穿带钉子的鞋。

(4) 女性职员要保持服装淡雅得体,不得过分华丽。

(5) 职员工作时不宜穿大衣或过分臃肿的服装。

(二) 公司员工的姿势和动作要求

在公司内职员应保持优雅的姿势和动作。具体要求是:

站姿:两脚脚跟着地,两脚尖约成45度,腰背挺直,胸膛自然,颈脖伸直,头微向下,使人看清你的面孔。两臂自然,不耸肩,身体重心在两脚中间。会见客户或出席仪式需站立场合,或在长辈、上级面前,不得把手交叉抱在胸前。

坐姿:坐下后,应尽量坐端正,把双腿平行放好,不得傲慢地把腿向前伸或向后伸,或俯视前方。要移动椅子的位置时,应先把椅子放在应放的地方,然后再坐。

二、办公室与同事握手礼仪

公司内与同事相遇应点头行礼表示致意。

握手时用普通站姿,并目视对方眼睛。握手时脊背要挺直,不弯腰低头,要大方热情,不卑不亢。握手时,同性间应先向地位低或年纪轻的伸手,异性间应先向男士伸手。

三、出入办公室的礼仪

进入房间,要先轻轻敲门,听到应答再进,进入后,回手关门,不能用力过大。进入房间后,如对方正在讲话,要稍等静候,不要中途插话,如有急事要打断说话,也要看机会,而且要说:对不起,打断您们的谈话了。

四、办公室递交物件礼仪

递送文件时,要把正面、文字对着对方的方向递上去,如是钢笔,要把笔尖朝向自己,使对方容易接着;至于刀子或剪刀等利器,应把刀尖向着自己。

通过通道、走廊时要放轻脚步。无论在自己的公司,还是在对方公司,在通道和走廊里不能一边走一边大声说话,更不得唱歌或吹口哨等。在通道、走廊里遇到上司或客户要礼让,不能抢行。

五、办公室接听电话礼仪

电话作为便利的通讯工具在日常生活中的使用很关键，在办公室为了工作上的需要，我们可能经常要接听电话，所以维护好电话形象非常重要，代表了我们整个企业的形象。听到电话铃响若是嘴里在吃东西应该停止，若是在与同事打闹嬉戏也应等情绪平稳后再接电话，不要边吃东西边打电话，应该停止一切不必要的动作，电话铃响三声之内必须接听。在接到电话时首先要问候，如果接听电话晚了应该向客人道歉，问候时声音要有精神。然后自报家门，外线报哪个公司，内线报哪个部门，电话交谈时要配合肢体动作如微笑、点头；讲话的声音不要过大，声调不要太高，话筒离口的距离不要过近，注意倾听，并时不时地说些“嗯”、“是”、“对”、“好”之类的短语。如果需要转接电话应该请客人稍等并且尽快转接，如果是代听电话应主动询问客人是否需要留言或转告。留言要准确记录，并重复确认留言。挂电话时要询问客人“还有什么吩咐吗?”，表示对客人的尊重，没有事情就与客人道谢，感谢来电，说再见，等客人挂断后再挂下电话。

六、办公室语言礼仪

在办公室里与同事们交往离不开语言，但是你会不会说话，俗话说“一句话说得让人跳，一句话说得让人笑”，同样的目的，但表达方式不同，造成的后果也大不一样。在办公室说话要注意哪些事项呢?

首先就是不要跟在别人身后人云亦云，要学会发出自己的声音。老板赏识那些有自己头脑和主见的职员。如果你经常只是别人说什么你也说什么的话，那么你在办公室里就很容易被忽视了，你在办公室里的地位也不会很高了。有自己的头脑，不管你在公司的职位如何，你都应该发出自己的声音，应该敢于说出自己的想法。

不要在办公室里当众炫耀自己，不要做骄傲的孔雀。如果自己的专业技术很过硬，如果你是办公室里的红人，如果老板非常赏识你，这些就能够成为你炫耀的资本了吗？骄傲使人落后，谦虚使人进步。再有能耐，在职场生涯中也应该小心谨慎，强中自有强中手，倘若哪天来了个更加能干的员工，那你一定马上成为别人的笑料。

最后要记住的是不要把办公室当作诉说心事的地方，人们身边总有这样一些人，他们特别爱侃，性子又特别的直，喜欢和别人倾吐苦水。虽然这样的交谈能够很快拉近人与人之间的距离，使你们之间很快变得友善、亲切起来，但心理学家调查研究后发现，事实上只有1%的人能够严守秘密。

所以，当你的生活出现个人危机如失恋、婚变时，最好还是不要在办公室里随便找人倾诉；当你的工作出现危机，如工作上不顺利，对老板、同事有意见有看法，你更不应该在办公室里向人袒露胸襟。

七、办公室开、关门的礼仪

一般情况下，无论是进出办公大楼或办公室的房门，都应用手轻推、轻拉、轻关，态度谦和讲究顺序。进出房门时，开关门的声音一定要轻，“乒乒乓乓”地关开门是十分失礼的。进他人的房间一定要先敲门，敲门时一般用食指有节奏地敲两三下即可。如果与同级、同辈同时进入，要互相谦让。走在前边的人打开门后要为后面的人拉着门。假如是不用拉的门，最后进来者应主动关门。如果与尊长、客人进入，应当视门的具体情况随机应变，这里介绍通常的几种方法：

（1）朝里开的门。如果门是朝里开的，秘书应先入内拉住门，侧身再请尊长或客人进入。

（2）朝外开的门。如果门是朝外开的，秘书应打开门，请尊长、客人先进。

（3）旋转式大门。如果陪同上级或客人走的是旋转式大门，应自己先迅速过去，在另一边等候。

无论进出哪一类的门，秘书在接待引领时，一定要口、手并用且到位。即运用手势要规范，同时要说“您请”，“请走这边”，“请各位小心”等提醒语。

八、办公室用餐礼仪

现代工作节奏很快，单位职工或公司员工，不可避免地会在办公室里用餐。在办公室里，与同事一起进餐是件方便、愉快的事，但这时你需注意一些小节，以免破坏了你已在同事中树立的良好形象。这些细节如下：

在办公室吃饭，拖延的时间不要太长。他人可能要即时进入工作，也可能有性急的客人来访，双方都有点不好意思。

开口的饮料罐，长时间摆在桌上总是有损办公室雅观，应尽快扔掉。如果不想马上扔掉，或者想等会儿再喝，把它藏在不被人注意的地方。

嘴里含有食物时，不要冒然讲话。他人嘴含食物时，最好等他咽完再对他讲话。由于大家围坐一堂，难免有人讲笑话，因此要防止大笑喷饭的情形，可以每口含食物不太多。弄得乱溅以及吃声音很响的食物，会影响他人，最好不吃，吃时也应尽量注意点。

有强烈味道的食品，尽量不要带到办公室。即使你喜欢，也会有人不习惯的。而且其气味会弥散在办公室里，还有损办公环境和公司形象。

食物掉在地上，要马上捡起扔掉。餐后将桌面和地板打扫一下，这是必须做的事情。

准备好餐巾纸，不要用手擦拭油腻的嘴，应该用餐巾纸擦拭。

及时将餐具洗干净，用完餐把一次性餐具立刻扔掉，不要长时间摆在桌子或茶几上。如有突然事情耽搁，也记得礼貌地请同事代劳。

九、办公室的其他注意事项

(1) 会议期间不要敲门，进入会议室将写好的字条交给有关人员。

(2) 当来访者出现时应由专人接待，说“您好，我能帮您做些什么吗?”;办公时间不要大声谈笑，交流问题应起身走近，声音以不影响其他人员工作为宜;当他人输入密码时自觉将视线移开。

(3) 不要翻看不属自己负责范围内的材料及保密信息;对其他同事的客户也要积极热情;在征得许可前不随便使用他人的物品;同事之间相互尊重，借东西要还，并表示感谢。

(4) 养成守时的习惯。如果参加会议，比预定时间早到五分钟最能体现效率原则。

(5) 少打五分钟以上的电话。经常因公事打一刻钟以上电话的女性，暴露了她在概括能力上的不足，令人怀疑她的机智是否足够应付种种变化。

(6) 多使用内线电话而少窜办公室。如果你要跟其他办公室的同事交代事情或交换看法，打内线电话能节约许多花在寒暄及周旋上的时间，有益于养成单刀直入的工作作风。这也是一种成本低廉的提高效率的办法。

(7) 不要在盥洗室的镜子前逗留。“过分关注自身形象的女人在工作上多半没有什么创意”，不错，这是偏见。但你要记住，与偏见作战是世界上最艰难的事，它会浪费你的很多精力，何必与偏见宣战。

(8) 准时上下班。上班时间,提前十分钟到达公司,可以对一天的工作做个规划,当别人还在考虑当天该做什么的时候,你已经走到了他们的前面了。上班是否准时,反映你对工作是否敬业。到了下班时间,不要自己静悄悄地离开,如果已经做完了工作,可以向周围的同事打声招呼,如"我先下班了",然后再离开。

看到上级正在忙工作时,最好问一声:"需要我帮忙吗?"确定不需要后可以离去。

下班之前一定不要懒惰,应把自己办公桌上的文具和文件等放整齐,将椅子放回原位。

(9) 不接听私人电话。最好不要在办公室打私人电话,更不要煲电话粥。若有从外边打来的私人电话,接听时说话应简明扼要,说明正在上班,尽快结束谈话。

(10) 充满热情。无论是谁的客户、谁的朋友,踏进了公司的门,就是大家的客人,如果我们迎面碰上,应热情打招呼。如果要找的同事暂时不在办公室,也绝不可以三言两语把客人打发走,或把他晾在一边不闻不问。

第三节　办公室同事相处礼仪

同事是与自己一起工作的人,与同事相处得如何,直接关系到自己的工作、事业的进步与发展。如果同事之间关系融洽、和谐,人们就会感到心情愉快,有利于工作的顺利进行,从而促进事业的发展。反之,同事关系紧张,相互拆台,经常发生磨擦,就会影响正常的工作和生活,阻碍事业的正常发展。处理好同事关系,在礼仪方面应注意以下几点:

1. 真诚合作

同事之间属于互帮互助的关系,俗话说一个好汉三个帮,只有真诚合作才能共同进步。

2. 同甘共苦

同事有困难,通常首先找亲朋好友帮助,但作为同事,应主动问讯。对力所能及的事应尽力帮忙,这样,会增进双方之间的感情,使关系更加融洽。

3. 公平竞争

同事之间竞争是正常的,有助于共同成长,但是切记要公平竞争,不能背后耍心眼,做损人不利己的事情。

4. 宽以待人

同事之间经常相处，一时的失误在所难免。如果出现失误，应主动向对方道歉，征得对方的谅解；对双方的误会应主动向对方说明，不可小肚鸡肠，耿耿于怀。

5. 要懂得尊重你的同事

每个人都有自己的个性和独特的生活经历，职场中不可以把他人的一些私事或不好的一面当做闲聊的话题，这是对他人人格的不尊重。

在我们身边经常可以看到好为人师的同事，因为别人与他的观念不同，就采取冷嘲热讽的态度，贬低对方或采用过于强势的姿态，把自己的观念强加在他人身上。其实这是最典型的不宽容的表现。

6. 不搬弄是非

绝不可以对他人在某些方面的成就、幸运产生嫉妒之心，借机会挑衅、捉弄、报复、造谣中伤对方，更不应该窥探或暴露他人的隐私，搬弄是非，这是职场的大忌，这样的人走到哪里都是不受欢迎的。

7. 说话要谨慎

比如涉及工作的机密，必须守口如瓶，不可随意在办公室内传播。

男性跟女性在办公室注意交谈的分寸。不开黄色玩笑，尤其有女同事在的时候，男性职员一定要注意这一点，否则女性会认为这是对他们的侵犯。

男性恭维女性的时候，也应避免挑逗性话语，以免给对方产生性方面的错觉。

8. 经济往来要清楚

同事之间，不能因为彼此熟悉，在经济问题上就含糊不清。长此以往，会破坏彼此间的关系。

9. 不擅自越级

遇到麻烦事，常规是先要找你的顶头上司，切勿越级去找更高一级的领导。即使对你的顶头上司有意见，也先要获得他的同意才可向更高一级申诉。

10. 要善于学习

要不断更新自己的专业领域知识，更要不断拓宽自己的知识面，往往一些看似无关的知识会对你的工作起到巨大的帮助作用。

第四节　办公室上下级之间的礼节

在办公室里，上下级之间一定要分清楚私交与工作之间的关系。就言语而言，私下里朋友之间的昵称不能带进办公室；在举止上，不能因为你与上级关系甚好，就可以有事没事地随意进入上级办公室里闲聊；更不能成天只亲近上级而远离同事。不然，在同事的眼里，你与上级关系不一般，从而在你面前都会谨言慎行，甚至有可能认为你靠的是关系而忽视了你的工作能力，从而远离你。

工作遇到问题，无论你的工作有多积极、多努力，都不可越过你的直接领导而去请示更高一层的领导，这是初入职场的新职员容易忽视的一点。在职场，一定把尊重他人放在首位，遇到问题，首先要向你的直接领导汇报，除非遇到特殊情况，否则不宜轻易越级汇报工作。这样的举动，对你的直接领导来说，是一种不尊重。从高一级的领导角度来看，你间接传达的是你的直接领导工作有“问题”，或者让人觉得你有特殊的目的，这样的举动会给你的职场带来许多麻烦。

所以，上下级之间一定要学会沟通，懂得尊重，创造一个和谐的工作氛围，这才是提高工作效率的方法。

第五节　办公室公务文书

一、公务文书的概念

公务文书是法定机关与组织在公务活动中，按照特定的体式、经过一定的处理程序形成和使用的书面材料，又称公务文件。无论从事专业工作，还是从事行政事务，都要学会通过公文来传达政令、政策，处理公务，以协调各种关系，使工作正确地、高效地进行。

二、公务文书的特点

(1) 内容和程序的合法性。公文的具体内容和制定程序必须符合法律和有关规章的规定，否则无效。

(2) 形式和格式上的规范性。

(3) 公文语体简明，观点严谨、鲜明，文字朴实、庄重。

(4) 对机关工作的依赖性。机关工作是公文形成的基础，公文是机关工作的专用工具。

公文除了文字文书之外，现在又有了电信文书(电报、电话记录)、声像文书(录音、录像)、图形文书(以图表为主,伴以简要文字说明)。

随着电子计算机的广泛使用,机关开始运用各种办公自动化工具,而且还利用计算机组成机关管理自动化系统。电子计算机集数据、文字、影像和音讯处理于一身,使办文进入一个快速、准确的崭新阶段,因而公文处理需要更高的技术。

三、公务文书的种类

按照国务院办公厅的规定,通用公文包括:

1. 命令(令)

它适用于依照有关法律公布行政法规和规章;宣布施行重大强制性行政措施;嘉奖有关单位及人员。

2. 决定

它适用于对重要事项或者重大行动做出安排,奖惩有关单位及人员,变更或者撤销下级机关不适当的决定事项。

3. 公告

它适用于向国内外宣布重要事项或者法定事项。

4. 通告

它适用于公布社会各有关方面应当遵守或者周知的事项。

5. 通知

它适用于批转下级机关的公文,转发上级机关和无隶属关系机关的公文,传达要求下级机关办理和需要有关单位周知或者执行的事项,任免工作人员。

6. 通报

它适用于表彰先进,批评错误,传达重要精神或者情况。

7. 议案

它适用于各级人民政府按照法律程序向同级人民代表大会或人民代表大会常务委员会提请审议的事项。

8. 报告

它适用于向上级机关汇报工作,反映情况,答复上级机关的询问。

9. 请示

它适用于向上级机关请求指示、批准。

10. 批复

它适用于答复下级机关的请示事项。

11. 意见

它适用于对重要问题提出见解和处理办法。

12. 函

它适用于无隶属关系机关之间商洽工作，询问和答复问题，请求批准和答复审批事项。

13. 会议纪要

它适用于记载、传达会议情况和议定事项。

撰写公务文函是办公室的一项日常工作。公务文函在格式、文体、遣词造句上有着严格的要求，对此，办公室工作人员应当了解和掌握。鉴于公务文函种类繁多、内容庞杂，我们选择几种比较常用的公务文函，有针对性地进行介绍。

第六节　办公室具体文书的写作

一、通知

（一）通知的特点和种类

通知是批转下级机关公文，转发上级机关和不相隶属机关的公文，传达要求下级机关办理和有关单位需要周知或执行的事项，任免工作人员时所使用的公文。其特点如下：

1. 应用广泛

在所有公文中，通知的使用是最广泛的。首先，任何一级政府机关、企事业单位、群众团体，均可制发通知，不受机关或组织性质、级别的限制。其次，无论是上级领导机关的重要决策，还是日常的行政工作，都可以使用通知。通知不受内容轻重繁简的限制，比较灵活、实用。

2. 使用频率高

因为通知使用范围广泛，行文简便，写法多样，所以在现行公文中使用频率最高。

3. 内容单纯，行文简便

一件通知一般只布置或通报一项工作或一个事项，对写作的格式无严格要求。与其他指令性公文相比较，显得灵活简便。

（二）通知的种类

1. 发布性通知

发布性通知是上级机关发布一般性行政法规、条例、办法等公文时所用的文书。

2. 批示性通知

批示性通知包括“批转”、“转发”两种形式。

(1) 批转通知是上级机关认为某一下级机关上报的报告或其他文件具有普遍意义，于是对下级机关单位的文件加上批语，用通知的形式发给所属各下级机关和单位，作为工作借鉴、参考或执行。

(2) 转发通知，即上级机关单位、同级机关单位或不相隶属机关单位发来的公文，对本机关所属下级机关单位具有指示、指导或参考作用，加上按语，用通知的形式转发给下级机关。

3. 指示性通知

对下级机关工作有所指示和安排，而根据公文内容不适宜用“命令”和“指示”行文的，可用“通知”。

4. 一般事务告知性通知

一般事务告知性通知主要用来将最近决定的有关事项告知受文单位，如人事调整、机构的设立及撤销，机关单位隶属关系变更等。

5. 会议通知

召开比较重要的会议之前，把有关事项告知给有关单位和人员时使用的通知。

6. 任免通知

上级机关在任免下级机关的领导人或上级机关的有关任免事项需要下级机关知道时，要发任免通知，如《××大学关于李××等三位同志担任处长职务的通知》。

（三）通知的结构和写法

通知一般由标题、主送机关、正文三部分组成。

1. 标题

通知的标题一般有两种写法：一是完全式标题，即由发文机关、事由和文种构成，如《国务院关于清理检查“小金库”的通知》；二是由事由和文种组成，如某大学教务处发的《关于做好期中教学检查工作的通知》。如果通知的内容紧急，可在标题中的“通知”两字前加上“紧急”两字，如《湖北省人民政府关于抗洪救灾的紧急通知》。

发布性通知标题中的“事由”一项，由“关于颁布”、“关于发布”、“关于实施”、“关于印发”等词与原文名称(不省略书名号)组成。

批示性通知的标题，一般也要写“发文机关、事由和文种”三个要素(为简明起见，也可以省略文种一项)。其中，事由一项又有两种写法：

(1) 由“批转”或“转发”两字与省略书名号的原文名称组成，如《国务院办公厅转发全国妇幼卫生工作会议纪要的通知》。

(2) 由于原文标题较长，可由“关于转发”或“关于批转”四字与发文字号加“文件”两字组成，如《××省人民政府关于转发国发〔2003〕8 号文件的通知》。

2. 主送机关

通知通常有特定的受文者，要标明主送机关。有些在大众媒介上发布的告知性通知，因受文范围广，可不写主送单位名称。主送机关在标题下、正文前顶格写。

3. 正文

通知的正文一般包括通知的缘由、通知事项、通知要求三个部分。不同种类的通知正文写法不完全相同。下面分别做一说明。

发布性通知的正文很简短，只需写明发布的意义和目的，提出执行的要求就可以了。

批示性通知正文一般包括转发对象和批示意见两个部分。转发对象部分要写明被转发的公文的名称及原发文单位名称。批示意见根据实际情况，可长可短，不仅要标明本机关的态度，还要结合本地区、本单位、本部门的实际情况作出具体的指示性意见。对下级机关要求的通常用语，有“参照执行”、“遵照执行”、“研究执行”、“认真贯彻执行”等不同的提法，要根据所批转或转发文件的具体情况，选择合适的词语。

指示性通知的正文，其缘由部分可以写发出本通知的依据和目的，也可写发出本通知的意义，文字应力求简短概括，然后用“特作如下通知”或“特通知如下”转入通知的内容。通知的事项大多分条列项地写，提出具体要求、措施和办法。指示要明确，要切合实际。

会议通知的正文，一般包括召开会议的机关、会议名称、会议起止时间、会议地点、会议内容和任务、参加会议人员的条件和人数、报到时间及地点、与会人员所携带的文件材料等内容。

任免通知的正文,要写清决定任免的时间、机关、会议或依据文件以及任免人员的具体职务。

一般性通知的正文,要交代需要办什么事情、什么时间完成和要求等。

4. 落款和成文日期

通知落款的写法,与其他公文落款的格式基本相同。如果发文机关的名称在标题中已经写明,正文之后也可以不写落款,但应加盖机关印章。成文日期可写在全文末尾的右下方。

(四)通知的写作要求

拟写通知,主题要集中,重点要突出,措施要具体,并且还要讲究实效,以便提高效率,不要贻误时机。

二、通报

(一)通报的特点

通报是表扬先进、批评错误、传达重要精神或情况时使用的公文。通报的特点如下:

1. 反映问题的具体性

通报所反映的内容通常都是具体的正、反典型事例,工作中出现的新情况或有一定影响的事情。写入通报的材料一般是具体的人和事,要求具体地反映事件发生的时间、地点、人物的基本情况。

2. 反映事物的典型性

通报的内容必须具有典型意义,或在全局性工作中有一定的代表性,以达到宣传教育群众、推动工作的目的。

(二)通报的种类

1. 表扬通报

表扬通报主要用于表彰先进,即选择典型,在一定范围内加以表扬,号召大家学习。

2. 批评性通报

批评通报主要用于批评错误、揭露问题,处理责任事故,达到惩戒、教育的目的。

3．情况通报

情况通报主要用于传达上级指示或会议精神，通报工作与活动的进展情况及动向问题。

（三）通报的结构和写法

通报一般由标题、主送机关、正文组成。

1．标题

通报一般为完全式标题，即由发文机关、事由和文种构成。有的可以省略发文机关，由事由和文种组成，如《关于XX情况的通报》。

1．主送机关

通报一般需要写明主送机关，如果受文范围广泛，可省略不写。其书写格式与其他公文相同。

2．正文

通报的正文通常由以下部分组成：

(1) 主要事实。这一部分主要写明典型事例发生的时间、地点、有关人物或单位、事情的主要经过和情节、表现等。叙述事例文字应详略得当，表述要简单平实。

(2) 分析事例的教育意义。这一部分应着重指出通报事例的重要意义或严重后果，揭示其实质性问题，从现象到理论加以认真分析，使人们对其有较为完整的认识。批评性通报中对原因的分析是重要部分，要抓住问题的实质，指出其严重性和危害性，以引起普遍重视，提高有关人员的重视。

(3) 提出要求。根据不同的实际情况，表明发文机关对事件或人物作出的处理、表彰决定，向下级机关提出要求、应采取的措施和规定。

（四）通报的写作要求

写作通报，一要及时、快速。因为通报的内容都是新发生的事件和事情，与推动当前中心工作密切相关，因此，必须不误时机，否则，时过境迁，就会失去通报的价值。

二要材料必须新颖、典型、具有代表性。通报必须选择新颖、典型、具有代表性的人与事，选择与中心任务有关的重大情况和事项，使人周知，引起重视或警惕，从而对各机关的工作有所启示与推动。

三是通报的材料必须调查核实。无论哪种通报，材料都应当真实可靠。特别是批评性通报,通常被认为是对被批评者的一种处分方式,因此应特别慎重。通报应力求实事求是,评论要有分寸,以理服人,只有这样才有说服力,才能起到教育作用。

三、报告

(一)报告的特点

报告是下级机关向上级机关汇报工作,反映情况,提出意见或建议,答复上级机关时使用的公文,具有如下特点:

1. 汇报性

报告是下级机关向上级机关反映本机关工作中的基本情况、工作中取得的经验教训、存在问题及今后工作的设想等,从而使上级机关掌握基本情况,及时对工作进行指导,所以汇报性是报告的特点之一。

2. 陈述性

报告属于陈述性的上行公文,它是下级机关向上级机关汇报情况,反馈信息,沟通上下级机关纵向联系的一种重要形式。上级机关收到下级机关的报告以后,一般不需要批复。行文主要运用叙述的方式,概括地叙述工作的进程与有关动态,提出建议,直陈其事。报告中有时也适当加以分析,提出看法,但要求在叙述的基础上采用叙议结合的方式。

(二)报告的种类

1. 工作报告

工作报告是工作进行到一定阶段,以书面形式向上级机关写的汇报材料。工作报告要把前一阶段某项工作的基本情况、取得的成绩、存在的问题、经验教训阐述清楚,并做出恰当的分析和判断,对下一步工作提出具体意见。

2. 情况报告

情况报告是就某一问题或某一偶发事件,向上级写的情况汇报。情况报告涉及的内容主要有两方面:一是对工作反省方面的,对工作中出现的重大事故或失误,进行认真检查并总结经验教训;二是就公务活动中出现的新情况、新问题写成书面报告,提供给上级机关,以便上级机关了解掌握情况。

3. 呈转报告

呈转报告是下级机关向上级机关提出自己的工作安排、设想和建议,期望得到上级的认可和采纳，转有关单位执行的报告。

呈转报告的作者单位大多是某项业务的主管机关或主管部门，报告中提出的解决有关业务问题的方法、措施等，需有关方面通力合作，但在自己职权范围内，又无权向有关协作单位和部门部署工作。因此，采取呈转的方式向上级领导部门打报告，提出解决问题、开展工作的建议，待上级批准后，转发到有关单位具体贯彻实施。其结束语是“以上报告如无不妥，请批转有关单位执行”。

4. 答复报告

答复报告是下级机关答复上级机关询问时使用的报告。这种报告简单明了，其内容主要写明答复的依据以及答复事项即可。

5. 报送报告

报送报告是下级机关向上级机关报送文件、物件时，随文、随物写的报告。这种报告的正文内容比较简单，所报送的文件都是报告的附件。

（三）报告的基本格式和写法

报告一般由标题、主送机关、正文组成。

1. 标题

报告的标题，通常有两种组成方式：一是完全式标题，即由发文机关、事由和文种组成，如《XX市爱国卫生运动委员会关于创建国家级卫生城市的报告》；二是由事由和文种构成，省略发文机关，如《全国物价大检查总结报告》。有的报告紧急，则在标题中“报告”两字前加上“紧急”字样。

2. 主送机关

写明主送的领导机关名称，在标题下正文前顶格写。主送机关只能有一个。

3. 正文

报告的正文一般由以下几部分组成。

(1) 报告的缘由。以简要概括的语言，写明报告的原因、依据和目的。要开门见山，直陈其事。而后用“现将有关情况报告如下”之类的承启语，转入报告主体。

(2) 报告的事实和问题。本部分为报告的核心、主体，要重点写明工作进展情况，采取的措施及取得的成效，存在的问题及不足，对今后工作的意见；或写明事情发生的基本情况，对事情作出准确的分析、评价，说明处理结果或提出处理意见，等等。

(3) 结束语。报告的结束语常见有两种：一种是根据报告的事实或情况提出几点建议或意见,供领导者参考;另一种是用“特此报告”、“请指正”、“请审查”等作结束语。呈转报告常用“以上报告如无不妥,请予批转执行”等作为结束语。

(4) 落款和日期。写在正文之后,写法与一般公文相同。

撰写报告,必须掌握实际材料,让事实说话;还要及时报告,不失时机;另外,在报告中不能夹带请示事项。

四、请示

请示是下级机关向上级机关请求指示、批准时使用的公文。

上级机关是与请示单位有隶属关系的上级机关,即本机关的直接领导机关,与本机关的关系是领导与被领导的关系,业务上是指导与被指导的关系。

(一) 请示的特点

1. 期复性

请示是请求上级机关给予指示并期待上级批复的公文,期复性是它的特点之一。

2. 单一性

请示要求一文一事,因此具有内容集中、单一的特点。

3. 请示内容的限定性

并非事无巨细都要向上级请示,属于自己职权范围内的问题还是应该尽力自己解决。请示的问题必须是在自己的职权范围内无法解决或无权解决的问题。

(二) 请示的种类

1. 请求指示的请示

在工作中遇到重大问题或疑难问题,请求上级机关给予明确指示时,使用请求指示的请示。

2. 请求批准的请示

凡需要上级批准才能办理的事项,或工作中遇到必须处理但本机关无权处理的问题,都必须请求上级批准时,使用请求批准的请示。

3. 请求批转的请示

对涉及范围广,带有普遍性、全面性的问题,或较为重大、紧急的事项,需要通过上级机关批转,发至有关单位贯彻执行时,使用请求批转的请示。

4．请求帮助的请示

本单位应办或上级交办的事项，需要一定人力、物力、财力，本单位难以解决，请求上级帮助解决时，使用请求帮助的请示。

（三）请示的基本格式和写法

请示一般由标题、主送机关、正文组成。

1．标题

请示的标题，通常有两种写法：一是完全式标题，即由发文机关、事由和文种构成，如《××市高教局关于自费生收费标准的请示》；二是由事由和文种组成，省略发文机关，如《关于实验技术人员职务工资问题的请示》。

请示的标题在使用动词时，不能与文种词语重复，即一个标题中不能出现两个请示。在表述主要内容时，一般只宜用一个动词，如《关于请求批准购买×××的请示》这个标题，其中的“请求批准”应删去。

2．主送机关

请示的主送机关只能有一个（即上级主管机关的名称），如需同时送达其他上级机关，可用“抄报”的形式在文后说明。

3．正文

请示的正文一般由以下部分组成。

（1）请示的缘由。这一部分是请示的全文的导语，应开门见山。直接写明提出请示的原因、理由。文字要简洁，一般用叙议结合的方式，要求理由充分，言简意赅，清楚明白。尤其要注意行文语气，不可摆出论辩架势或使用教训口气。

（2）请示的具体事项和意见。这一部分是全文的重点，在向上级说明缘由之后，要提出请示的具体事项，即要求上级给予指示、批准的具体内容。请示事项要求真实、具体、准确，不可含糊笼统，有时还可以提出自己的意见和建议，供上级选择。但是行文者必须表明自己希望上级批准的意见，并说明理由，不能只是提出问题期待给予答复。

请示是请求上级办事，因而行文语气要委婉，要体现出对上级的尊重，尽量用商量的语气提出看法和要求。

（3）请示的结束语。可用“特此请示”、“专此请示、“以上请示当否请批示”等作结语。一般应另起一行书写。

4. 落款和日期

如果标题中已有发文机关名称，落款可以省略，只要在正文之后标明成文日期即可。

如果标题中没有发文机关的名称，则在文后先落款再写上成文日期。

(四) 请示的写作要求

(1) 贯彻"一文一事"的原则，如请求解决的问题多，可分几次写。

(2) 明确呈报的主送机关，不要搞多头请示。

(3) 一般不得越级请示。

(4) 请示应主动提出解决的意见、建议方案、办法，供上级研究时参考。

(5) 请示的篇幅一般不宜过长，如果需要反映某些详细的事情和数据，可列入附件。

(五) 请示与报告的区别

请示与报告都是上行文，都要反映情况，陈述意见，使用时要明确两者的区别。

1. 行文的目的不同

请示的主要目的是向上级机关请求指示和批准，它需要上级机关对所请示的事项给以答复、审批或给予解决。报告的主要目的是供上级了解情况，以便上级加强领导。它一般不需要回复。

2. 行文时限不同

请示必须事前行文，请求批准。按组织原则和职权范围，不能先斩后奏；报告则事前、事中、事后都可以行文。

3. 内容结构不同

请示一般一文一事，内容具体单一，行文结构较为稳定；报告内容广泛，可一文一事，也可反映多方面的情况，结构不拘一格。

五、批复

(一) 批复的特点

批复是上级机关答复下级机关请示时使用的公文。

1. 针对性

批复属于答复性的下行公文，是针对下级报来的请示公文被动制发的文件。

内容单纯，针对性强，除了回复一些具有共性的问题外，主送单位通常是单一的，即发给报送请示公文的单位。

2. 权威性

上级机关的批复都是依据党和国家的有关方针政策和下级请示内容，有原则地、实事求是地给予明确的答复，下级机关一定要认真遵守与执行，因此它具有一定的权威性。

（二）批复的种类

1. 同意性批复

同意性批复是对下级机关的请示表明肯定性意见的批复。

2. 否定性批复

否定性批复是指上级机关出于全面考虑，不同意下级机关的请示的批复。这类批复要求充分讲明不同意的理由。

3. 指示性批复

指示性批复是在同意下级请示的同时，又对下级的工作作出有指导意义的指示性意见。

4. 解答性批复

解答性批复是对下级机关的疑问作出解答的批复。

（三）批复的格式和写法

1. 标题

批复的标题，要写明批复机关名称、内容与文种。有些批复，还要在标题中表明批复机关对所请示问题的态度，如《国务院关于同意在沈阳市进行经济体制综合改革试点的批复》。

批复标题的形式有：

(1) 单介词标题，与一般公文标题的主要内容表述形式基本相同，如《国务院关于安徽省宿县城镇改宿州市的批复》；

(2) 双介词结构，它的表述形式为“上级发文机关＋介词＋答复事项＋介词＋下级受文机关”，如《××关于×××给×××的批复》。

2. 主送机关

一般为“请示”的来文机关。

3．正文

批复的正文由以下部分组成：

（1）批复依据。批复的开头通常要引述请示的来文作为批复的依据。如“×年×月×日来文收悉”，或“×年×月×日《关于×××××的请示》收悉”等等。

（2）批复内容。针对请示的事项，作出明确具体的答复。答复事项针对性要强，表述要准确。如果同意，必要时还可给予一定的指示；如果不同意，一定要阐明不同意的理由并且作出如何处理的指示，使下级机关有所遵循。

（3）结束语。一般用“特此批复”、“此复”为结束语。

4．制发机关印章与成文日期

写法与其他公文相同。

撰写批复，用语要简洁准确，语气要肯定、坚决，不要用模凌两可、含混不清的词语。

六、函

函是平行机关或不相隶属机关之间的相互商洽工作，询问和答复问题，请求批准和答复审批事项时使用的公文。

（一）函的特点

（1）函是行政公文中用途最为广泛的文种之一。它主要用于平行机关或不相隶属机关之间的行文，也可以用于上下级之间的公务联系。上至国务院，下至基层组织，各级政府机关、社会团体、企事业单位都广泛使用函来沟通信息。

（2）写作的灵活性。函在写作上的灵活性表现在，一是篇幅短小，简便自由；二是笔调灵活多样，与其他公文相比，限制相对小些。

（3）行文方向的多向性。函是平行文，但可以多向行文。它既可以在平行机关及不相隶属的机关之间使用，也可以在上、下级机关之间使用。

（二）函的种类

按其内容、性质和用途划分，函可以分为商洽函、询问函、答复函、请示函。

1．商洽函

商洽函是平行机关或不相隶属机关之间商量和接洽工作，或请求协助解决某一问题。

2．询问函

询问函是向下级机关、平行机关或不相隶属机关询问工作情况或某一问题，或征求意见的函。

3．答复函

答复函是答复有关机关询问的事项的函。

4．请示函

请示函是向上级有关业务主管部门请求批准事项的函。

按函的行文方向划分，函可以分为发函和复函两大类。无论是商洽工作、询问事情，还是请求批准事项，主动发函一方撰写的函称为发函，受函机关和单位针对来函所做的答复成为复函。

（三）函的基本格式和写法

函一般由标题、主送机关、正文组成。

1．标题

函的标题一般为完全式标题，要写明是“函”，还是“复函”。如《××市人事局关于上调×××同志的函》，《国务院办公厅关于公开发布天气预报有关问题的复函》。

2．主送机关

写明受函单位名称。

3．正文

函的正文一般由以下部分组成。

(1) 开头。要开门见山，直截了当。如果是发函，开头应说明发函的目的、根据或理由。如果是复函，开头则先引述来文，然后，用“经研究，现将有关问题函复如下”等，过渡到下文。

(2) 主体。写明所商洽、询问、请示或答复的具体内容。要求明确具体，条例清晰。

(3) 结尾。函一般使用得体的结束语作结尾，如给下级发函常用“以函复为要”、“以函复为盼”等；给平级发函常用“以函复为荷”、“盼复”等，给上级发函常用“特此回复”、“专此回复”等。

(4) 落款和日期。正文结束后，写上发函机关名称和发函日期。

拟写函，应简短明快，不用套话。平行函应注意措辞，语气要委婉、恳切，讲究礼貌，不可强人所难，忌用指令性的语言。

【课后实践】

一、思考训练

（1）试简要说明办公室环境布置的要求。

（2）请谈谈办公室同事和谐相处应注意什么？

二、案例分析

案例

刚大学毕业的小姚，因为学习成绩优秀和实习经历丰富，所以很快找到了自己满意的工作。工作了一段时间后她的个人能力也得到了领导的认可。一转眼入夏了，爱漂亮的小姚，立马穿上了时尚的凉拖，同事也曾善意地提醒过她，但她不以为然。有一次公司接待了一位重要的访客，中途领导让她去送文件，安静的会客室里她的凉拖的踏踏之声不绝于耳，那位访客不禁蹙起了眉头。当她的见习期满后，公司没有和她续约，她自己始终不知道问题出在哪里。

问题分析：请你结合办公室礼仪中的相关知识说明小姚的问题。

第六章　公务礼仪与商务文书写作

【本章目录】

【学习目标】

(1) 了解接待工作的基本要求,掌握接待的基本礼仪。

(2) 掌握会议礼仪规范,能够得体有序地组织会议。

(3) 掌握开业、剪彩、签约等商务仪式的基本要求和流程。

(4) 了解合同的写作要求,掌握签订合同的原则。

【案例引入】

周总理谈笑吃"纳粹"

20世纪50年代初,有一次周总理在中南海勤政殿设宴招待外宾。客人们对中国菜的花样之繁多,风味之独特,味道之鲜美都赞不绝口。这时,上来一道汤菜,汤里的冬笋、蘑菇、红菜、荸荠等都雕刻成各种图案,色、香、味俱佳。然而,冬笋片是按照民族图案刻的,在汤里一翻身恰巧变成了法西斯的标志。贵客见此,不禁大惊失色,忙向周总理请教。对于这个问题,周总理也感到十分突然,但他随即泰然自若地解释道:"这不是法西斯的标志! 这是我们中国传统中的一种图案,念'万',象征'福寿绵长'的意思,是对客人的良好祝愿!"接着他又风趣地说:"就算是法西斯标志也没有关系嘛! 我们大家一起来消灭法西斯,把它吃掉!"话音未落,宾主哈哈大笑，气氛更加热烈，这道汤也被客人们喝得精光。

【评析】在这个案例中如果没有周总理的幽默机智的应答，那么后果无法想象。可见接待工作中不单单是迎客送客这么简单，这中间还有不少需要我们学习和掌握的一些基本礼仪。

第一节　接待工作的基本礼仪

接待国内外宾客是商务活动的重要工作。进行商务接待应遵守接待工作礼仪。公务接待工作是为经济建设服务的，它是一个地方、一个部门、一个单位的“门面”和“窗口”。它与办公室其他工作一样，都非常重要。因此，接待工作尤为重要。

一、接待工作的基本要求

（一）接待客人要热情

说到热情，也许有人会讲，这是老生常谈，一些秘书工作的教科书上早已写明：接待客人要热情，要做到起立迎接，笑脸相待，问声您好，送上茶水，亲切交谈，圆满答复。不错，这些程序是从工作实践中总结出来的，是完全可行，非常必要的。而且，这些每个人都会做，每个人都做了，但是，这些固定的程序，很容易使我们接待时不假思索地、机械地为完成这些程序做一系列动作。（如大的酒店宾馆的礼仪服务员，那种“欢迎光临”，“请慢走”等礼仪是必要的，也是很机械的）。作为一名办公室的工作人员，特别是负责接待的人员除了上述的接待程序，接待礼仪外，还必须用一颗诚挚的心，很热情，很和谐地接待客人。要把这些从工作实践中总结出来的程序与接待工作人员的素质、效率、文明礼仪、服务技巧相结合，很自然地完成，使来访者丝毫不感到做作，不感到是机械的接待程序，使客人感到家庭的温暖，有种宾至如归的亲切感。

（二）接待客人要周到

做好接待工作，光有热情是不够的，还必须精心安排，为客人提供周到的服务。所谓精心安排，就是要事先制订出详细的接待计划，而服务周到则是以满腔的热忱，高效的工作将接待计划付诸实施。

1．在制订接待计划时，要做到情况清楚

首先要了解客人来访的目的和要求，如学习、座谈的内容，参观、拜访的具体地点和人物。

其次要掌握来访客人的基本情况。（如来访的人数、职务、性别、年龄、民族、逗留的时间以及来访的客人与本部门的人员有无联系。对于这些情况都要做到心中有底，这是制订好接待计划的基础）。

2．在制订接待计划时，要做到精心安排

第一，要安排好迎送人员。要按照对等的原则进行，可根据对方主要领导的职务及来访的人数，安排本单位1～2位对等或略高于对方级别的领导同志及具体负责此项接待工作的同志迎送，也可由本地区、本部门、本单位办公室负责人作为全权代表参加迎送。

第二，要安排好迎送车辆，要考虑到来访客人的职务，人数及所携物品的情况，适当安排车辆，要注意留有余地。

第三，要安排好学习，参观的活动。这是接待计划的主要部份。主要包括两方面内容：一是学习座谈活动；二是参观、考察活动。

（1）关于学习座谈活动的安排，可从以下因素考虑：①确定座谈会的次数，主要内容，如需准备材料，要事先通知有关部门准备好。②根据座谈会的主要内容及对方参加的人员，确定本单位参加人员，并事先协调好。③安排好每次座谈会的确切时间，并根据参加的人数，确定每次座谈会的地点。

（2）关于参观、考察活动，可从四个方面考虑：①确定参观、考察点和陪同人员，并要事先予以协调好。②参观、考察一般安排为：介绍情况、简要座谈、实地参观、考察。③参观、考察活动的安排要紧凑，要有详细日程，对重要的参观考察活动的情况不了解时，均要事先去一次，即常说的“踩点”，以便安排的参观考察日程准确，可行。④要做好食宿安排。

食宿安排不仅仅是为客人提供生活条件和服务保障的活动，而且是一种文化交流活动，是来宾了解、认识接待地的文化历史和地方特色的重要途径，是接待工作中不可缺少的关键部分。

住宿的安排。接待宾馆招待所的选择，应注意以下几个方面：A. 有利公务、方便公务活动。包括宾馆环境的选择。B. 符合和体现接待标准。C. 宾馆的设施、设备和服务要安全、卫生、舒适，有可信赖的公务接待氛围。D. 宾馆的形象和品牌是当地物资、政治、精神文明协调发展的一个缩影。

餐饮的安排。餐饮安排，尤其是宴席安排，既要严格执行公务接待宴请的标准，又要保证饮食卫生、营养，并且有鲜明的地方特色满足来宾通过“吃”了解当地的经济、风俗、饮食文化特色，让客人感到接待的特与新。在餐饮的安排上要立足于本土资源，“土”出精品与特色。越是民族的，就越是世界的。

(三) 接待客人要严谨

关于严谨，要注意两个问题：一是政策性。对一些政策性较强或敏感问题，不要贸然答复，更不要依据自己的想法、看法信口开河，夸夸其谈。对这些问题，要严格按政策办事，按规定的统一口径答复。对一些不成熟或有不同看法的经验，试点单位要将情况如实告诉对方，不要只谈一个方面。二是保密性。要树立严格的保密观念，对一些需要保密的问题，要做到守口如瓶，如客人提及这方面的问题，要婉言回绝。

二、接待的基本礼仪

接待国内外宾客是公务活动中的重要工作。公务接待应遵守接待工作礼仪。

(一) 迎客送客

迎来送往，是商务接待活动中最基本的形式和重要环节，是塑造组织第一印象的重要环节。接待工作的“善始善终”往往表现在车站、码头、机场的迎送环节上。迎送工作的有关事项如下：

1. 迎客

(1) 确定迎客规格。对前来访问、洽谈业务、参加会议的外国、外地客人，应首先了解对方到达的车次、航班，认真研究客人的基本资料，准确了解来宾的身份、职务、单位及来访目的，安排与之身份基本相等的人前往迎接。若因某种原因，相应身份的主人不能前往，前去迎接的主人应向客人作出礼貌的解释。

(2) 做好迎接准备。核实客人到达的交通工具与时间；应提前安排好迎接车辆；全程为来宾准备好客房和膳食；对不熟悉的客人，需要准备一块迎客牌；迎接宾客应提前到达，恭候客人的到来，决不能迟到让客人久等。客人看到有人来迎接，内心必定感到非常高兴，若迎接来迟，必定会给客人心里留下阴影，事后无论怎样解释，都无法消除这种失职和不守信誉的印象。

(3) 热情迎接宾客。接到客人后，应首先表示欢迎或慰问，即问候“一路辛苦了”、“欢迎您来到我们这个美丽的城市”、“欢迎您来到我们公司”等等。然后互相介绍。如果有名片，可送予对方（送名片的礼仪详见第三章）。通常先将主人介绍给来宾，除客人自提的随身小包外，应主动帮助客人提行李，但应尊重宾客的意愿，不要过分热情地强行帮助提携。随后引导客人上事先备好的车辆。上车时，应注意座位的安排。

通常，应将车开到客人跟前，打开右侧车门，以手遮挡着上门框，请客人上车。主人应从车后绕到左侧门上车，避免从客人座前穿过。如有行李，主人应先放好行李再上车。到达目的地后，主人应协助客人下车。

（4）妥善安排宾客吃、住、行。主人应提前为客人准备好住宿，帮客人办理好一切手续并将客人领进房间。客人抵达住地后，主人不要立即离去，应陪客人稍作停留，热情交谈，谈话内容要让客人感到满意，比如客人参与活动的背景材料、日程安排、当地风土人情、有特点的自然景观、特产、物价等。考虑到客人一路旅途劳累，主人不宜久留应尽早告退，让客人早些休息。分手前应约好下次见面的时间及联系方法等，以便为客人提供及时的帮助。

一般来说，如果是小轿车，并且有司机开车，前排右座是迎宾人员的位置。后排右座是上座，左侧是下座（见图6-1(a)）。如果主人自己开车，前排右座是上座，其次是后排右座，再次是后排左座，最后是后排中座（见图6-1(b)）。当主人夫妇驾车时，则主人夫妇坐前座，客人夫妇坐后座，男士要服务于自己的夫人，宜开车门让夫人先上车，然后自己再上车。如果主人夫妇搭载友人夫妇的车，则应邀友人坐前座，友人之妇坐后座，或让友人夫妇都坐前座。主人亲自驾车，坐客只有一人，应坐在主人旁边。若同坐多人，中途坐前座的客人下车后，在后面坐的客人应改坐前座，此项礼节最易疏忽。女士上车不要一只脚先踏入车内，也不要爬进车里，需先站在座位边上，把身体降低，让臀部坐到位子上，再将双腿一起收进车里，双膝一定要保持合并的姿势。此外，后排左座由于比较隐蔽与安全，首长与重要的VIP往往愿座此处。如果客人自己愿意坐在末座，也不必拘泥礼节、乘座吉普车无论谁驾驶，座位次始终是副驾驶位为尊位。

如果是大轿车，各排的尊卑原则是司机座后第一排为尊，越往后越低。座位的尊卑每排从右往左递减。九座以下的尊者先上车，九座（含九座）以上的尊者后上车（见图6-2）。

2．送客

（1）迎来送往过程中往往需要在适当的时候向对方赠送礼品以传递感情，互

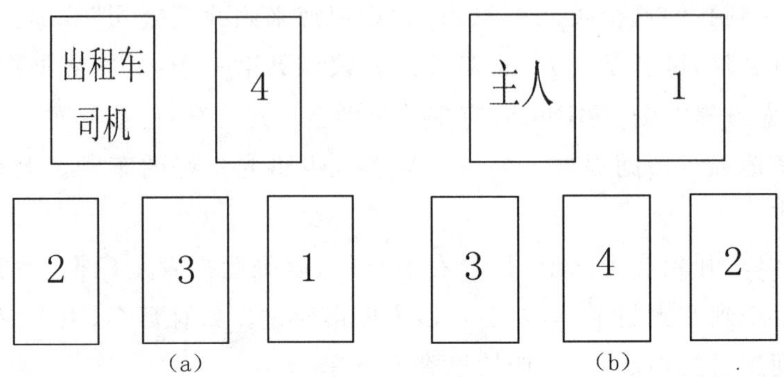

图 6-1　小轿车座位次序示意图

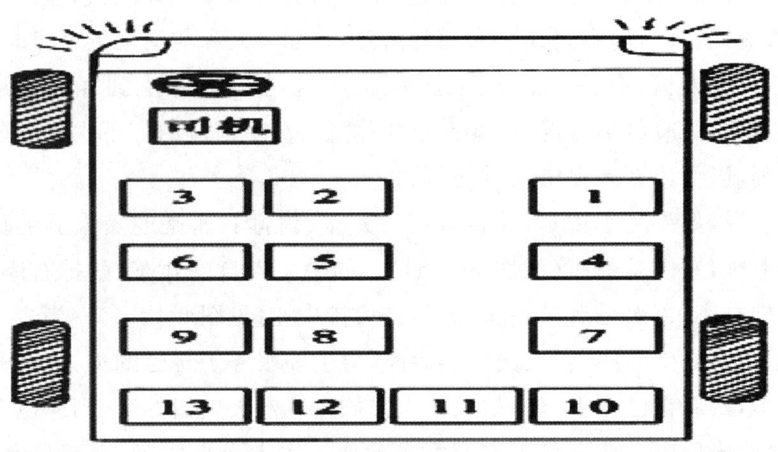

图 6-2　大轿车座位次序示意图

赠礼品是内心友好情感以物质形式的自然流露。赠送礼物应遵循馈赠礼仪，才能有效发挥礼品的效用。

第一，选择时机。并非任何时候都适合送礼。初次见面就送上一份重礼，会有行贿之嫌。西方国家除圣诞节、生日、婚礼、离别前赠送礼品。一般不兴送礼。作为接待方一般选择客人即将动身时送礼。

第二，注意适度。礼多人不怪处处通行。赠送礼品的准则并非其象征意义，除了物质价值外，还应包含信息价值和情感价值。应根据交往对象的爱好需求和有关规定选择礼品，量力而行。一般选择当地特产礼品为佳，但应谨慎选择，区分对象，以免引起对方误解。赠花时，应了解花语、运用场合及其象征意义。

第三，讲究方式。礼品一般当面赠送，并要用礼品纸包装好。日本人不习惯当面打开礼物，欧美人则当场打开，立即感谢。有些国家收礼时不喜欢有别人在场，有些国家收礼则必须有别人在场，以免有贿赂之嫌。拒绝受礼应当坚决而委婉。如送礼者不知自己何故被拒，则应向他暗示不受礼物的原因。

第四，尊重习俗。不同国家赠礼有所禁忌，应予以尊重。例如，法国人除非关系非常融洽，一般不互相送礼。德国人忌讳用白色，棕色或黑色的包装纸包装礼品。日本人不喜欢在礼品包装上系蝴蝶结；用不同颜色的彩带包扎礼品有不同的含义，如红色象征身体健康等。不要给日本人送有动物形象的礼品，因为各种动物都是不同的象征。对拉丁美洲人，任何时候都不能送刀子和手绢，因为刀子意味着双方关系一刀两断，手绢总与眼泪和悲伤联系在一起。

第五，遵守规范。在接受馈赠时，应遵循礼仪规范。为了维护形象和职业道德，职业人士一般不宜接受外国人或服务对象赠送礼品，尤其不能接受现金，有价证券及其他贵重之物，如果实在无法推辞可暂时接受礼品，随后如数上交。不得来者不拒，更不可索取，暗示对方送礼。

(2) 对远道而来的客人，接待方应协助办好返程手续；协助做好中途安排；客人离开时，最好由原迎接人员驱车送至机场车站码头，并应等车船启动后，面带微笑，挥手告别，直到看不见对方时才离开。

（二）现场接待

接待工作是重要的礼仪活动，使客人高兴而来，满意而去，对组织留下美好印象，有利于今后进一步合作。做好接待工作，要注意以下几点：

(1) 接待人员的素质修养代表和影响着组织的形象，应选派具有较高礼仪素养的人员承担接待工作。

(2) 如果事先知道客人来访，要提前“清扫门庭，适当整理”，使接待场所布置得整齐、美观，给客人留下一个组织工作井井有条、充满生气、管理有序的第一印象。

(3) 准备座位、资料、饮料等，使接待工作富有效率。

(4) 若客人不期而至，也应放下手中工作，起身相迎。

(5) 若客人要找的人暂时不能接待，或要办的事需要等待的时候，接待人员应主动攀谈，或提供报刊杂志为客人消遣，避免冷落客人。

(6) 将客人引至接待场所后，应安排其就坐。一般讲，离门最远的位置是上席，而靠近门的位置是末座。客人就坐后，在未开始谈正事前，应给客人奉茶。敬茶的顺序应从最上座的客人开始，先客后主。茶水要从每人的右后侧递送，每杯斟七分满即可。

(7) 接待时，要避免他人干扰，以便能专心致志地与客人交换意见。

(8) 客人告辞时，主人要等客人起身告辞后方可站起来相送，并应等客人先伸手之后再与之握手。送客一般应送到门口、电梯口，并应等电梯门关上后方可离去，送到门口，应面带笑容，向客人挥手告别，目送其离去。

(三) 陪同引导

陪同引导的基本礼仪：

(1) 在陪同引导客人时，一般应走在客人的左侧，以示尊重。如果是主陪，就要与客人并肩同行。如属随行人员，应走在客人和主陪人员的后边。

(2) 负责引导时，应走在客人左前方一、两步远的位置，并和客人的步幅一致，忌把背影留给客人。遇到路口或转弯处，应用手示意方向并加以提醒。

(3) 陪同人员不能只顾闷头走路，可以随机讲一些得体的话。

(4) 乘电梯时，如有专人服务，应请客人先走，如无专人服务，接待人员应先去操作，到达时请客人先行。

(5) 进房间时，如门朝外开，应请客人先进，如门朝里开，陪同人员应先进去，扶住门，然后再请客人进入。

第二节　商务会议礼仪

一、会议概述

(一) 会议含义

所谓会议，是指将人们组织起来，在一起研究、讨论有关问题的一种社会活动方式。

(二) 作用

通过组织召开会议有利于解决问题、做好工作、发扬民主，联系群众。举行会议可以做到上传下达、部署任务、协调咨询、宣传鼓动、调解矛盾。

二、会议组织的具体要求

会议组织的成功与否与会前的准备工作、会间服务和会后工作密切相关。要确保任何一个环节都不出问题。会议组织的具体要求如下：

（一）会前准备要周密

会务工作是商务活动中的重要工作之一，一旦会议名称、时间和地点确定了，相关人员就需要做周密的准备工作。

1. 选择会议场所

开会场所要根据会议规模、影响等来做选择。会场一般要按照与会人数与会场可容量大体相当的原则来选择，还要考虑与会人员的住宿等问题及主会场与分组讨论场所的距离等。

2. 成立会议筹备机构

凡是大、中型的会议都需要成立专门的机构来筹备，筹备机构往往也就是会议期间的工作机构，即秘书处或会务处，下设会务组、资料组、生活组、宣传组等。

3. 确定与会人员

召开一般会议，都要提前确定参加会议的人员。办公室要全面考虑，提出建议，供领导参考决定。

4. 下发会议通知

与会人员确定之后，便要印发会议通知。会议通知上必须写明会议组织单位、会议时间、会址、会议名称、会议目的和内容、会议期限和日程，应做的准备，以及报到的时间、地点，等等。会议通知可采用电话或文件形式，发给参会人员或其所在单位。重要会议在通知发出之后，还要跟踪落实，以保证会议顺利进行。

5. 准备会议文件

会议文件根据会议议题来准备，这是办公室在会前准备阶段中要进行的最主要工作。文件通常在第一页左上角写上会议名称，一般称“××会议文件”。文件较多的会议，还应对文件进行编号，编号按会议顺序确定。会议文件要在会前印制好，装入会议文件袋，在与会人员报到时分发。

6. 布置会场

会场要结合会议性质、内容进行布置。大、中型会议往往要设主席台，台上要悬挂会标，会标要端庄醒目。台上还应摆放红旗、鲜花等装饰物。此外，还必须安排好音响、照明、通讯、录音、录像等设备。大型会议还要安排好进场、退场的路线。

7．摆放座次名签

有的会议还要将会场按系统或单位划分，分设代表席、工作人员席、记者席等。座次的安排，主要是指主席台而言。一般主席台上除了主持人和讲话人外，还有有关领导。对这些人员，必须事先确定并逐一落实，位置按党政机关规定的顺序排列，最好摆放名签，以便届时对号入座。话筒要摆放在最佳位置，如讲话人较多，则应多准备几组话筒。

8．组织会议报到

会期较长的大中型会议，通常要在与会人员住地设报到处，并安排专人负责报到工作。负责报到工作的会务人员应提前进入会议住地，安排好与会人员的食宿事项。在报到的同时，要发放会议票证及会议材料，报到结束后，要及时向会议领导人报告报到结果。

（二）会间服务要周到

1．做好签到工作

为了准确统计到会人数，尤其是在各类有选举和表决内容的法定性会议中，需要组织签到。这关系到是否达到法定人数及选举、表决结果是否有效。签到方法因会议规模不同而有以下各种形式：

(1) 签到卡。重要会议往往用此种方式，与会人员在卡面上签名之后再进入会场。

(2) 签到簿。这是小型会议常常采用的形式。与会人员在签到簿上签名，一般还应注明单位和职务。签到工作结束后，工作人员应及时将到会情况报告会议主持人。

2．做好会议记录

作为会议情况的真实记录，是日后分析、研究、整理的重要依据。它主要包括两方面内容：

(1) 会议的组织情况、会议名称、届次、时间、地点、主持者、出席者及记录人姓名。

(2) 记录内容的主体。这包括会议议题、与会者发言和主持人总结性意见及会议议定事项的详细、准确的记载。记录方法可分为摘要记录和详细记录两种。会议记录必须遵循真实、准确、完整的原则，特别对议定意见，必须忠实于原话。

3. 做好会议简报

大型会议往往要编发会议简报，以及时反映会议情况，指导会议正确进行。简报一般分为标题、导语、主体、结尾四部分。编写简报应遵循真实、新颖、简洁、迅捷的原则。视其内容，可发给全体与会者或只发给参会领导人。

4. 做好后勤服务

后勤服务包括以下几个方面：

(1) 生活服务工作。要妥善安排与会者的食宿，保证会场饮水供应。

(2) 安排文娱活动。会期较长的会议，可安排看戏、看电影或组织联欢活动等，以调节会议生活。

(3) 医疗卫生工作。包括配备专职医务人员或指定就医地点，重视饮食卫生，保持会场和住地内外环境整洁等。

(4) 安全保卫工作。包括验证、文件管理、防火、防破坏等。

(三) 会后工作要周详

1. 会议记录及时整理

会后必须对记录进行整理，以更正现场记录中由于紧张而造成的字迹不清、语言文字不规范等问题，保证会议记录的真实、清晰、准确、完整、规范，最后成为会议文件之一或编发会议报告的依据。

2. 会议文件及时立卷归档

会议文件必须在会议结束后归入卷宗内，其排列顺序一般是：会议通知、会议纪要、会议议题及有关文件。对修改过的文件，立卷时应将原稿放在前面，然后将修改稿依次排在后面。大型会议完整的会议案卷，应包括以下部分：会议正式文件，如决定、计划等；会议参阅文件；会议安排的发言稿；会议上的讲话记录；其他有关材料。

3. 新闻报道及时送领导审核

重要会议往往要邀请记者到会。办公室或会务处应及时向新闻记者提出宣传会议精神的要求或建议。根据各种会议的不同情况，会议可发布新闻消息，或进行典型报道。新闻报道稿通常由会议工作人员与新闻记者配合共同编写，以求及时准确地反映会议精神。新闻稿件在发布前应送领导人审核，以免出现差错。

4. 及时总结会务工作

这是会务工作的最后一件事，一般由会议领导人召集会务工作人员来进行，有时还需写出会务工作的总结报告。

三、会议礼仪基本要求

【微型案例】

小刘的公司应邀参加一个研讨会，该次研讨会邀请了很多商界知名人士以及新闻界人士参加。老总特别安排小刘和他一道去参加，同时也让小刘见识见识大场面。

小刘早上睡过了头，等他赶到，会议已经进行了二十分钟。他急急忙忙推开了会议室的门，“吱”的一声脆响，他一下子成了会场上的焦点。刚坐下不到五分钟，肃静的会场上又响起了摇篮曲，是谁在播放音乐？原来是小刘的手机响了！这下子，小刘可成了全会场的明星……

没过多久，听说小刘已经另谋高就了。

不管是参加自己单位的会议还是其他单位的会议，都必须遵守会议礼仪。因为在这种高度聚焦的场合，稍有不慎，便会严重损害自己和单位的形象。

一般而言，与会人员在出席会议时应当严格遵守会议纪律，主要有以下四项内容：

(1) 规范着装。参加会议应当着正装，以示庄重和严肃。

(2) 严守时间。对于会议主办方来说，应严守会议时间，不要随意推后，也不要超前；对与会人员来说，准时参加会议，表现出守时的文明素养。

(3) 维护秩序。会场要井然有序，不随意走来走去，干扰会场气氛。

(4) 专心听讲。手机一般应该关机或调到振动位置，更不应该在会场中大声打电话。

四、不同与会人员的礼仪

(一) 主席台就座者的礼仪

主席台上的所有就座者，也应遵循相应的礼仪规范。进入主席台时，应该依次而进。若此时参加会议者鼓掌致意，主席台就座者应该微笑着鼓掌作答。有些会议主席台的长桌上已标明就座者姓名，就应按照会议工作人员的引导准确入座，切忌坐错位置。会议进行中,主席台就座者应该认真倾听发言人发言,一般不要再与其他就座者交头接耳,更不能擅自离席。

(二)会议发言人的礼仪

对会议发言人或报告人来说,其礼仪主要表现在发言上。若话筒距离自己的座位较远,应以平缓的步子走向话筒。不要刚一落座就急着发言。在发言之前,可面带微笑,环顾一下会场四周。如会场里响起掌声,可以适时鼓掌答礼,等掌声过后,再开始发言。发言时应掌握好语速和音量,以使会场中所有的人都能听清为宜。发言或报告一般应使用普通话。发言或报告中还应注意观察与会者的反应,以便根据具体情况对内容作相应调整。如果报告时间过长,应将发言、报告内容适当压缩,使报告时间尽量缩短。发言或报告结束时,应向全体与会人员表示感谢。

(三)一般与会者的礼仪

对参加会议的一般人员来说,必须遵守会场纪律。进入会场前要先关掉自己的行机或把手机调成振动式。在别人发言或报告时,应该认真倾听,必要时还要作好记录,切不可在台底下与人交头接耳,也不要随便走动。即使对发言不感兴趣,也不能鼓倒掌,吹口哨,或者起哄,因为这是非常失礼的行为。在会议进行中,若要离开会场,时间较短的,行走时注意尽量不要影响其他会议代表;若时间较长或需要提前离开会场,应向有关人员简要说明情况,在征得同意之后方可离席。

五、常用的会议礼仪

在此,我们主要介绍一下最常用的三种会议礼仪:工作会议礼仪、洽谈会礼仪、茶话会礼仪。

(一)工作会议礼仪

工作会议礼仪的对象主要是本单位、本行业或本系统的人员。这里介绍会议纪律、端正会风两个方面。

1. 会议纪律要求

如果有工作装,应该穿着工作装。比规定开会时间早五分钟左右到会场,而不要开会时间到了,才不紧不慢地进会场,对别人造成影响。

开会期间,应该表现出一副认真听讲的姿态。开会也算是工作,认真听讲不仅表现了你的工作态度，也是对正在发言者的尊重。

那种趴着、倚靠着、打哈欠、胡乱涂画、低头睡觉、接打电话、来回走动以及和邻座交头接耳的行为，是非常不礼貌的。

在每个人发言结束时，应该鼓掌以示对他讲话的肯定和支持。

2．端正会风

需要明确的是，工作会议仅是工作过程中的一个环节，所以有必要克服开会过多、过长的形式主义作风。

如果会风不正，不仅误事，还会养成办事拖拉、工作效率低下的不良习惯。不妨从控制会议、改进会风两方面入手。

控制会议，就是对于会议的数量、规模、经费、时间、地点，都要做出明确的规定。制定有关会议的审批、经费使用额度、管理权限的条例，并由职务较高的专人严格监督执行。

改进会风。会风能够反映出一个单位及其领导的工作作风。如果会议过多，会期过长，讲究排场气势，都是不良风气。改进会风，就需要：

摒弃形式主义。有具体、明确的内容再组织会议，开会必须解决具体问题。

严格限制会议。必须在会议总量上加以限制。限制会议总量对于杜绝会山会海、提高会议效率非常有用。

那么怎样提高会议效率呢？

一是改进会议方式。对于一般性会议，可以召开无会场会议，如运用现代通信设备电视、广播、电话、互联网进行开会，可以大幅度节约会议成本。

二是集中主题。一次会议上不管安排几项会议内容，都要使会议主题明确，这样既方便讨论，又方便执行。

三是压缩内容。应围绕会议主题，删掉那些可有可无的内容。

四是限定时间。对于会议的起止时间、发言时间、讨论时间，事先都要明确规定，并且严格执行。

五是领导示范。会风的端正，领导的示范是必须的。和自己无关的会议，不应该参加；准时参加会议，并严格遵守会议礼仪；提倡无会场会议；带头控制发言时间等。

（二）洽谈会礼仪

洽谈会是重要的商务活动。一个成功的洽谈会，既要讲谋略，更要讲礼仪。

1. 洽谈会的礼仪性准备

安排或准备洽谈会时，应当注重自己的仪表，预备好洽谈的场所，布置好洽谈的座次，并且以此来显示对洽谈的郑重其事和对洽谈对象的尊重。

洽谈会是单位和单位之间的交往，所以应该表现的是敬业、职业、干练、效率的形象。在仪表上，要有严格的要求。男士不准蓬头垢面，不准留胡子或留大鬓角。女士应选择端庄、素雅的发型，化淡妆，摩登或超前的发型、染彩色头发、化艳妆或使用香气浓烈的化妆品，都不可以。

由于洽谈会关系大局，所以在这种场合，应该穿着正统、简约、高雅、规范的最正式的礼仪服装。男士应穿深色三件套西装和白衬衫，打素色或条纹式领带，配深色袜子和黑色系带皮鞋。女士要穿深色西装套裙和白衬衫，配肉色长统袜或连裤丝袜和黑色高跟、半高跟皮鞋。

2. 洽谈会的座次安排

如果由东道主安排洽谈，一定要在各方面利用好礼仪这张“王牌”。在洽谈会的台前幕后，恰如其分地运用礼仪，迎送、款待、照顾对手，都可以赢得信赖，获得理解、尊重。

在洽谈会上，不仅应当布置好洽谈厅的环境，预备好相关的用品，而且应当特别重视礼仪性很强的座次问题。

座次问题在举行正式洽谈会时，必须予以重视。只有小规模洽谈会或预备性洽谈会，才可以不用讲究。

举行双边洽谈时，应使用长桌或椭圆形桌子，宾主应分坐在桌子两侧。桌子横放的话，面对正门的一方为上，属于客方。桌子竖放的话，以进门的方向为准，右侧为上，属于客方(见图 6-3)。

在进行洽谈时，各方的主谈人员在自己一方居中而坐。其余人员则应遵循右高左低的原则，依照职位的高低自近而远地分别在主谈人员的两侧就坐。如果有翻译，可以安排就坐在主谈人员的右边(见图 6-4)。

举行多边洽谈时，为了避免失礼，按照国际惯例，一般要以圆桌为洽谈桌，举行“圆桌会议”，如图 6-5 所示。这样一来，尊卑的界限就被淡化了。即便如此，在具体就坐时，仍然讲究各方的与会人员尽量同时入场，同时就坐。最起码主方人员不要在客方人员之前就坐。

3. 洽谈的三大原则

洽谈过程中，双方人员的态度、心理、方式、手法等，都对洽谈构成重大的影响。

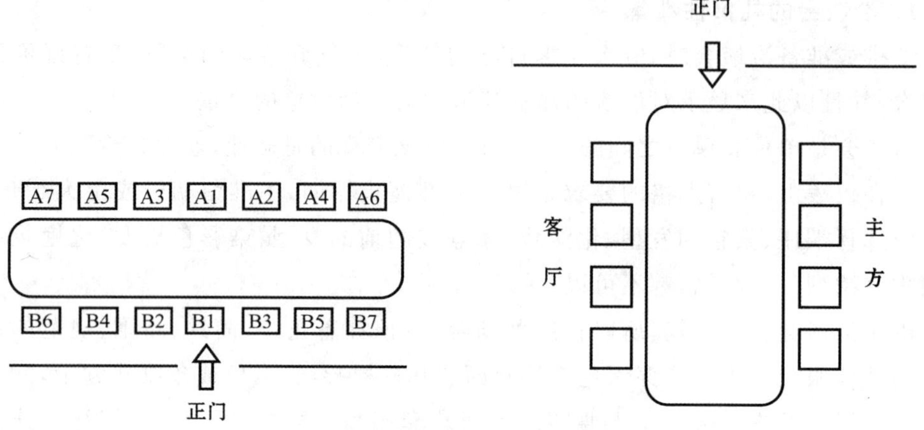

图 6-3 洽谈会座次示意图

注:A 为客方,B 为主方

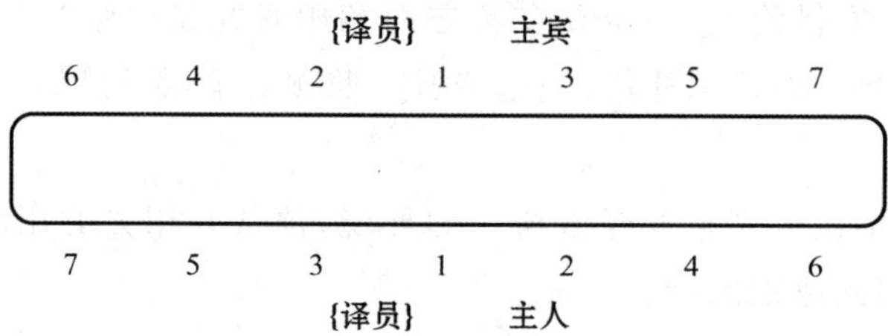

图 6-4 有翻译人员的座次示意图

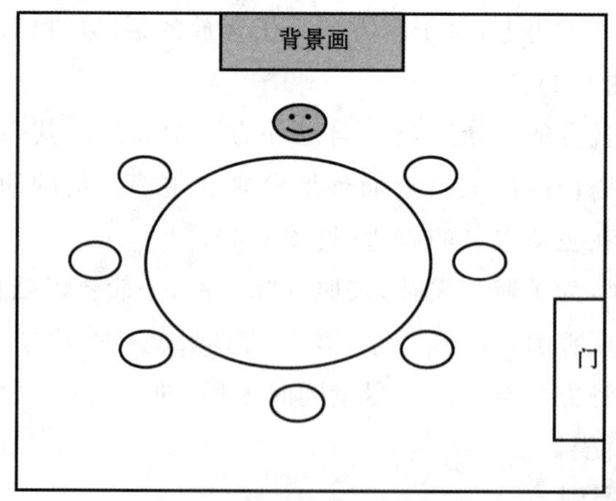

图 6-5 圆桌会议示意图

一是要依法办事。洽谈者所进行的一切活动，都必须依照国家的法律办事，才能确保既得利益。

二是要礼敬于人。要求洽谈者在洽谈会的整个进程中，时时、处处、事事表现出对对方不失真诚的敬意。而且在今后的进一步商务交往中，还能发挥潜移默化“你敬我一尺，我敬你一丈”的功效。

三是要互利互惠、平等协调。洽谈是一种合作或为合作而进行的准备。所以圆满的结局，应当是洽谈的所有参与方，都取得一定的成功，获得更大的利益。如果把商务洽谈视之为“一次性买卖”，主张赢得越多越好，争取以自己的大获全胜和对手的彻底失败，来作为洽谈会的最终结果，必将危及己方与对方的进一步合作。而且，也会“赢得”不好的商誉。

（三）茶话会礼仪

和其他类型的商务性会议相比，茶话会是社交色彩最浓的一种。

1. 茶话会目的

它是为了联络老朋友、结交新朋友的具有对外联络和招待性质的社交性集会。参加者可以不拘形式地自由发言，并且备有茶点。茶话会一般不排座次，起码座次安排不会过于明显。可以自由活动，与会者不用签到。

2. 茶话会的举办

茶话会礼仪，具体内容主要涉及会议的主题、来宾邀请、时间地点的选择、茶点的准备、座次的安排、会议的议程、发言等七个方面。

第一，茶话会的主题，可以分为三类，即联谊、娱乐、专题。

以联谊为主题的茶话会，我们见得最多；以娱乐为主题的茶话会，为了活跃气氛，而安排一些文娱节目，并以此作为茶话会的主要内容，以现场的自由参加与即兴表演为主；专题茶话会，是在某个特定的时刻，或为某些专门问题而召开的茶话会，以听取某些专业人士的见解，或是和某些与本单位有特定联系的人士进行对话。

第二，主办单位在筹办茶话会时，必须围绕主题来邀请来宾，尤其是确定好主要的与会者。

来宾可以是本单位的顾问、社会知名人士、合作伙伴等各方面人士。

茶话会的来宾名单一经确定，应立即以请柬的形式向对方提出正式邀请。按惯例，茶话会的请柬应在半个月之前被送达或寄达被邀请者，被邀请者可以不必答复。

第三，时间、空间的具体选择。这是茶话会要取得成功的重要条件。辞旧迎新、周年庆典、重大决策前后、遭遇危难挫折的时候，都是召开茶话会的良机。

根据惯例，举行茶话会的最佳时间是下午四点钟左右。有些时候，也可以安排在上午十点钟左右。在具体进行操作时，也不用墨守成规，应该以与会者特别是主要与会者的方便与否以及当地人的生活习惯为准。茶话会往往是可长可短的，关键是要看现场有多少人发言，发言是否踊跃。如果把时间限制在一个小时到两个小时之内，它的效果往往会更好一些。

适合举行茶话会的场地主要有：一是主办单位的会议厅；二是宾馆的多功能厅；三是主办单位负责人的私家客厅；四是主办单位负责人的私家庭院或露天花园；五是包下高档的营业性茶楼或茶室。餐厅、歌厅、酒吧等地方，不合适举办茶话会。

第四，茶点的准备。茶话会不上主食，不安排品酒，只提供茶点。茶话会是重“说”不重“吃”的，没必要在吃的方面过多下功夫。

在茶话会上，为与会者所提供的茶点，应当被定位为配角。我们在进行准备时要注意的是：

对于用来待客的茶叶、茶具，务必要精心准备，应尽量挑选上品，不要滥竽充数。还要注意照顾与会者的不同口味，比方说是绿茶、花茶还是红茶。

最好选用陶瓷茶具，并且讲究茶杯、茶碗、茶壶成套。

除主要供应茶水外，在茶话会上还可以为与会者略备一些点心、水果或是地方风味小吃。需要注意的是，在茶话会上向与会者所供应的点心、水果或地方风味小吃，品种要适合、数量要充足，并要方便拿，同时还要配上擦手巾。

按惯例，在茶话会举行后不必再聚餐。

第五，座次的安排。从总体上来讲，在安排与会者的具体座次时，必须和茶话会的主题相适应。

安排茶话会与会者具体座次的时候，可以采取下面的办法：

一是环绕式。就是不设立主席台，把座椅、沙发、茶几摆放在会场的四周，不明确座次的具体尊卑，而听任与会者在入场后自由就坐。这一安排座次的方式，与茶话会的主题最相符，也最流行。

二是散座式。散座式排位，常见于在室外举行的茶话会。它的座椅、沙发、茶几四处自由地组合，甚至可由与会者根据个人要求而随意安置。这样就容易创造出一种宽松、惬意的社交环境。

三是圆桌式。圆桌式排位，指的是在会场上摆放圆桌，请与会者在周围自由就坐。圆桌式排位又分下面两种形式：一是适合人数较少的，仅在会场中央安放一张大型的椭圆形会议桌，而请全体与会者在周围就坐。二是在会场上安放数张圆桌，请与会者自由组合。

四是主席式。在茶话会上，这种排位如在会场上，主持人、主人和主宾被有意识地安排在一起就坐，并且按照常规就坐。

第六，茶话会的基本议程：

第一项：主持人宣布茶话会开始。宣布开始前，主持人要请与会者各就各位。宣布开始后，主持人可对主要与会者略加介绍。

第二项：主办单位的主要负责人讲话。他的讲话应以阐明这次茶话会的主题为中心内容，还可以代表主办单位，对全体与会者表示欢迎和感谢，并且恳请大家一如既往地给予理解和支持。

第三项：与会者发言。这些发言在任何情况下都是茶话会的重心。为了确保与会者在发言中直言不讳，畅所欲言，通常，主办单位事先不对发言者进行指定和排序，也不限制发言的具体时间，而是提倡与会者自由地进行即兴式的发言。一个人还可以多次发言，来不断补充、完善自己的见解、主张。

第四项：主持人总结。主持人略做总结后，可以宣布茶话会结束。

第七，茶话会的发言：

现场发言在茶话会上举足轻重。茶话会假如没有人踊跃发言，或者是与会者的发言严重跑题，都会导致茶话会的最终失败。

茶话会上，主持人更重要的作用是在现场审时度势，因势利导地引导与会者的发言，并且控制会议的全局。大家争相发言时，主持人决定先后。没有人发言时，主持人引出新的话题；或者恳请某位人士发言。会场发生争执时，主持人要出面劝阻。在每位与会者发言前，主持人可以对发言者略做介绍。发言前后，主持人要带头鼓掌致意。

与会者茶话会的发言以及表现等，必须得体。要求发言时，可以举手示意，但也要注意谦让，不要争抢；不管自己有什么高见，都不要打断别人的发言。肯定成绩时，要力戒阿谀奉承。提出批评时，不能讽刺挖苦。切忌当场表示不满，甚至私下里进行人身攻击。

第三节　商务仪式礼仪

一、商务仪式概述

（一）商务仪式的基本含义

仪式，通常是指人们在人际交往中，特别是在一些比较盛大、比较庄严、比较隆重、比较热烈的正式场合里，为了激发出席者的某种情感，或者为了引起重视，而郑重其事地参照合乎规范与惯例的程序，按部就班地举行的某种活动的具体形式。

商务仪式是指人们在商务活动中，为了树立组织的商务形象而举行的盛大、庄严、隆重的商务活动及其具体的仪式形式，这些仪式往往是按照约定俗成的程序来进行的。针对某项业务活动，举行一个热烈而隆重的仪式，有什么重要的功能和作用呢？

（二）仪式的主要功能

举行商务仪式可以表明组织对这项活动的庄重而严肃的态度，也可以借此扩大组织的知名度，制造舆论，扩大影响，对提升组织的形象具有重要的作用。

1．树立公司的良好形象

表达商务人员对待自己的交往对象尤其是自己的合作对象的诚心与诚意，表达进行商务合作的积极态度和关注之心。

2．提高公司的知名度与美誉度

可以借此机会引起社会各界对本单位的重视，并加深社会公众对公司的了解。

3．培养员工的自信心、凝聚力、自豪感、归属感和集体荣誉感

（三）仪式的礼仪原则

（1）适度。

（2）隆重。

（3）节俭。

二、常见的商务仪式

（一）开业仪式

开业仪式，一般来说是现代商业活动中，各类企业、商场在成立或开张时，经过精心策划，按照一定的程序专门举行的一种庆祝仪式。

举行开业仪式有助于塑造出本单位的良好形象，提高自己的知名度与美誉度；也有助于扩大本单位的社会影响，吸引社会各界的重视与关心；它有助于让支持过自己的社会各界与自己一同分享成功的喜悦，为日后的进一步合作奠定良好的基础；有助于增强本单位全体员工的自豪感与责任心，从而为自己创造出一个良好的开端，增强组织的凝聚力。

1. 开业仪式的常见形式

(1) 开幕仪式。

(2) 开工仪式。

(3) 奠基仪式。

(4) 破土仪式。

(5) 竣工仪式。

(6) 下水仪式。

(7) 通车仪式。

(8) 通航仪式(首航仪式)。

(二) 开业仪式的筹备工作

开业仪式尽管进行的时间极其短暂，但要营造出现场的热烈气氛，取得一定的效果，需要下功夫做好准备工作。具体而论，筹备开业仪式时，对于舆论宣传、来宾约请、场地布置、接待服务、礼品馈赠等五个方面的工作，需要事先做好认真安排。

1. 做好舆论宣传

要运用传播媒介，广泛张贴告示，以引起公众的注意。这种广告的内容一般应包括：开业典礼举行的日期和地点，企业的经营特色，开业时对顾客的馈赠和优待，购物折扣、顾客光临时应乘坐的车次、路线等。应把广告设计得美观大方有特色，因为这也是企业形象的一个方面。

2. 做好来宾邀请工作

应在适当范围内发送请柬。开业典礼是否成功，在很大程度上与参加典礼的主要宾客的身份、职能部门的范围和参加典礼的人数有直接关系。因此，在开业典礼准备工作中，邀请上级领导、知名人士、各职能部门负责人或代表一事是非常重要的。还应多方邀请兄弟企业和关系密切的团体、事业单位、个人及新闻媒介方面的人士等参加。请柬要精美大方，其形状和大小要根据请柬的内容来决定。其书写内容的一面，须选用白色或象牙色。双折请柬的封面颜色可以不限，一般常用红、白、蓝三种颜色(具体请柬的格式请参见第三章第三节)。

写好的请柬放入信封内，须提前几天邮寄给有关单位和个人。重要人物的请柬最好直接派人送去。

3. 布置好现场环境

开业仪式多在开业现场举行，其场地可以是正门之外的广场，也可以是正门之内的大厅。按惯例，举行开业仪式时宾主一律站立，故一般不布置主席台或座椅。为显示隆重与敬客，可在来宾尤其是贵宾站立之处铺设红色地毯，并在场地四周悬挂横幅、标语、气球、彩带、宫灯。此外，还应当在醒目之处摆放来宾赠送的花篮、牌匾。来宾的签到薄、本单位的宣传材料、待客的饮料等，亦须提前备好。对于音响设备、照明设备，以及开业仪式举行之时所需使用的用具、设备，必须事先认真进行检查、调试，以防其在使用时出现差错。

4. 做好接待服务工作

在举行开业仪式的现场，一定要有专人负责来宾的接待服务工作。除了要教育本单位的全体员工在来宾的面前，人人都要以主人翁的身份热情待客，有求必应，主动相助之外，更重要的是分工负责，各尽其职。在接待贵宾时，需由本单位主要负责人亲自出面。在接待其他来宾时，则可由本单位的礼仪小姐负责此事。须为来宾准备好专用的停车场、休息室，并应为其安排饮食。

5. 做好礼品馈赠工作

举行开业仪式时赠予来宾的礼品，一般属于宣传性传播媒介的范畴之内。若能选择得当，必定会产生良好的效果。根据常规，向来宾赠送的礼品，应具有如下三大特征。其一，是宣传性。可选用本单位的产品，也可在礼品及其包装上印有本单位的企业标志、广告用语、产品图案、开业日期，等等。其二，荣誉性。要使之具有一定的纪念意义，并且使拥有者对其珍惜、重视，并为之感到光荣和自豪。其三，独特性。它应当与众不同，具有本单位的鲜明特色，使人一目了然，并且可以令人过目不忘。

6. 要作好程序拟定工作

从总体上来看，开业仪式大都由开场、过程、结局三大基本程序所构成。开场，即奏乐，邀请来宾就位，宣布仪式正式开始，介绍主要来宾。过程，是开业仪式的核心内容，它通常包括本单位负责人讲话，来宾代表致词，启动某项开业标志，等等。

结局，则包括开业仪式结束后，宾主一道进行现场参观、联欢、座谈等。它是开业仪式必不可少的尾声。为使开业仪式顺利进行，在筹备之时，必须要认真草拟个体的程序，并选定好称职的仪式主持人。

（三）开业仪式的主要程序

开业仪式所用的时间不长，但事关重大，所以对活动的程序及人员要求都很严格。

开业仪式的程序一般都按照约定俗成的形式进行。典礼的效果如何，主要由程序来决定，因此制定程序要符合相关礼仪的要求，一般来说由以下五个方面组成：

1. 宣布仪式开始

仪式正式开始前，为了增强气氛，可奏乐或播放节奏明快的乐曲。主持人宣布开业仪式正式开始，全体起立，奏国歌，然后主持人宣读重要嘉宾名单。

2. 奏国歌

3. 致词

（1）致贺词：可安排上级领导和来宾代表在会上致贺词，主要表达对开业单位的祝贺。贺词由谁来讲事先要确定好，以免当众推来推去，或表达不清、辞不达意。对外来的贺电、贺信等不必一一宣读，但对其署名单位或个人应予以公布。

（2）致答词：由本单位负责人致答词，向来宾及祝贺单位表示感谢，并简要介绍本企业的经营特色和经营目标等。

4. 进行揭幕、剪彩、奠基等具体仪式

5. 参观等后续活动

宣布开业典礼完毕后，主人即可引导来宾到企业内参观，边陪同参观，边介绍本企业的主要设施、特色商品、经营打算并征询意见等，以融洽与同行及来宾的关系。也可将来宾请到会客室进行简短的座谈，或请来宾在留言簿上签字，合影留念。

上述过程可以根据具体情况来定夺，不必样样照搬去做。总之，成功的开业仪式的标志是内容紧凑、仪式简洁、喜庆效果好。

三、剪彩礼仪

（一）剪彩仪式概述

剪彩是有关单位为了庆贺公司的成立、企业的开工、宾馆的落成、商店的开业、道路的开通或是展览会的开幕而隆重举行的一项礼仪性程序。因为它的基本活动是请人用剪刀剪断被称之为“彩”的红色缎带因此被人们叫做剪彩。

一种传说，剪彩起源于西欧。古代，西欧造船业比较发达，新船下水往往吸引成千上万的观众。为了防止人群拥向新船而发生意外事故，主持人在新船下水前，在离船体较远的地方，用绳索设置一道“防线”。等新船下水典礼就绪后，主持人就剪断绳索让观众参观。后来绳索改为彩带，人们就给它起了“剪彩”的名称。

（二）剪彩仪式的礼仪

1．周到细致地做好剪彩仪式的准备工作

（1）场地的布置。环境卫生、灯光与音响的准备、媒体的邀请、人员的培训等，必须认真细致，精益求精。

（2）用具的准备。剪彩仪式上的必备用具，诸如红色缎带、新剪刀、白色薄纱手套、托盘及红色地毯等，要仔细地进行选择与准备。红色锻带，按照传统做法，应由一整块未曾使用过的红色绸缎，在中间结成数朵花团而成。红色缎带上所结的花团，不仅要生动、硕大、醒目而且具体数目往往还同现场剪彩者的人数直接相关。有两类模式可选择，其一是花团的数目比现场剪彩的人数多一个；其二是花团的数目比现场剪彩的人数少一个。前者可使每位剪彩者总是处于两朵花团之间，尤显正式。后者则不同常规，亦有新意。新剪刀，必须是每位现场剪彩者人手一把，而且必须崭新、锋利而顺手。白色薄纱手套，是专为剪彩者所准备的。在正式剪彩时，最好每人戴上一副白色薄纱手套，以示郑重其事。在剪彩仪式上所使用的托盘，最好是崭新、洁净的。通常是银色的不锈钢制品。为显示正规，可在使用时铺上红布或绸布。就其数量而论，在剪彩时，可以用一只托盘盛放用于剪彩的剪刀与手套，并同时盛放红色缎带；也可以为每一位剪彩者配置一只专用托盘，红色缎带也可以由一只专用托盘盛放。红色地毯，主要铺设在剪彩者正式剪彩时的站立处。其长度可视剪彩者人数的多寡而定，宽度则应在一米或一米以上。在剪彩现场铺设红色地毯，主要是为了提升仪式档次，营造一种喜庆的气氛。

2. 慎重地选择剪彩人员

（1）剪彩人员的组成。除主持人之外，剪彩人员主要由剪彩者与助剪者两部分人员组成。根据惯例，剪彩者可以是一个人，也可以是几个人，但一般不应多于五人。剪彩者多由上级领导、合作伙伴、社会名流、员工代表或客户代表担任。

（2）主剪彩人的位置。若剪彩者仅为一人，则剪彩时居中而立即可。若剪彩者不止一人，则同时上场剪彩时位次的尊卑就必须予以重视。一般的规矩是：中间高于两侧，右侧高于左侧，距离中间愈远，地位愈低，即主剪者应居于中央的位置。

（3）助剪者。助剪者指的是在剪彩的一系列过程中从旁为其提供帮助的人员。一般来说，助剪者多由东道主一方的女职员担任。具体而言，又可以分为迎宾者、引导者、服务者、捧花者、托花者、托盘者。

3. 有条不紊地安排剪彩的程序

一般来说，剪彩仪式宜紧凑，忌拖沓，所耗时间愈短愈好。短则十五分钟，长则不宜超过一小时。剪彩仪式，通常应包含如下六项基本的程序：

（1）请来宾就位。在剪彩仪式开始时，即应敬请大家在已排好顺序的座位上就座。一般情况下，剪彩者应就座于前排。若其不止一人，则应请剪彩者按照剪彩时的具体顺序就座。

（2）宣布仪式正式开始。主持人宣布仪式开始后，乐队应演奏音乐，全体到场者应热烈鼓掌。此后，主持人应向全体到场者介绍到场的重要来宾。主持人应口齿清楚、反应敏捷、大局观强。

（3）奏国歌。此刻须全场起立，必要时，亦可随之演奏本单位标志性歌曲。

（4）发言。发言者依次应为东道主单位的代表、上级主管部门的代表、地方政府的代表、合作单位的代表，等等。内容应言简意赅，每人不超过三分钟，重点分别为介绍、道谢与致贺。

（5）剪彩。此刻，全体应热烈鼓掌，必要时还可奏乐或燃放鞭炮。在剪彩前，须向全体到场者介绍剪彩者。

（6）参观。剪彩之后，主人应陪同来宾参观被剪彩之物，仪式至此宣告结束。东道主单位可向来宾赠送纪念性礼品，并以自助餐款待全体来宾。

4. 剪彩中的注意事项

（1）当主持人宣布进行剪彩之后，礼仪小姐应率先登场。在上场时，礼仪小姐应排成一行，从两侧同时登台或从右侧登台。登台之后，接彩者与捧花者应站成一行，拉彩者处于两端拉直红色缎带，捧花者各自双手捧一朵花团。托盘者须站立在拉彩者与捧花者身后一米左右，并自成一行。

（2）剪彩者登台时，引导者在其左前方进行引导，使之各就各位。当剪彩者均已到达既定位置后，托盘者应前行一步，到达前者的右后侧，以便为其递上剪刀、手套。

（3）剪彩者若不止一人，则其登台时亦应列成一行，并让主剪者行进在前。在主持人向全体到场者介绍剪彩者时，后者应面含微笑向大家欠身或点头致意。剪彩者行至既定位置后，应向拉彩者、捧花者含笑致意。当托盘者递上剪刀、手套，亦应微笑着向对方道谢。

（4）在正式剪彩时，剪彩者应集中精力，右手持剪刀，表情庄重地将红色缎带一刀剪断。若多名剪彩者同时剪彩时，其他剪彩者应注意主剪者的动作，与其主动协调一致，力争同时将红色缎带剪断。

按照惯例，剪彩以后，红色花团应准确无误地落入托盘中，切勿使之坠地。剪彩者在剪彩成功后，可以右手举起剪刀，面向全体到场者致意，然后放剪刀、手套于托盘之内，举手鼓掌。接下来，可依次与主人握手道喜，并在引导者的引导下退场。退场时，一般宜从右侧下台。

（5）等剪彩者退场后，其他礼仪小姐方可列队由右侧退场。不管是剪彩者还是助剪者，在上、下场时，都要井然有序、步履稳健、神态自然。在剪彩过程中，更要表现得不卑不亢、落落大方。

四、签字礼仪

（一）签字仪式概述

签字仪式是组织与对方组织经过会谈、协商，形成某项协议或协定，再互换正式文本的仪式。它是一种比较隆重的活动，礼仪规范也比较严格。

（二）签字仪式准备礼仪

1. 布置好签字场所

（1）签字场所的选择。签字仪式举行的场所，一般视参加签字仪式的人员规格、人数多少及协议中的商务内容重要程度等因素来确定。多数是选择客人所住的宾馆、饭店，或东道主的会客厅、洽谈室作为签字仪式的场所。有时为了扩大影响，也可协商在某个新闻发布中心或著名会议、会客场所举行。无论选择在什么场所举行，都应取得对方的同意，否则就是失礼的行为。

(2) 签字场地的布置。各国安排签字仪式不尽相同。我国举行签字仪式，一般在签字厅内设置一张长方桌，作为签字桌。桌面上盖着深绿色台呢，桌后放两把椅子，供双方签字人入席就座。东道主席在左边，客商席在右边。桌子上安放着今后各自保存的文件，文本前分别放置签字用的文具。签字桌中间摆有一旗架，同外商签字时旗架上面分别挂双方国旗。

2. 要确定好出席签字仪式的人数

(1) 签字人。签字人是代表一个国家、政府或企业进行签字的人员，所以，签字人选择十分关键。签字人应视文件性质由缔约各方确定。有由国家领导人签字的，也有由政府有关部门签字的，如不是国家级的项目，是地区之间、部门之间的协议，则由地区、部门负责人签字(一般是法人代表)。但不管是哪一级，双方签字人的身份大体相当。

(2) 助签人。助签人的职能是洽谈有关签字仪式的细节并在签字仪式上帮助翻阅与传递文本、指明签字处。双方的助签人由缔约双方共同商定。

(3) 出席签字仪式的人员。出席签字仪式的人员应基本上是参加会谈或谈判的全体人员。如一方要求让某些未参加会谈或谈判的人员出席签字仪式，应事先取得对方的同意，另一方应予以认可。但应注意双方人数最好大体相等。不少国家与企业为了表示对签字仪式的重视，往往由更高级别或更多的领导人出席签字仪式。

3. 要预备好待签的合同文本

签字约仪式是一桩严肃而庄重的大事，因此不能将“意绪未了”的“半成品”交付使用。在决定正式签署合同时，就应当拟定好正式的、不再进行更改的标准文本。

负责提供合同文本的主办方应会同有关各方一起指定专人，共同负责合同的定稿、校对、印刷和装订。还应为在合同上正式签字的有关各方提供一份待签的合同文本，必要时，还要向各方提供一份副本。

签署涉外商务合同时，比照国际惯例，待签的合同文本应同时使用有关各方法定的官方语言或使用国际上通行的英文、法文，也可并用。

待签的合同文本，应以精美的白纸印刷而成，按大 8 开的规格装订成册，并以高档质地，如真皮、金属、软木等作为其封面。

4．签字人员的服饰

按照规定，签字人、助签人以及随员，在出席签字仪式时，应当穿着具有礼服性质的深色西装套装、中山装套装或西服套裙，并且配以白色衬衫和深色皮鞋。男式还必须系上单色领带，以示正规。在签字仪式上露面的礼仪人员、接待人员，可以穿自己的工作制服或旗袍一类的礼仪性服装。

5．签字仪式的座次礼仪

在正式签署合同时，各方代表对于礼遇均非常在意，因而商务人员对于在签字仪式上最能体现礼遇高低的座次问题，应当认真对待。

在签署双边合同时，应请客方签字人在签字桌右侧就座，主方签字人则应同时就座于签字桌的左侧。双方各自的助签人应分别站立于各自一方签字人的外侧。

其他的随员可以按照一定的顺序在己方签字人的正对面就座，也可以依照职位的高低，依次自左至右，或自右到左列成一行站立于己方签字人的身后。

在签署多边合同时，一般仅设一个签字椅。各方签字人签字时，须依照有关各方事先同意的先后顺序依次上前签字。

助签人在助签时依“右高左低”的规矩，站立于签字人的左侧，同时，有关各方的随员应按照一定的序列在签字桌旁就座或站立 。

（三）签字仪式的正式程序

【微型案例】

签　约

中国一家拥有6000职工的大型国有企业，为了避免濒临破产的局面，想寻找一家资金雄厚的日本企业做合作伙伴。经过多方努力，这家企业终于找到了“意中人”——一家具有国际声望的日本大公司。经过双方长时间讨价还价的谈判，终于可以签合约了，全厂职工为之欢欣鼓舞。本以为大功告成了的中方人员，没想到在第二天的签字仪式上，公司领导到达签字地点的时间比双方正式约定的时间晚了十分钟。待他们走进签字大厅时，只见日方人员早已衣冠楚楚地排成一行，正在恭候他们的到来。中方领导请日本人坐上签字台，日方的全体人员却整整齐齐、规规矩矩地向他们鞠了一个大躬，随后集体退出了签字厅。中方领导莫名其妙，因为迟到十分钟对他们来讲实在不算什么。事后日本一方递交给中方一份正式信函，其中写道："我们决不会为自己寻找一个没有任何时间观念的生意伙伴。不遵守约定的人，永远不值得信赖。"

【评析】参加签字仪式最基本的一条就是要守时，即要有很强的时间观念。正如塞万提斯所言："礼貌周全不花钱，却比什么都值钱。"

签字仪式的程序有如下几点：

(1) 签字仪式正式开始。双方出席签字仪式的人员步入签字厅后，签字人入座，其他人员分宾、主，按身份高低顺序排列于各自签字人座位后，双方身份最高者站立中央，双方助签人员应分别站在己方签字人的外侧。

(2) 正式签署合同文本。签字仪式开始后，双方签字人在本国或本单位保存的文本上签字后，由助签人员互相传递、交换协议文本，签字人再在对方保存的协议文本上签字(轮换制)。

(3) 由双方签字人郑重地相互交换协议文本，并相互握手致意。其他参加签字仪式的人员应鼓掌祝贺。

(4) 共饮香槟互相道贺。协议文本交换完毕，双方人员握手致意后，服务人员用托盘端上香槟酒，供宾主双方出席签字仪式的全体人员举杯庆贺。一般，双方出席签字仪式的最高领导人及签字人和主谈人员相互碰杯即可，喝酒也只是象征性地表示一下礼仪，不能狂饮失态。

签字仪式结束后应让双方最高领导及宾客先退场，然后东道主再退场。

以上介绍的是商务洽谈中签字仪式的一般礼仪要求，在实际运作中，会有各种具体的做法，在不同地区其做法不尽相同，因此要因地制宜，不要生搬硬套。

五、交接仪式

(一) 交接仪式概述

交接仪式一般是指施工单位依照合同将已经建成、安装完成的工程项目或大型设备，例如厂房、商厦、宾馆、办公楼、机场、码头、车站、飞机、轮船、火车、机械等，经验收合格后正式移交给使用单位之时，所专门举行的庆祝典礼。

交接礼仪是指举行交接仪式时所须遵守的有关规范。包括：交接仪式的准备、交接仪式的程序、交接仪式的参加。

（二）交接仪式的准备

1．来宾的邀请

（1）由施工安装单位负责邀请。

（2）邀请人员：交接双方人员、上级主管、政府人员、行业组织人员、社团人员、知名人士、新闻记者、协作单位人员

（3）正式书面邀请、提前邀请、注意外事纪律和履行报批手续。

2．现场的布置

（1）工程项目或大型设备现场。

（2）东道主会议厅。

（3）宾馆、礼堂等其他场所。

3．物品的预备

（1）必备物品。

（2）象征性物品。

（3）烘托喜庆气氛物品。

（4）具有纪念意义的礼品。

（三）交接仪式的程序

（1）主持人邀请有关人士主席台上座，宣布仪式开始。

（2）奏国歌或单位标志性歌曲。

（3）双方交接。

（4）各方代表发言。

（5）交接仪式结束，安排参观或观看文娱节目。

第四节　商务文书写作

当今社会是市场经济社会，商务活动则是各种社会活动的基础。伴随着经济改革的深入发展，商务文书写作已成为当前应用写作的一个热点。企业内部的大部分沟通也是以商务文书的形式进行的。

因在实际工作中，大家可能会遇到形形色色、各种各样的商务文书，在此就不一一详述了。本节只介绍商务文书中经济合同的有关内容及写作要求。

一、经济合同的概念和作用

（一）经济合同的概念

合同是平等主体的自然人、法人、其他组织之间设立、变更、终止民事权利义务关系的协议。

经济合同是合同的一种。它是人们在经济交往中，为了保证信守所议定的事项，以法定形式拟定的、对双方都有约束力的文书。根据《中华人民共和国合同法》规定：经济合同是法人之间为实现一定经济目的、明确权利义务关系的协议。

（二）要素

指合同关系的构成。合同由三个要素构成：

第一主体，又称“合同的当事人”。

《合同法》规定合同的主体类型有三种：

（1）自然人：指因出生而取得民事权利能力的民事主体。我国《民法通则》中，公民与自然人在法律地位上是一致的，但范围不同。

公民：社会中具有我国国籍的一切成员。

自然人：包括本国公民，也包括外国人和无国籍人士。

（2）法人：法人与自然人相对应，是具有民事权利能力和民事行为能力、依法享有民事权利和承担民事义务的组织。

法人的成立需具备四个条件：①依法成立；②有必要的财产或经费；③有自己的名称、组织机构和场所；④能够独立承担民事责任。

（3）其他组织：指依法成立、有一定的组织机构和财产、能够作为当事人参加民事法律活动，但又不具备法人资格的组织。也称非法人组织。如：非法人企业、非法人私营企业、银行或保险公司的分支机构、附属性的学校等。

第二客体，是合同当事人权利义务所指向的对象，又称合同的标的。

第三内容：主要指当事人享有的债权和承担的债务。从法律文书的角度看，合同的内容指的是合同的各种条款。

（三）经济合同的作用

经济合同以经济利益为纽带，把社会经济活动有机地联系起来，是一种对合同双方都具有同等约束力的文书。

它有以下作用：

(1) 它有利于保护合同当事人的合法权益。

(2) 有利于维护社会经济秩序。

(3) 有利于加强专业化生产协作。

(4) 有利于加强企业的经营管理。

(5) 有利于发展对外贸易和经济技术交流。

二、经济合同的种类

经济合同种类繁多，可以从不同的角度去划分。

(1) 按业务性质划分有买卖合同、供用电、水、气、热力合同、赠与合同、借款合同、租赁合同、融资租赁合同、承揽合同、建设工程合同、运输合同、技术合同、保管合同、仓储合同、委托合同、行纪合同、居间合同等十五种合同。

(2) 按有效期限划分有长期经济合同(有效期限在一年以上)和短期经济合同(有效期限不足一年)。

(3) 按经济合同与国家计划的关系划分有指令性计划的经济合同、指导性计划的经济合同和非计划性经济合同。

(4) 按合同的标的划分有转移财产的经济合同和提供劳务的经济合同。

(5) 按合同当事人的国际关系划分为国内经济合同和涉外经济合同。

三、经济合同的结构和写法

经济合同的书写形式有两种：一是条文式，二是表格式。除情况特殊外，一般用工商行政管理机关监制的合同纸。不论采用何种形式，合同的结构都应该包括以下四个部分：

(一) 标题

经济合同的标题，应明确标出合同的性质，如购销合同、预购合同、供应合同等。

(二) 签约双方名称

在正文之前写明签订合同的双方当事人的名称(要使用全称)，然后用括号分称甲方、乙方或买方、卖方。不能写成你方、我方。如：

××商场(甲方)

××工厂(乙方)

供方:××××××××××

需方: ××××××××××

(三)正文

这是合同的主体。正文开始,先写订立合同的目的或根据,然后再逐条写明双方协议定妥的条款。这部分要注意条款完备、齐全,表述要准确、具体。其主要条款为:

1. 标的

标的是经济合同中确定当事人权利和义务共同指向的对象。标的可以是商品货物,也可以是劳务或工程项目,而借款合同的标的是货币。商品货物的标的包括商品的名称、规格、型号或代号、版号、商标等。任何合同都必须有标的,没有标的,双方的权利和义务就不能落实,合同就无法履行。

2. 数量

经济合同的数量指的是标的数量。数量要使用通用标准计量单位。在写明计量方法和计量单位的同时,还要写明交货数量的机动的正负尾差和合理磅差。

3. 质量

质量是合同标的产品或劳务的优劣程度。质量有两个方面的要求,一方面是指产品的外观形态,如造型、结构、色泽、味觉等;另一方面是指产品的内在成分、物理和机械性能、生物的特征等。合同标的质量的技术要求标准,力求详细、具体、明确。一般情况下,有国家或部颁标准的,按国家或部颁标准签约;没有国家标准或部颁标准的,由双方协定一个标准;有的质量一下定不了的,可以拿样品,交货时凭样品交货,这些在合同中都要写清楚。样品,必须在订立合同时由双方封存,以作为今后验收的依据。

国家标准化管理条例规定,产品质量标准分为国家标准、部颁标准和企业标准,每种标准都用代号表示。在签订合同时,要写明哪级和哪年颁的标准。订立合同时,用有关资料来表示质量:说明书和图纸;货样;牌号、商标;产地名称;规定标的规格;检验标准。

4. 价款或酬金

价款或酬金是取得合同标的一方,向对方所支付的代价。在以物为标的的合同中,这种代价称为价款;在以劳务或智力成果为标的的合同中,这种代价称为酬金或报酬。价款或酬金以货币数量表示,是经济合同双方等价交换的经济关系的标志。此条款一般包括产品的价格组成、作价方法、作价标准、调价处理办法等。确定条款时,凡国家定了价格或作价办法的商品,应遵守国家的规定;国家没有规定价格的商品,双方可以商定。

5. 履行期限、地点和方式

履行期限指当事人履行合同的时间限度,是负有义务的双方按议定的时间履行合同的条款。它是确定合同是否按时履行或迟延履行的标准。履行期限可以按季、按月,有条件的可按旬、按日。少数产品有连续供应关系的,可按生产周期。但不能把类似"年内交货"等含糊词句写进合同。交货日期的计算:送货制以需方收货戳记为准;提货制以供方通知提货日期为准;代运制以发运产品时承运部门的戳记为准。

履行地点是指履行合同的具体地点,即交付或提取标的的地方。这是分清双方责任的依据之一,是确定运输费用和风险谁来承担的依据。书写这一条款时,必须写明交(提)货、付款、验收或劳务的具体地点,要注意表述确切。

方式是指采用什么方法来履行合同所规定当事人双方的义务。如运输合同中的运输方式,购销合同中的提货方式,借贷合同中的还贷方式等,包括标的的交付方式和价款的结算方式。

经济合同用货币履行义务时,除法律另有规定外,必须用人民币计算并通过银行转账结算。允许预付货款的商品,订立合同时,必须要注意写清开户银行、账号以及结算日期、结算方式。要注明是先付款后交货,还是先交货后付款。

6. 违约责任

经济合同中规定这一条,是对不履行合同规定义务的一方的制裁措施。它是督促当事人自觉履行合同的一种手段,是实现合同的一种担保形式。合同中的违约责任是通过违约金反映的。违约金的数量,可依据法律规定,也可以由当事人双方依法商定,并要在合同中具体写明。

除上述主要条款外,产品的包装方法、要求,产品的验收方法,签约的时间、地点等也要在合同中写明。合同签订地是发生纠纷后确定管辖法院、仲裁机构的重要依据。

(四) 结尾

结尾共有四项内容:一是注明合同附件;二是注明合同的有效期限;三是注明

合同一式几份，交由谁保管；四是由订立合同的当事人签名盖章并写上签订的年月日。

【特别提醒】

合同一经签订，对双方都具有法律效力。因此，在拟写经济合同时，要求做到以下几点：

（1）合同的权利、义务以及其他条款要齐全、完备。

（2）合同条款的规定必须具体、明确、毫不含糊。

（3）合同的措词要准确、严密、简练，没有歧义。类似“大概”、“估计”、“尽量”之类字眼一般不能使用，以防造成纠纷。

（4）经济合同一经签订，即可生效。任何一方不得随意改动。如需修改、补充或更正，须经双方协商，将改动意见作为合同附件，正式签署后生效。

四、常见经济合同写作

（一）购销合同

购销合同是指供方将产品或商品出售给需方，需方应接受产品或商品并按规定支付价款的协议。

购销合同是我国当前在生产流通领域里常用的一种经济合同形式，是市场经济活动中，实现商品的生产和交换，搞活经济的一种重要法律手段，它具有双重性、有偿性和承诺性的特点。其种类主要有供应合同、采购合同、预购合同、购销结合合同、物资协作合同等。购销合同一般应根据当事双方协商的具体内容制订。

（二）借款合同

《中华人民共和国合同法》中所规定的借款合同，是指中国人民银行及各专业银行和其他合法的金融机构，根据国家的信贷计划和信贷政策，向企业单位、个体经营户及个人等发放贷款的业务活动。我们这里讲的借款合同也只限于上述双方为借用一定数额的货币而签订的协议。在签订合同之前，应先由借款方向银行提出申请，说明借款原因、借款金额、借款用途和归还日期。银行审查后，在批准的贷款指标以内和借款方签订合同。

根据借款单位的经济性质和借款用途的不同，贷款分为商业贷款合同、工业贷款合同、农业贷款合同、基本建设贷款合同、外汇贷款合同及其他特殊贷款合同。

1. 商业贷款合同

商业贷款的贷款方是中国工商银行。其贷款种类包括：

(1) 商品流转贷款。

(2) 农产品预购定金贷款。

(3) 大修理贷款。

2. 工业贷款合同

工业贷款的贷款方是中国工商银行。中国工业贷款分为五种：

(1) 超定额贷款。

(2) 结算贷款。

(3) 大修理贷款。

(4) 物资供销贷款。

(5) 中短期设备贷款。

3. 基本建设贷款合同

贷款方是中国建设银行。此项贷款用作纳入国家基本建设计划的基本建设项目所需的费用。

借款合同的订立应包括以下主要内容：一是借款种类；二是借款用途；三是借款金额；四是贷款利率；五是还款期限；六是还款资金来源及还款方式；七是保证条款；八是违约责任；九是当事人协商议定的其他条款。

(三) 租赁合同

租赁合同是指出租人将租赁物交付承租人使用、收益，承租人支付租金的合同。交付租赁物的一方为出租人，接受租赁物的一方为承租人，被交付使用的财产即为租赁物。租金就是承租人向出租人交纳的使用租赁物的代价。

1. 主要特征

(1) 租赁合同是转移租赁物使用收益权的合同。在租赁合同中，承租人的目的是取得租赁物的使用收益权，出租人也只转让租赁物的使用收益权，而不转让其所有权；租赁合同终止时，承租人须返还租赁物。这是租赁合同区别于买卖合同的根本特征。

(2) 租赁合同是双务、有偿合同。在租赁合同中，交付租金和转移租赁物的使用收益权之间存在着对价关系，交付租金是获取租赁物使用收益权的对价，而获取租金是出租人出租财产的目的。

(3) 租赁合同是诺成合同。租赁合同的成立不以租赁物的交付为要件，当事人只要依法达成协议合同即告成立。

2. 种类

根据租赁物的不同，租赁可以划分为动产租赁和不动产租赁。不动产租赁包括房屋租赁和土地使用权租赁等。

根据法律对租赁是否具有特殊的规定，可以将租赁划分为一般租赁和特殊租赁。特殊租赁是相对于一般租赁而言的，指法律有特别要求的租赁。例如，房地产管理法律对房地产的租赁、海商法对船舶的租赁以及航空法对航空器的租赁等都有特殊的规定。

根据租赁合同是否确定期限，可以划分为定期租赁和不定期租赁。当事人可以在租赁合同中约定租赁期，没有约定租赁期的则为不定期租赁。对于不定期租赁，任何一方当事人都有权依自己的意愿随时解除合同，但在解除合同之前，应预先通知对方。但是，无论是否约定租赁期，租赁期都受20年法定期的限制。

五、订立合同的原则

1. 平等原则

在一个合同当中，当事人之间的法律地位平等。在谈判、签定合同、履行合同时双方平起平坐，共同协商，不能把自己的意志强加给对方，不能强迫对方接受不公平的条款。

2. 自愿原则

当事人依法享有自愿订立合同的权利，任何单位和个人不得非法干预。当事人订不订合同，与谁订合同，以什么形式订合同，合同规定什么内容等都取决于他的自愿。即“合同自由”

3. 公平原则

当事人之间确定的权利与义务要公平，双方当事人在利害关系上大体平衡。根据公平原则合理分配合同风险，确定违约责任。

4. 诚信原则

在订立合同时，不得有欺诈或其他违背诚实信用的行为。在履行合同中，履行及时通知、协助、提供必要的条件、防止损失扩大、保密等义务。

5. 守法原则

合同内容必须符合国家方针政策、法律法规。标的的写作应注意其合法性。国家禁止或限制流通的物品如赌具、淫秽物品、走私物品、武器弹药、毒品之类不能做标的,土地、国家文物等也是禁止买卖的。

六、合同的写作要求

(一) 文字和语体的要求

合同的文字表述要准确严谨,与当事人的协议相一致,与当事人的意图相一致。字句要明白易懂,不能含混不清、模棱两可、词不达意。语句要简练、确切,绝不能使用夸张、形容、比喻、渲染、描绘等积极修辞方法。所用文字概念只能有一种解释,不能因为语词表达不明而引起误解或歧义。对容易引起误解或歧义的词语要专门规定它的意义,避免留下隐患。此外,还要注意文句通顺,词语搭配适当。要防止由于错字、别字、漏字、标点符号使用不当等产生歧义,造成经济合同的执行障碍和解释分歧。

(二) 逻辑要求

除了以上文字和语体要求外,合同写作还须有严密的逻辑性。概念和陈述都要尽量准确,防止概念模糊或产生歧义,不用交叉概念;语句表达不能自相矛盾,以免在履行合同时发生错误,出现争执和纠纷。合同的各项条款结构要严谨,使用的各种词组、概念内涵和外延要明确、周密,不能因为逻辑错误使合同条款产生歧义。

[例文赏析]

产品购销合同(样本)

供方:________

签订时间:________

需方:________

签订地点:________

一、订货内容:产品名称、型号、厂家、数量、金额、供货时间,如下表所示。

产品名称	型号	厂家	数量	金额	供货时间
合计：人民币（大写）					

二、到货地点：________________

运输方式：（　）送货上门　（　）代发货运

三、购销方式：（　）现金销售　（　）赊销于______年______月______日前结清货款。

四、本合同有效期如无特殊证明为壹个月，但已发的货，合同仍然有效，直至货款结清为止。

五、如在本合同期内不能付清货款，买方按货款总额的______‰一天支付违约金给卖方，同时不给予享受本公司所有的一切优惠政策。

六、买方收到货物的______小时内必须将货物检验完毕，并和卖方随货出库单（"客户联"和"回执联"）核对，如发现诸如水渍、外包装毁坏等可能导致产品受损的情况，应于收到货物后四十八小时内书面通知卖方，在此期限内买方没有提出书面异议，卖方将视同买方收妥货物。

七、本合同经供、需双方盖章签字，需方按合同规定支付定金后立即生效。

本合同一式______份，供、需双方各执______份。

供货方：（盖章）	购货方：（盖章）
____________	____________
地址：	地址：
____________	____________
电话：	电话：
____________	____________
授权代表：	授权代表：
____________	____________
______年____月____日	______年____月____日

【课后实践】

一、思考与训练

(1) 中日双方在北京就有关问题达成协议，举行签字仪式。双方代表团各由5人组成：部长(A)、副部长(B)、主任(C)、随员(D)、译员(E)。由双方部长做主签人，译员做助签人。

(2) 请你安排日方人员座次与位次。

二、案例分析

小李受上司委托在浦东机场接到公司的一位重要客人，“欢迎、欢迎”，嘴里说着，并不主动伸手，等客人伸手了，小李才与之相握。小李一把拿过客人的行李，放入汽车的行李箱，接着引导客人到副驾驶座位上，说：“坐在这里视野好。”而后，自己坐到汽车后排座位上。一路上，小李非常关心地询问了客人所在公司的情况，打听客人的收入、福利和家庭情况，而这位客人似乎对这一切不很满意，话越来越少。小李有点摸不着头脑，心想我这么殷勤地对待他，他怎么……

你认为小李的举止是否合乎礼仪？为什么？小李应该怎么做才是正确的？

三、情景拟写

隆盛有限公司要将300件价值600万元的系列机电产品销售到江北商厦，之前双方已通过协商确定于2013年6月10日，在江北商厦(江北市华南路393号)签订合同，请根据上述信息为双方拟写一份购销合同。

第七章　涉外礼仪与相关文书写作

【本章目录】

【学习目标】

(1) 了解涉外礼仪的基本规范。

(2) 了解出国礼仪常识。

(3) 正确运用涉外礼仪。

(4) 了解外贸函电的写作。

【案例引入】

李丽是一名白领丽人，她容貌出众、机敏热情、工作认真，得到领导的重视。有一次，公司派她和几名同事去印度洽谈业务。李小姐和同事们一下飞机，就受到了东道主的热烈欢迎，并为他们特意举行了欢迎宴会。宴会中，主人为表达诚意，亲自为李小姐及她的同事一一敬上一杯当地特产的酒。当主人向李小姐敬酒之时，“左撇子”的李小姐也没有过多考虑，顺其自然地抬起自己的左手去接酒杯。然而，见此情景，主人却神色骤变，最后根本没有把酒杯递给李小姐，而是很不高兴地把酒杯重重地放在了旁边的桌子上，而后转身离去。

【评析】在印度，人的左右手在日常生活中有着明确的分工，并且还有尊卑之别。在一般情况下，右手被视为“尊贵之手”，用于向别人行礼、接递物品、进餐等；而左手则被视为“卑贱之手”，仅可用于沐浴或“方便”。因此，李小姐用左手接主人作为敬意的酒杯时，被认为是蓄意侮辱主人。因此，主人才生气地离开。

随着国际交往及商务往来的日趋频繁，越来越多的中国人将更广泛地参加到国际交流中去。然而由于文化背景、社会习俗、宗教信仰等的不同，各个国家在礼仪方面存在着较大的差异。为了有效地进行国际交流，了解国际文化礼仪，了解相应国家人民的生活方式和行为规则，我们对国际交往的原则、规范，对外交往中应该遵守的一些约定俗成的国际惯例都应有所认识，这对于宏观上个人素质的增长以及微观上事业的成败都是必要的。

第一节　涉外礼仪通则

涉外礼仪通则，是指人们在接触本国以外的人时，应该遵守的有关国际交往惯例的基本原则。凡从事涉外工作的人员不仅有必要了解、掌握该通则，而且还必须在实际工作中认真地遵守、应用。

一、涉外礼仪原则

（一）不卑不亢，从容得体

我国是一个文明古国，素有“礼仪之邦”的美誉，热情好客是中华民族的优良传统之一，作为涉外人员，在对外交往中，应时刻不忘祖国的利益高于一切，热爱祖国和人民，在尊重他国利益和尊严的基础上，遵照规范、得体的方式塑造自己的个人形象，维护自己国家、民族、企业的形象。要注意热情有度、内外有别，保守国家或企业的商业秘密。

中国人待人接物一般讲究含蓄和委婉，西方人则外向，讲究实事求是。因此在涉外交往中，我们不仅要热情友好，还要把握好分寸，使对方感到亲切、自然为最佳的度，否则，事与愿违，过犹不及。“过头”了就会给人一种卑躬屈膝、低三下四的感觉，“不及”又可能给人留下自大狂傲、放肆嚣张的印象。对外交往既不能自吹自擂、自我标榜、一味抬高自己，也绝对没必要妄自菲薄、自我贬低、自轻自贱。过度地对外国人谦虚客套，就令人怀疑您的真实能力。既要尊重别人，更要学会自尊，要敢于和善于对自己进行正面的评价和肯定。在言行举止方面做到不卑不亢、从容得体。

（二）平等相待，礼尚往来

在涉外交往过程中，我们应该特别注意对任何交往对象都要一视同仁，给予平等的尊重与友好，不要对大国小国、强国弱国、富国穷国亲疏有别，另眼相待。因为不论贫富，人们在人格和国格上都是平等的。也不应对大人物和普通人有薄有厚，古人云“上交不谄，下交不渎”，就是告诫人们不能以权取人，如果谁位高权重就巴结谁，谁位卑无权就瞧不起谁，这种做法是非常庸俗和失礼的。除此之外，还应做到不以貌取人，不能根据对方的外貌与衣着来决定自己的仪态。因为相貌和衣着的好坏不是施礼达仪的标准。

人与人之间，企业与企业之间，国与国之间只有多接触、多了解、多沟通，共同努力、两相情愿、平等相待才能相互理解、消除误会，从而建立起稳定和良好的关系，达到双赢的效果。而如果只有单方面的热情，另一方反应冷淡、唯我独尊、不予理睬，甚至冷嘲热讽，是非常失礼的表现，严重的还有可能致使双方断交、产生敌对。所以孔子日：“来而不往非礼也，往而不来亦非礼也，礼尚往来。”

在对外交往过程中，作为主人，理应热情好客，待客要彬彬有礼，讲究规格。当发现我们的接待方式不适应客人时，可适当地采用对方习惯的礼节，让客人感觉舒服自在，有“宾至如归”的感觉，以表示对客人的体贴和尊重。而当我们作为客人去参加涉外活动时，却不能一味地我行我素，给主人增添麻烦，或让主人无所适从，相反，应遵照主人的礼节礼仪行事。做到“入乡随俗”。这才是真正有教养的表现，也只有这样，才能成为受欢迎的客人。

由于世界各国的社会制度、文化背景不同，礼仪习俗存在着一定程度的差异，在对外交往时，应理解对方、尊重对方。特别对于那些并无恶意但观点、立场、态度与自己不同的人，要做到和平共处、求同存异，做到“不伤主人之雅，不损客人之尊”，要有宽广的胸怀和外交家的风度，既要遵守国际通行的礼仪惯例（即各国礼仪的“共性”），也要尊重交往对象所在国的特殊礼仪与习俗（即各国礼仪的“个性”）。

【微型案例】

1957年国庆节后，周总理去机场送一位外国元首离京。当那位元首的专机腾空起飞后，外国使节、武官的队列依然整齐，并对元首座机行注目礼。而我国政府的几位部长和一位军队的将军却疾步离开了队列。他们有的想往车里钻，有的想去吸烟。周总理目睹这一情况后，当即派人把他们叫回来，一起昂首向在机场上空盘旋的飞机行告别礼。随后，待送走外国的使节和武官，总理特地把中国的送行官员全体留下来，严肃地给大家上了一课：“外国元首的座机起飞后绕机场上空盘旋，是表示对东道国的感谢，东道国的主人必须等飞机从视线里消失后才能离开，否则，就是礼貌不周。我们是政府的工作人员和军队的干部，我们的举动代表着人民和军队的仪表，虽然这只是几分钟的事，如果我们不加以注意，就很可能因小失大，让国家的形象受损。”

（三）表态慎重、信守约定

古今中外人士都一致推崇做人应该“言必信，行必果”。特别是在对外交往过程中，言行一定要谨慎，表态要慎重。西方人常常把信誉、商誉和荣誉连在一块。他们做事很认真，很有计划性，一旦做出决策，不轻易改变。

西方人时间观念强，守时，认为时间就是金钱，讲求办事效率，重视有计划地安排自己每天的时间，什么时间做什么，一般已预先安排妥当。在美国的大学提前一年就可以知道下一年的校历，具体到某一天几点几分做什么。他们严格按照时间表上的安排进行各项活动。不管是开会、上课还是朋友之间约会迟到都是很不礼貌的行为，浪费别人时间的人会被认为是不值得信赖的人。商业约会也特别准时，而且常常提前赶到，但只在主人门前等待，直到时间到了才按门铃。超过五分钟是对方等待的极限。如果预计超过五分钟就得事先设法通知对方，而且是通知得越早越好，否则会被认为极度失礼。中国人的“不见不散”在美国这样视时间为金钱的国家是完全行不通的。许诺别人的事不能忘记，必须按时做好，失信或失约的人很丢面子，而且有损自己的形象。

【温馨提示】

在社交场合不受欢迎的两种人

在社交场合有两种人是最不受欢迎的：第一种就是那些答应了要参加但未出席，并且也未事先打招呼的人，在西方的上流社会，这种人不大可能被再次邀请；第二种人就是那些不守时的人，尤其是常常迟到的人，他们不尊重别人的时间，没有礼貌，所以也不受欢迎。

在中国，过去由于长期小农经济的影响，人们日出而作，日落而息，在时间概念上不是特别精确。这使得一些中国人对迟到、改约、失约甚至违约习以为常，认为这些都是小事，不算什么羞愧和失礼的事。但是在今天这个生活和工作节奏越来越快捷的社会，在我们与国际交往越来越密切的新时代，人们的观念必须发生改变。在一切涉外交往中，我们必须认真而严格地遵守自己的所有承诺，做到言而有信。与之相反的言而无信，出尔反尔，有约不守或守约不严，不仅是不尊重对方，更是缺乏文明教养的表现。不仅会使自己的个人形象受损，还会使得企业形象、国家形象受损。

守时是一种美德。懂得珍惜时间的人，不仅仅要注意不浪费自己的时间，也要时时注意不能够白白浪费别人的时间。管理好自己的时间，就是让自己无论在做什么事的时候都能够轻松应对、游刃有余。一个守时的人，必将获得别人的尊重。

二、涉外礼仪基本规范

当今世界，尽管各国社会形态各不相同，经济发展水平各不相等，民族人口有多寡之别，国家有大小之分，但是有一点是共同的，即文明民族，都很注重礼貌礼节。一个文明程度越高的国家或民族，其国民或族人就越讲礼貌懂礼节，其国际形象就越佳。

（一）注重形象，仪表得体

在国际交往中，人们普遍对交往对象的个人形象备加关注，不仅因为个人形象真实地体现着个人的教养和品位、精神风貌和生活态度，还因为个人的形象总是与国家形象、民族形象、企业形象密切相关，通过个人形象可以如实地体现出对交往对象的重视程度。在对外交往中，一般的外国人对中国的了解和看法，主要来自他有机会接触到的某些中国人。因此，一个中国人在对外交往中，要是不注意维护自身形象，从某种程度上说，就可能有损中国的国际形象。

在与外国人打交道时，对于每一名涉外人员衣着的基本礼仪要求是：得体而应景。

1．要了解并遵守着装的搭配技巧

在国外，对于男士在正式场合的着装，有必须遵守“三色原则”的要求。所谓“三色原则”，是指全身上下的衣着，应当保持在三种色彩之内。对于女士在正式场合的着装评价，人们往往关注于一个细节，即她是否了解不应该使自己的袜口暴露在外。不仅在站立时袜口外露不合适，就是在行走或就座时袜口外露也不合适。穿裙装的女士，最好穿连裤袜或长筒袜。

2. 要了解并遵守着装的正确方法

在穿西装时，要注意的问题有：在穿西装之前，务必要将位于上衣左袖袖口之上的商标、纯羊毛标志等，先行拆除，它们并非与西装的档次、身价有关。在一般情况下，坐着的时候，可将西装上衣衣扣解开；站起来之后，尤其是需要面对他人之时，则应当将西装上衣的衣扣系上。西装上衣的衣扣有一定的系法：双排扣西装上衣的衣扣，应当全部系上。单排两粒扣西装上衣的衣扣，应当只系上边的那粒衣扣。单排三粒扣西装上衣的衣扣，则应当系上两粒衣扣，或单系中间的那粒衣扣。穿西装背心时，最下边的那粒衣扣一般可以不系。打领带时，其位置大致是自上而下数的第三、第四粒衣扣之间。

3. 依照具体场合选择与其相适应的服装

在公务场合，涉外人员的着装应当既端庄大方、又严守传统，重点突出“庄重保守”的风格。不可太强调个性，太突出性别。具体而言，男士最好选择着藏蓝色、灰色的西装套装或中山装套装，内穿白色衬衫，脚穿深色袜子、黑色皮鞋。穿西装套装时，务必要打领带。女士的最佳衣着则是：身穿单一色彩的西服套裙，内穿白色衬衫，脚穿肉色长筒丝袜和黑色高跟皮鞋。有时，穿着单一色彩的连衣裙亦可，但是尽量不要选择以长裤为下装的套装。在公务场合，不得身穿夹克衫、牛仔装、运动装、健美裤、背心、短裤、旅游鞋和凉鞋等休闲服饰。尤其应避免穿着过于时髦、过于随便、过于暴露、过于透视、过于短小、过于紧身的服装。

在诸如观看演出、出席宴会、参加舞会、登门拜访、参与聚会等最常见的社交场合，涉外人员的着装就可以重点突出“时尚个性”的风格。最为常见的，主要有时装、礼服、具有本民族特色的服装以及个人缝制的服装。在西方国家里，最正规的大礼服，男式的是黑色的燕尾服，女式的则是袒胸、露背、拖地的单色连衣裙式服装。

目前，我国的具体做法是，在需要穿着礼服的场合，男士穿着深色的中山装套装或西装套装，女士则穿旗袍或下摆长于膝部的连衣裙。其中，尤其以深色中山装套装与旗袍最具有中国特色，并且应用最为广泛。

在社交场合，最好不要穿制服或便装。若非职业军人或公、检、法人员，则切勿身穿军服或公、检、法专用的制服去参加有外国人参加的社交活动。

在诸如居家休息、健身运动、游览观光、街市漫步、商场购物等休闲场合，涉外人员的着装应当穿出“舒适自然”的风格，并且男女之间在这种场合的穿着没有明显的分界。牛仔装、运动装、夹克衫、T 恤衫、短袖衬衫、短裤等是休闲场合着装首选。

（二）以礼待人、称呼得当

称呼，指的是人们交谈时所使用的用以表示彼此关系的名称。有时，它亦被称为称谓。在对外交往过程中，人们碰到的头一个问题就是怎样称呼对方才合乎礼仪。无论是面对面、写信、打电话、发传真，首先都要表明彼此之间的关系，称呼是否得体，既直接影响交往效果，又反映出一个人的文明程度和教养水平。

在对外交往中，应该严格遵循国际上通行的称呼习惯，不能有丝毫大意。在国外，男子通称“先生”，未婚女子称为“小姐”，已婚女子称为“夫人”，对不了解其婚姻状况的女子可称为“小姐”。在外交场合，女子都可以被通称为“女士”。对军人可以军衔相称，对医生、律师、法官以及有学问的人可以职称或学位相称。总之，涉外称呼一定要符合礼仪要求，否则，容易伤害对方的感情，或者被对方认为缺乏教养。

在涉外交往中，称呼的运用与对待交往对象的态度直接相关，对此千万不要马虎大意，随心所欲。与外国人进行交往应酬时，尤其是在比较正式的场合，应当选用的称呼主要有如下几种：

1. 尊称

它几乎适用于任何场合，主要包括“先生”、“小姐”、“夫人”、“女士”。应当强调的是，在称呼一位妇女时，最好根据其婚否，分别以“小姐”或“夫人”相称。若一时难以判断，则可以称之为“女士”。在有的国家，“阁下”这一泛尊称也可以使用。

许多时候，泛尊称可与姓名、姓氏或行业性称呼分别组合在一起使用。例如，“比尔·克林顿先生”、“玛格丽特·撒切尔夫人”、“史密斯小姐”、“议员先生”、“秘书小姐”，等等。它们一般用于较为正式的场合，或是初次交往应酬之时。

2. 荣誉性称呼

在人际交往中，若交往对象拥有在社会上备受重视的学位、学术性头衔、专业技术性头衔、军衔、爵位，例如“博士”、“教授”、“医生”、“律师”、“法官”、“工程师”、“将军”、“公爵”，等等，均可用作称呼。

有时，这类荣誉性称呼还可以与姓氏、姓名分别组合在一起使用。例如，“乔治·马歇尔教授”、“黑格将军”，等等。

3. 公务性称呼

在公务活动中，一般可以直接以对方的职务相称。例如，可称其为“部长”、“总理”、“经理”、“总裁”、“科长”、“主任”，等等。不过，有的国家并不习惯采用此类称呼。

4．一般性称呼

它适用于普通场合，即直接称呼他人的姓氏或姓名。例如，“普京”、“麦当娜”、“塞缪尔·亨廷顿”、“亨利·米勒”，等等。

5．特殊性称呼

它主要是指对于王室成员或神职人员的专门性称呼。例如，“陛下”、“殿下”、“教皇”、“大主教”、“神父”、“牧师”、“阿訇”、“拉比”，等等。

【温馨提示】

在涉外交往中自称或称呼他人时，有两类称呼切勿使用：一是不要使用容易产生误会的称呼，例如“爱人”、“同志”、“老人家”，等等；二是不要使用具有侮辱歧视性质的称呼，例如“老黑”、“鬼子”、“洋妞”、“老头子”，等等。另外请注意，若与交往对象仅为一面之交，一般不宜直呼其名。

（三）知书达礼、遵纪守法

1．尊重女士、礼让有节

尊重妇女是国际社会公认的一条重要的礼仪原则，也是衡量男子是否具有文明教养与礼仪风度的重要标准。在西方社会强调“女士优先”，并非是因为妇女被视为弱者，值得同情、怜悯，而是将妇女视为“人类的母亲”而予以尊重。

尊重妇女的具体体现是：一位男士，在日常生活的任何时候、任何情况下，在行动上从各个方面要尊重妇女、照顾妇女、保护妇女、体谅妇女、关心妇女，并尽心竭力地去为妇女排忧解难。比如，在社交场合做介绍时，先把男士介绍给女士；参加社交聚会时，宾客见到站在一起的男女主人时，也总是应先与女主人打招呼；而女士进入聚会场所时，先到的男士应站起来迎接；当介绍来宾时，应先把男士介绍给女士；当男女双方握手时，也只有等女士伸出手之后，男士方可与之相握；在上下车、上下楼梯、进出电梯，均让妇女先行，并主动予以照顾；在旅途中，遇到携带行李的女士，男士应帮助提携并放好行李；如果男女并排行走，男士应当自觉请女士走在人行道的内侧，自己走在外侧；在同时需要称呼多人时，合乎礼仪的称呼方法是“女士们，先生们”，而不允许颠倒这一顺序；男士不得当着女士的面讲粗话、脏话或开低级下流的玩笑，言辞必须文明高雅，表达分寸得当，等等。在西方国家中，人们都认为尊重妇女，就是尊重人类的母亲，这是一个文明人所应有的教养。

2. 入乡随俗、谨言慎行

涉外交往中，人们总认为语言不通是交往时的唯一障碍，其实在某些时候，对交往对象所在国的风尚习俗的不了解才是最大的障碍。当您欲往国外访问、经商、探亲或旅游观光时，当您要在国内接待外宾、与外宾洽谈生意或共同工作时，事先了解对方的习俗礼仪显得尤为重要，正所谓“知己知彼，百战不殆”。如果预先了解了对方的习惯禁忌，您就可以尽量避免为之，从而成为一个彬彬有礼、受人欢迎的客人或是一个知书达礼、体贴周到的主人。

在社会交往和商务活动等正式场合，交往双方讲究主随客便和客随主便。也就是说，如果自己一方或自己是主人，是接待者，讲主随客便；如果自己一方或自己是客人，讲客随主便。在交往活动中，如果参与者只有两方，是双边交往（尤其是跨文化交流），要讲入乡随俗；如果是三边（国）或多边（国）交往，则要讲国际惯例，这就要求对国际惯例要了解，要尊重。

当前，国际礼仪强调以人为本，要求尊重个人隐私，维护人格尊严，并将是否尊重个人隐私视作一个人在待人接物方面有无教养，能否尊重和体谅交往对象的重要标志之一。对于西方人来讲，凡涉及经历、收入、年龄、婚恋、健康状况、政治见解等均属于个人隐私，别人不应查问。西方人特别是妇女，一般不把自己的年龄告诉别人，询问年龄，冒失问异性婚否，会让人觉得讨厌，是失礼的行为。西方人还不喜欢随便给人留自己的家庭住址，也不随便请人到家里做客，不愿透露个人的收入情况。

【温馨提示】

注意与外国人交谈话题

问别人“您住哪里?”、“您是干什么工作的?”、“您一个月挣多少钱?”、“您去哪里?”、“您吃过了吗?”、“您的衣服多少钱买的?”、“您以前都做过什么?”等等，这些在中国正常不过的人们日常交流感情的话题，却会让西方人觉得你是一个热衷于打探别人隐私的无聊之人。关于宗教信仰和政治派别，在西方人看来是非常严肃的事，不可随便谈论。因此，自觉地、有意识地回避对方个人的隐私至关重要。同陌生人开始交谈时,可选择诸如天气、体育、音乐和环保等安全而适宜的话题。

3. 注意环保、讲究卫生

环境,通常是指人类生存的外部条件,是人类社会赖以生存和发展的基础,与人类的生活质量息息相关。爱惜和保护环境,从本质上讲,就是对整个人类的爱惜和保护。因此,每个人都有义务对环境加以自觉的爱惜和保护,不论是为了发展经济还是为了提高生活质量,都不能以牺牲环境为代价。注重环保作为涉外礼仪的主要原则之一,是国际舞台上备受关注的焦点话题,在日常生活里,能否以实际行动"爱护环境",已被视为一个人有没有教养、讲不讲社会公德的重要标志之一。

过去,由于我们对环境保护不够重视,沙尘暴、水污染、大气污染、珍贵的野生动物濒临绝种,自然资源越来越少,这些就是大自然给我们提出的严重警告。近几年来,中国人的环保意识已逐步增强,政府也采取了一些环保方面的有力措施,破坏环境、污染环境、虐待动物的情况有了很大的改善。但是,有的人在环保问题方面,仍是不以为然,自行其是。例如,有些人为了向外宾表现热情和尊重,不惜花巨资购买珍禽异兽加以款待,没想到每每让重视环保的外宾拂袖而去,丝毫不予领情。其实,这正是违背了人类生存的共同利益,违背了当前爱护环境、保护环境这一时代的主旋律,所以必将招致有志之士的唾弃。

【知识链接】

爱护环境的主要内容

爱护环境的主要含义是指在日常生活里,每个人都有义务对人类所赖以生存的环境,自觉地加以爱惜和保护。从严格意义上讲,"爱护环境"属于社会公德的范畴,因此它是不会因国别不同而有所区别的。爱护环境的主要内容有:

(1) 不可损毁自然环境。

(2) 不可虐待动物。

(3) 不可损坏公物。

(4) 不可乱堆乱放私人物品。

(5) 不可乱扔乱丢废弃物品。

(6) 不可随地吐痰。

（7）不可到处随意吸烟。

（8）不可任意制造噪音。

【微型案例】

我国北方某县县长亲自出面接待一位想到当地考察投资建立制药厂的外商。途中两人谈话投机，外商深深为县长的宏论所倾倒。通过初步考察了解，这位外商决定在该县投资。但是，当外商在参观即将被改造的该县原制药厂时，那位县长忽然一口浓痰涌上喉咙，再也憋不住了，“啪嗒”一声吐在了厂门口，然后用鞋底擦去。这一行为，立即引起外商的厌恶，他马上反悔，提出收回投资的承诺。事后，外商给县长写了一封语重心长的信：“您作为一县之长都这样没有修养，很难想象您的‘臣民’会是什么样子！建药厂是为了治病救人，而不讲卫生，则可能造成谋财害命的结果……”

这位县长可能会认为，一口痰微不足道，然而他却不知，交际中一举一动事关大局，任何微小细节都是其内心世界、个人修养、处世态度和精神面貌的体现，甚至还是其生活背景和周围环境的反映。

社交是双向或多向交流活动，人们观察和了解对方时，常从细微处着手：一名工作人员酷爱读书，因随便从毛泽东处拿走一本书看，而被批评为“不懂规矩”；有人曾以横在地上的扫帚来观察人，视用脚踢者为骄横，绕道过者为自私，放好过者为和善；还有的通过手绢的叠法来判断对方的为人处世态度；通过内衣领干净与否及他人的坐相、走相、吃相而判断其修养，如贪吝、大方、小气等。当然这种“一粒沙子看世界，一滴水看大海”，见微知著，“窥一斑知全豹”的以小看大的判断，不一定完全科学和准确。但是它既然经常作为人们认识和判断对方的依据，我们就不能不重视，也就不可过于随便。

一口痰竟会吐掉一项已基本谈成的项目。“为山万仞，功亏一篑”，实在可惜。

第二节　出国礼仪常识

在21世纪的今天，人类进入了信息社会，“世界变大了，地球变小了”。而中国在实行改革开放以后，迈出国门进行公务访问、商务活动、学术交往以及观光旅游的人越来越多。众所周知,出国要办一系列手续,并且不同国家、不同民族,因为文化背景的不同,人们的语言、举止、习惯和礼仪都不太一致。每一个出国者都要了解这些规矩,并在自己境外的生活和工作中体现出来,才能使出国行程顺畅、活动愉快。

一、出国手续

办理出国手续,不仅要遵循一般的礼仪规范,还要遵守必要的出境规矩及国际惯例。

(一)有效证件

谙熟出国的程序和手续是避免无知而失礼的最基本的条件。每一位有出国需要的公民都必须持有所属国政府为其颁发的出国证件。否则,就是非法出境,也往往是自招其辱的失礼行为。

1. 护照

护照是一国主管机关发给本国公民出国或在国外居留的证件,出国人员必须持有护照,以备检查,证明其国籍和身份。在中国,外交、公务护照,因公普通护照,前往港澳通行证都由外交部或者外交部授权的地方外事部门颁发。因私普通护照、中华人民共和国出入境通行证等由公安部或者公安部授权的地方公安机关颁发。出国前需事先确认出国日期距离护照有效期至少应有六个月以上的时间,否则需要办理新的护照。

2. 签证

签证是一国主管机构对本国和外国公民出入国境或在本国停留、居住的许可证明。现在,有些国家与中国有互免签证的协议,但大多数国家还是需要中国公民出示签证才允许其入境,所以在出国前详细了解前往国是否需要签证是非常必要的。申请前往国签证,一般是向该国驻我国的使领馆申请办理。签证的等级分为外交、公务和普通签证。签证的有效期不等,获得签证者必须在有效期内前往国外出访、旅游。超过有效期,签证不再有效,仍在国外停留就有非法移民之嫌,有可能会被遣送回国,应予以特别注意。

3. 卫生检疫

无论是出访还是出国旅游,健康的身体是出行顺利的基本条件。因此,启程前最好做一次全面的身体检查。如果到一些世界卫生组织指定为疫区的国家,则一定要接受预防针注射，入境人员必须携带注射过某种疫苗的证书，否则不准入境。因此，出国人员出发前应到指定医院注射疫苗，领取预防针注射证明书。

（二）海关手续

接受海关边防检查是每一个出入境者的义务，也是对国家主权和他人安全权利的尊重。海关边检在我国是由公安部主管，在许多国家是由移民局或外侨警察局负责。出入境人员都应在接受边防检查前自行填写出入境登记卡。登记卡的内容包括班机号，来自何处，姓名及其出生日期和地点、职业、国籍、护照号码等，过境时将登记卡连同本人的护照证件、签证等一起交由边检站，检验无误后方可通行。边防检查对旅客及所携带的行李物品一般不做检查，但在特殊情况下，也可进行人身检查和行李物品的重点检查，过境人员都要充分理解、积极配合，有礼貌地接受检查。出入境时还要如实填写《旅客行李申请单》，如申报不实或隐匿不报，将被视为非法行为，海关将依法处理。

【知识链接】

我国禁止进出口的物品

我国禁止进口的物品有：各种武器、弹药及爆炸物品；仿造货币及仿造的有价证券；对我国政治、经济、文化、道德有害的印刷品、音像制品；烈性毒药、各种毒品；带有危险性病菌、害虫的动植物及其制品；有碍人畜健康、来自疫区的能传播疾病的食品、药品等。

我国禁止出口的物品有：列入禁止出境范围的所有物品；内容涉及国家秘密的手稿、印刷品、音像制品；珍贵文物，珍贵动植物及其标本、种子（水果）等。另外，海关还对一些物品规定限制数量进出口。

（三）学习乘坐国际航班注意事项

对于第一次出国的人来说，要确保顺利搭乘飞机前往目的国，需要特别注意登机的流程。

1. 出发注意事项

要带好机票和护照、签证，在飞机起飞前两个小时到达机场，并换取登机牌（现在也有很多航空公司为方便旅客，欢迎旅客在登机前 24 小时自行打印电子登机牌)。

2. 托运行李的注意事项

一般国际航线规定可随身携带一件手提行李,通常情况,手提行李总重量不要超过 7 公斤,每件行李体积不超过 20 厘米×40 厘米×55 厘米(三边之和不超过 115 厘米)。乘坐国际航线:经济舱旅客的免费托运行李限额为 20 公斤,经济舱持学生护照的旅客,可以免费托运的行李限额为 30 公斤;公务舱免费托运行李限额为 30 公斤;头等舱免费托运行李限额为 40 公斤。但当目的地为美洲时,其托运行李可以为 2 件,每件不超过 23 公斤,单件行李三边长度和不超过 158 厘米。当超过时,旅客需要支付逾重行李费(部分航空公司有特殊重量限制规定,请旅客留意机票上的提示,或向航空公司咨询)。随身行李中严禁携带液体物品和尖锐类物品,包括饮料和水果刀等。

乘坐国际航班,有些物品是不能托运的,如重要文件和资料、证券、货币、汇票、珠宝、贵重金属及其制品、古玩字画、易碎易损坏物品、易腐物品、样品、旅行证件、贵重物品等(具体请向航空公司问询)。

如果托运行李箱/袋上有废旧行李条及有条码的标签,在贴上新的行李条或标签前要注意将其清除,并保存好托运时领取的行李牌或标签,以确保行李正确运至目的地。

【温馨提示】

不为陌生人携带行李

有些人购买了超量的烟酒或化妆品,临时请求别人为其携带出入境,大多数国际常客是会拒绝此请求的。因为他们害怕被人利用,害怕陌生人的行李中有违禁物品而受牵累。所以,如果您的行李超重了,除非对方是您的亲朋好友,不要要求别人为您携带行李。如果有陌生人请您为其携带行李,您也最好要婉言谢绝。

3. 上下飞机须知

在飞机上按号入座,不要随意就座。如果确实想调换座位,应该得到乘务员和该座位的乘客同意后进行调换。带有小孩的乘客和老人、儿童不宜坐在紧急通道处的位子上。

飞行时务必要遵守有关安全乘机的各项规定,比如,当飞机起飞和降落时,要自觉系好安全带，飞行过程中全程关闭手机，不能偷拿安全用品或私开安全门等。要听从空乘人员的指令，确保飞机的安全飞行。在飞机未完全停稳前，千万不要解除安全带，起身拿行李或打开手机。下飞机时不忘对辛苦工作的空乘人员说声谢谢。

二、国外食宿

一般来说，出访或出国旅游都有相关组织或旅行社统一安排食宿和旅行事项，但有一些常识需要出访和出国旅游者了解。

（一）基本生活常识

1. 住宾馆注意事项

住宿散客到国外旅游，最好事先预订好房间，国外各航空公司都可以提供办理预订饭店的手续。大多数东南亚国家的酒店旅馆一般不提供拖鞋、盥洗用品和开水，有的旅馆房间设有冰箱，摆有酒水等各种饮料，如饮用则需付款，而且价格很高，有的旅馆饮料一拿出冰箱后无法放回，即自动记账。

【知识链接】

下榻宾馆须知

在宾馆接待来访客人，最好选择大厅和咖啡厅。国外通常认为下榻之处是私人空间，不宜打搅，尤其是异性客人。预约客人，应该在大厅等候。

在楼道遇到其他客人，应友善地点头致意，但不要随意到人家房间串门，也不要邀请对方一起出去游玩。

不要在房间里喧闹，更不要把电视音量调得很高。穿着睡衣不能走出房间，也不能接待客人，否则会被认为伤风败俗。

2. 用餐

在国外旅行要特别注意饮食卫生，防止病从口入。如果不习惯顿顿吃西餐，也别担心，许多国外的城市都有唐人街，唐人街的中国菜馆物美价廉，菜肴花样多。

3. 付小费

国外许多地方有付小费的习惯，无论在机场、旅馆，还是乘出租汽车，在饭店吃饭，都要付小费。付小费要讲究礼貌：在餐厅可以把小费放在盘子下面；在门童帮助提拿行李后，可以把小费放在他们手里，也可以把出租车司机找回的零钱留给他们作小费；对机场车站旅馆的搬运工，则公开付小费。小费到底该付多少，各国各地不一，应根据当地习惯和各种具体情况来决定。

4. 保密防盗

无论是出访还是出国旅游者都一定要注意保密防盗。防止失密、泄密是出国人员应该遵守的纪律。在境外，遇有身份不明的陌生人主动与我们接触时，也应有礼有节，不要有问必答，不要透露工作单位、出国任务、政治面貌、下榻地址及对外交往单位人员名称等情况。国(境)外的娱乐场所情况也非常复杂，如有人邀请去可疑的娱乐场所，可用“兴趣不同”、“工作紧张”或“劳累”等适当理由婉拒。

【温馨提示】

请保管好自己的护照、签证和机票

出访和出国旅游者必须保管好自己的护照、签证和机票，时刻防止携带的行李物品被盗。由于不熟悉环境，又受语言、文字的限制，任何证件、机票或行李的遗失都会给自己带来很大的麻烦。因此，目前中国的出访团和旅游团的证件都由领队统一保管。如果是散客旅游者，为防万一被盗、丢失，最好事先把护照复印一份或把护照的号码、签发日期记下来，以备补发时申报，材料齐全可以缩短等待补发的时间。

（二）西餐礼仪

中国人有句话叫“民以食为天”，由此可见饮食在中国人心目中的地位，中国人将吃饭看做头等大事。西方人同样注重饮食，甚至将饮食赋予哲学的意义，他们认为个人饮食应符合各自的教养与社会地位。有一位被称为“世界级膳食家”的人曾说：“感受餐桌上的就餐气氛，就可以判断这个国家国民的整体个性。”许多商务人士参加国际经济、政治和文化交流时，在西方最常遇到的就是西餐礼仪，也常常因为不懂礼仪而出了“洋相”。随着中西方交流的不断深入，我们有必要掌握一定的西餐礼仪规范，体现我们的修养。

1. 入座须知

如果男女两人去餐厅用餐，男士应请女士坐在自己的右手方，千万不可让她坐在人来人往的走道旁。如果只有一个靠墙的位置,应请女士坐在那里,男士则应坐在她的对面。如系两对夫妻用餐,夫人们应靠墙而坐,先生则应面对他们各自的妻子。若两位男士陪伴一位女士进餐,女士应坐在男士们中间。若两位同性进餐,靠墙的位置应留给其中年长者。每个人入座或离座,均应从座椅的左侧走为宜。

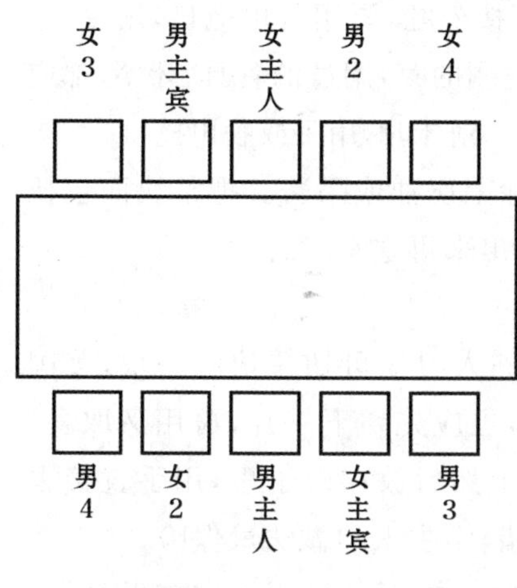

图 7-1　西餐座次安排

举行正式宴会的座次排列,有国际惯例可以依照:桌次的高低依距离主桌位置的远近而定,右高左低,桌次较多时应摆放桌次牌。吃西餐均使用长桌。同一桌上席位的高低以距离主人座位的远近而定。西方习俗是男女交叉安排,以女主人的座位为准,主宾坐在女主人的右上方,主宾夫人坐在男主人的右上方(见图 7-1)。在我国则依传统,照例主宾坐在男主人的右上方,主宾夫人坐在女主人的右上方。

2. 餐具用法

“Table manners start from napkin.”是西餐礼仪中的一句俗语,意思是“餐桌礼仪从餐巾布开始。”

入座后摊开餐巾或离座前收取餐巾,均应以主人为先。餐巾可以叠成两层铺放在大腿上,有事暂时离席,餐巾应放在椅子上而不是桌子上,放在桌子上意味着您不想再吃,服务员便不会再为您上菜了。

吃西餐使用的餐具有刀、叉、匙、盘、杯等。一般讲究吃不同的菜要用不同的刀叉,饮不同的酒要用不同的酒杯,暂时不懂没有关系,跟着主人去做不会有错。西餐具的摆法是:正面放着汤盘,左手放叉,右手放刀。汤盘上放着匙,再上方放着酒杯。餐巾放在汤盘上或插在酒杯里,面包奶油盘放在左上方。

吃西餐时,应右手持刀,左手握叉。先用刀把食物切成块,再用叉送入嘴里。吃正餐时,刀叉的数目与上菜的道数是相等的,排列有序,取用亦应有序,吃一道菜换一套刀、叉。暂时离开时,刀、叉应交叉摆放或摆成“八”字,以示尚未吃完。若将刀、叉并拢放在盘子上,刀右叉左,叉面向上,就表示不想再吃了。

3. 就餐讲究

西餐上菜的程序通常是,面包黄油→冷菜或色拉→汤→海鲜→主菜(牛排)→

甜点心→水果→咖啡或红茶。正式宴会可能会更加丰富。就餐者应熟悉一下菜单,不要刚上来一两个菜就吃饱了,接下来便无力顾他了。

进食要文雅。闭嘴咀嚼,吃东西不要发出声音,喝汤不要啜。如汤、菜太热,切勿用嘴吹,可待稍凉后再吃。嘴内的鱼刺、骨头不要直接外吐,要用餐巾掩口,用手(吃中餐可用筷子)取出,或轻轻吐在叉上,放在盘内。吃剩的菜,用过的餐具、牙签,都应放在盘内,不要放在桌上。嘴内有食物时,不要说话。剔牙时,用手或餐巾掩口。

面包应在上汤之后吃,可用手撕下一块,用刀涂上奶油或果酱。把整块面包托在手上吃,用叉子叉着面包吃或把面包浸在汤中捞出来再吃都不合适。

喝汤不能端着汤盘喝,必须借助于汤匙。

吃鱼应以刀切开,用叉取食。吃肉的时候,欧洲人习惯可切一块吃一块,美国人一般把整盘食物都切成小块再来吃。吃鸡肉时,也应先切下一片,再用叉取食,直接用手撕扯是失礼的。鱼刺或骨头可吐在叉子上然后放在碟子里,用手直接去取或吐在桌子上都有失斯文。要做到不失礼不出错,学主人的做法最保险。

吃豆子时,可用叉面就食,不要一颗颗地叉着吃。吃面条可用汤匙辅助叉子,亦可只用叉子,但不能用刀把面条切断再吃。吃点心必须用叉子,并且可用叉面铲起来吃。

喝茶或咖啡时,可从桌上自取牛奶、糖放入杯中,用茶匙搅拌后,茶匙仍放回碟内。喝时右手拿杯,左手端碟。

吃梨、苹果等水果,不要整个咬,可先用水果刀切成几瓣,再用刀去皮、核,然后用手拿着吃,削皮时,刀口从外往里削。香蕉先剥皮,用刀切成小块吃。橙子用刀切成块吃,柑橘、荔枝等则可剥了皮吃。其余如西瓜、菠萝等,一般已去皮切成块,吃时可用水果刀切成小块用叉取食。

吃西餐应特别注意水盂的使用,弄不好会闹笑话。凡是上一道用手取食的食品,如鸡、龙虾、水果等,通常同时送上一个水盂(铜盆、瓷碗、水晶玻璃缸),水上漂有玫瑰花瓣或柠檬片,但它不是饮料,它是西餐讲究的洗指碗,置于左侧的上方,把手指浸入水中,轻轻洗涮一下,然后用餐巾擦干手指。

【知识链接】

注意西餐的敬酒礼貌

吃西餐时,不能拒绝对方的敬酒,即使你不能喝酒,也要端起酒杯回敬对方,为表示热情要与对方碰杯表示敬意，然后把杯子送到嘴前表示喝的动作。如果不端起酒杯是一种没有礼貌的行为。

祝酒时，主人和主宾先碰，人多可同时举杯示意，不一定碰杯，切忌交叉碰杯。在主人和主宾致辞、祝酒时，应暂停进餐、交谈，注意倾听，不要抽烟。奏国歌时应肃立。主人和主宾讲完话与贵宾席人员碰杯后，往往到其他桌敬酒，这时宾客们应起立举杯。碰杯时，要目视对方致意。宴会上相互敬酒能增进友情，活跃气氛，但切忌酗酒。外事活动中喝酒必须控制在本人酒量的三分之一以内。

4. 其他礼仪

在一流餐厅里，客人除了吃以外，诸如倒酒、整理食具、捡起掉在地上的刀叉等事，都应让侍者去做。在国外，进餐时侍者会来问："How is everything?"如果没有问题，可用"Good"来表达满意。若需要服务，可用眼神向他示意或微微把手抬高，侍者会马上过来，千万不可高声喊叫。在餐厅吃饭时就要享受美食和社交的乐趣，旁若无人地大声喧哗，是极失礼的行为。偶尔，同桌可小声说话，但音量要小，保持对方能听见的程度，别影响到邻桌。

吃西餐的席间不可抽烟，只有咖啡上来了，表示筵席结束时方可抽烟。如果与咖啡或茶同时供应的是方糖，应当用专用夹子（没有夹子时用手），而不是用茶匙去取方糖。喝咖啡或茶时，应拿起杯子喝，喝时茶匙应放在茶盘上而不能放在茶杯里，不能拿茶匙一匙一匙地舀着喝。喝时最好用一只手拿茶盘托住茶杯，以免咖啡或茶汁滴到衣服上。

在社交场合，即使天气炎热，也不能当众解开纽扣、脱下衣服。小型便宴，如主人请客人宽衣，男宾可脱下外衣搭在椅背上。

有时主人备有小纪念品，宴会结束时，招呼客人带上。遇此，可稍赞扬，但不必郑重表示感谢。有时，外国访问者，往往把宴会菜单作为纪念品带走，有时还请同席者在菜单上签名留念。除主人特别示意作为纪念品的东西外，各种招待用品，包括糖果、水果、香烟等，都不要拿走。

三、境外参观旅游礼仪

（一）参观

因公务或商务出访时，一般国外的有关组织都会接待安排。如果我方有参观的需要，对方也会尽量给予满足。在商议参观内容和参观过程中，需要注意如下礼貌：

1．参观须知

提出参观要求的出访人员和组团要求参观的其他人员，可通过书面、电话或面谈方式向接待方提出，经允许后方能成行。参观内容，要符合访问目的和实际，要注意客随主便，不要强人所难。在商定之后，要核实时间、地点和路线。

2．参观礼仪

在参观过程中，应专心听取介绍，不可因介绍枯燥或不感兴趣而显露出不耐烦和漫不经心状，这是极不礼貌的。同时应广泛接触、交谈，以加强了解，增进友谊。注意尊重对方的风俗和宗教习俗。如要摄影，事先向外国朋友了解有无禁止摄影的规定。参观游览，对服装要求不严格，不必穿礼服，穿西装可以不打领带，但应注意清洁整齐，仪容亦宜修整。参观完毕，应向主人表示感谢，上车离开时应在车上向主人挥手道别。

（二）旅游

近年来，随着改革开放的进一步发展和人民生活水平的不断提高，出境旅游已经成为普通百姓休闲度假的一种选择。

1．要注重旅游文明行为

随着出境游的不断升温，部分中国游客在国外进行观光或商务旅游活动中表现出来的“不修边幅、不讲卫生、不懂礼仪、不守秩序、不遵守法规、不爱护环境和公共设施、喧哗吵闹”等不文明行为，在国内外产生了严重的负面影响，引起了社会各界的广泛关注。也许有些人认为这些只不过是不起眼的举动，但在外国人眼里却是无法容忍的不文明行为。上述的不文明行为中，有的甚至还可能触犯到旅游目的国的法律、公园管理规定和公共交通条例。

【知识链接】

中国公民出境旅游文明行为指南

2006年中国中央文明办和国家旅游局共同出台了《中国公民出境旅游文明行为指南》，内容如下：

中国公民，出境旅游，注重礼仪，保持尊严。

讲究卫生，爱护环境；衣着得体，请勿喧哗。

尊老爱幼，助人为乐；女士优先，礼貌谦让。

出行办事，遵守时间；排队有序，不越黄线。
文明住宿，不损用品；安静用餐，请勿浪费。
健康娱乐，有益身心；赌博色情，坚决拒绝。
参观游览，遵守规定；习俗禁忌，切勿冒犯。
遇有疑难，咨询领馆；文明出行，一路平安。

出国前建议散客自学旅游目的国的礼仪文化和风俗习惯，跟团旅游者一定要参加旅行社的出国说明会，可以帮助您了解旅游目的国的风俗民情。在国外访问旅行中，应自觉遵照《中国公民出境旅游文明行为指南》行为处世，以维护自我形象，使得自己的出国旅游更愉快、更顺畅，同时也维护了国家形象。对于那些在国外旅游过程做出损害中国游客形象且证据确凿的中国公民，我国有关部门将根据修订的“中国护照法”，对其严厉处罚，或是不发护照，或是限制出国。

2. 应避免的失礼行为

(1) 不遵守集体活动的时间。

(2) 在公共场所随地吐痰或乱扔垃圾。应该随身准备一个垃圾袋，并在离开时带走。

(3) 将自己随身携带的行李任意占满别的空位。应将其放在座位上方的行李舱里或自己座位下面。

(4) 在公共场所大声喧哗，甚至在教堂、寺庙等宗教场所也无所顾忌地嬉戏、玩笑。在餐厅或其他地方需要他人提供服务时，不应该大声喊叫，如果距离较远可以用手示意。

(5) 在旅游景点、建筑物、树木等处刻上自己的姓名。这种行为，严重者除了罚款，还有可能受到旅游目的地(国)的法律制裁。

(6) 在公共场所吸烟。如果要抽烟，一定要到有“smoking”标志的吸烟区。

(7) 不遵守秩序，排队插队。

(8) 把飞机上、旅馆或其他场所提供的毛毯、毛巾、睡衣、烟灰缸等用品私自带走，如同小偷小摸。

(9) 应邀参加宴请或观赏音乐会等正式活动时，穿着过分随意。应根据要求穿正装。

(10) 饮酒过量。酒后失态很丢脸。

(11) 吃自助餐时一次拿过量的食物。大量吃不完或不喜欢的食物剩在餐盘里,让人觉得你很贪婪而且浪费,是很可耻的行为。

(12) 认为自己是顾客就真的是上帝,过分挑剔或无理取闹。应学会尊重和体谅服务者,学会说谢谢。

(13) 使用厕所后不冲洗,不擦干洗手台,公德意识差。

(14) 在飞机飞行中使用手机或其他有可能影响安全飞行的电器。

【微型案例】

在纽约华尔街有一座长5米、体重6 300公斤的公牛铜像。据说每天早上许多证券商在路过铜牛时都会摸一下牛鼻子,希望能借借它的"牛气"。全世界的游客到了纽约,也都会到铜牛前合个影留作纪念。2007年11月的一天,约有二三十个中国游客聚集在铜牛塑像前拍照留影。可是苦于铜牛太高大,旁边也没有梯子可供攀爬,于是这帮中国游客一帮一地把同伴推到牛背上。他们的行为引起了其他游客的围观,大约有几十人。一些老外站在一边看热闹,哈哈大笑讨论着这帮中国游客的行为,还有人问:"Are you Chinese or Japanese?",这些人中的一位自豪地喊道:"We are Chinese!",也有老外游客非常着急,希望等着这帮中国游客拍照完毕能跟铜牛合影。可是这个中国团队人数众多,尽管领队多次催促,游客仍要上了铜牛拍照才罢休。一些老外游客实在等不下去了,只好绕到后面,跟铜牛屁股合影。这些中国游客为了完整地拍摄下同伴骑牛的"英姿",还占用了当地的行车道,引得美国公交车司机探头大呼:"This is my way!"此景被北京电视台一位主持人拍摄下来,并上传至网络,立即引起了整个华人圈的热议,人们普遍认为爬上去的是一个中国人的身躯,掉下来的却是我们民族的形象!

其实除了在华尔街骑金牛拍照事件以外,国外的许多著名的景点、博物馆,甚至厕所都能看到用中文写的"不能乱扔垃圾","不要大声喧哗","请便后冲厕"等提示语。很多国人看到后,都觉得受到歧视。但从另一个方面来讲,我们自己也应该检讨一下,为什么是用中文而不是用其他的语言来提示?一定是还有为数不少的中国旅游者,不懂基本的礼仪,更没有养成良好的礼仪习惯。

一个人的行为习惯,折射了他的品格、志趣、情操。或许,某一位国人的特有陋习,并不足以引发外国人对我们整个民族、整个国家的负面评价。但当这些陋习在越来越多的中国人士身上出现，而且“陋习”与中国人之间形成了对应关系，那么，这种负面评价就可能在他们的大脑中扎下根来，从而在他们与中国人打交道、共事，乃至做决策的过程中，产生对我们不利的影响。

用现代的眼光来看，到了国外，每个人在相当程度上都代表了他所在国家的形象。虽然国家形象是由不同的影响因素组成的，但国民形象是其中重要的组成部分，更是一个国家“软实力”的体现。所以，每一个中国人都有义务学习国际通行礼仪，做一个现代文明人，向世人展示良好的自身形象和中国形象。

【知识链接】

世界主要国家礼仪

世界上有200多个国家，各国都有自己的文化特点、民族传统和风俗习惯，要想一一了解所有国家、所有民族的礼俗，是十分困难的。因此，在学习了解各国民族习俗礼仪时，要注意根据以下几个特点加以概括总结，做到举一反三，触类旁通。

1. 习俗礼仪受宗教信仰的影响

不同国家、不同民族，如果宗教信仰相同，习俗礼仪就会有许多相近或相似之处。

2. 习俗礼仪与民族和种族有关

习俗礼仪固然和国家有关，但与民族、种族的关系更为密切。生活在不同国家和地区的人，只要是同一民族或同一种族，其习俗礼仪亦往往相同。

3. 习俗礼仪受语言的影响

语言是传播习俗礼仪的工具，使用同一语种或语言的人，习俗礼仪往往类似或相同。

4. 习俗礼仪有同化现象

在不同民族的混合居住区，人们在习俗礼仪方面也互相效仿。在现代，随着科学文化的发展和各国、各民族相互交往的增多，一些先进的、文明的习俗礼仪，被越来越多的人接受，因此，也加快了习俗礼仪的同化现象。

一、日本(Japan)

日本人性格内向，感情不外露，爱面子，自尊心强，重视人际关系，讲信用，重礼节。

日本人见面时互相行鞠躬礼，并致“您好”、“请多关照”的谦词。第二次世界大战后，握手礼逐渐成为日本常用的礼节，但通常与对方握手后还要行鞠躬礼，特别是道别时。

人们初次见面时，要交换名片。日本人的姓名排列顺序和我国相同，即姓在前，名在后，一般称呼时只称姓，在正式场合称全名。对男子可在姓后面加“君”，只有对教师、医生、年长者，上级和有特殊才能的人才称“先生”，对德高望重的女子也称“先生”。对其他人均以“桑”(“桑”在日语中兼含“先生”、“小姐”等意)相称。另外，还可称其职务或用其职务加上“先生”相称。“您”这个称呼只用于夫妻之间，或被长辈用来称呼小辈。

除非受到日本人的邀请，否则不要登门拜访。到日本人家中做客，要事先约定时间并按时赴约。按惯例要带上礼品，可送3、5、7件；日本人不喜欢在礼品包装上系蝴蝶结，用红色的彩带包扎礼品象征身体健康；不要给日本人送有动物形象的礼品。客人进门前应先按门铃并通报姓名，进门后主动脱下外衣、帽子，换上拖鞋；就座时，应坐在背对着门的位置上，只有在主人的劝说下才可移向尊贵的位置——摆着各种工艺品的壁龛前的位置；不可参观主人的卧室，男土不可进入厨房，上卫生间必须征得主人同意。交谈时，令人愉快的话题是你对日本和日本文化、垒球、高尔夫球、食品和旅行的印象。在闲谈时，应看着对方的脖子，盯着对方被人认为是不礼貌的。

日本人忌数字“4”(在日语中与“死”谐音)、“9”(与“苦”发音相似)以及由它组成的数字；忌黑白相间色、绿色、深灰色、紫色，喜爱红、白、蓝、橙、黄色；忌送菊花(16瓣菊花是日本皇室专用花)、荷花(祭奠死者用)、仙客来、山茶花等；忌3人合影(中间人有受制于人的兆头)；忌獾和狐狸(这两种动物都象征狡猾)；忌头朝北睡觉(在日本，人死后停尸时，死者头朝北)；忌倒贴邮票(暗示断交)；忌妇女盘腿而坐；忌舔筷、迷筷、移筷、扭筷、掏筷、插筷、跨筷、剔筷。

二、新加坡(Singapore)

新加坡是一个文明的国家，讲究礼貌已成为新加坡人的行为准则。

因受英国的影响，新加坡人通常的见面礼是握手，但新加坡人仍保留着各民族的传统习惯。如华裔老年人中还有相互作揖的习惯，印度血统的新加坡人仍见面行合十礼等。称呼上,不论什么民族的人,都可以“先生”、“小姐”、“太太”相称。商务交往中名片交换必不可少,但政府规定,官员不使用名片。谈话时,可以谈旅行见闻以及新加坡的经济成就等,避免谈论政治和宗教。

到新加坡人家中做客,宜带上鲜花或巧克力等礼物。在你进入主人家的屋内之前,要注意看看他们的家人是否在屋内也穿鞋,如果他们没有穿,你也得把鞋脱掉。应邀赴约要准时,如果不能准时到达,必须预先通知对方,以示尊重。

新加坡人忌讳数字“4”、“7”、“8”,“13”、“37”和“69”;到清真寺参观,忌穿鞋进入;讨厌男子留长发和胡子,在一些公共场所,常见到“长发男子不受欢迎”的告示牌;视黑色、紫色为不吉利,黑、白、黄为禁忌色,喜欢红、绿、蓝色;禁说“恭喜发财”(他们认为“发财”两字有“横财”之意,而“横财”就是不义之财);禁止使用宗教词句和象征性标志;忌讳乌龟(认为这是不祥的动物,给人以色情和污辱的印象),喜欢红双喜、大象、蝙蝠图案;忌大年初一扫地(认为这一天扫地会把好运气扫走);忌讳有人口吐脏言;虔诚的佛教徒及印度教徒、伊斯兰教徒恪守他们的宗教禁忌。

三、泰国(Thailand)

泰国人注重人际关系,讲礼貌,处事小心谨慎,不喜冒险。除了非常西化的场合,泰国人与人见面或告别时一般不握手,而是行合十礼。在泰国,若对方先向你行合十礼,你也应还以合十礼,唯独和尚不受约束,可不必向任何人还合十礼,与人见面只点头微笑致意。泰国人将名放在姓之后,称呼时,无论男女,一般只叫名字不叫姓,并在名字前面加“坤”(Khan),意为您。如果不知道对方的名字,可以简单地用“坤”称呼他们。常用的问候语是“你到哪里”,这是一种习惯,并不要求作答,而“上街去”,则是一个有礼貌的回答。谈话的话题最好为泰国的食品、气候和对该国的一些良好印象,应避免的话题是政治、王室和宗教。类似“你收入多少”或者“你多大年龄”这样的个人问题,只是表示友好的关心,这在泰国并非不礼貌。

到泰国人家中做客,进屋时要先脱鞋,千万不要踩踏门槛儿(认为门槛儿下住着神灵);可以送给主人水果、糕点,鲜花(不要送康乃馨或万寿菊);传递礼品或其他物品时用右手,不要用左手吃东西或拿东西给别人。如果你喜爱某些装饰品,不要对主人过分地赞美它们,否则,主人可能会觉得不把它们送给你会感到过意不去。

到泰国寺庙烧香拜佛或参观,必须衣冠整洁,进入寺庙时要摘帽脱鞋,以表示对神佛的尊重，严禁穿背心、短裤、短裙者进入，否则会被视为玷污圣堂。

泰国人非常重视头部，而轻视两脚。他们认为头是智慧所在，是神圣不可侵犯的，若被他人触摸是奇耻大辱，同时也要切记勿触摸别人的头，即使是小孩也不行。如果是长辈在座，晚辈必须坐在地上或者蹲跪着，以免高于长辈的头部，否则就是对长辈不尊敬。另外，坐着的人也忌他人拿着东西从自己头上过。如用脚给人指示东西，用脚踢门，坐着时鞋底朝向他人等，都是不能容忍的。泰国人喜爱红、黄色，并习惯用颜色表示不同日期。

泰国人忌对僧侣态度不恭；睡觉时，忌头朝西（因为西方是日落之处，只有停尸时才头朝西）；忌用红笔签名（因为泰国人用红笔在棺材上写死人的名字）；禁止抚摸寺庙中的佛像；忌家庭种植茉莉花（在泰语中，"茉莉"与"伤心"谐音）。

四、韩国(Republic of Korea)

韩国人注重礼节，讲究尊卑。

韩国人见面时通常打招呼，互相鞠躬并握手。在韩国家庭中，还保留着小孩向尊贵的客人行跪拜礼的习俗。韩国的女士很少与人握手，除非别人先伸出手来；晚辈与长辈握手时，常以左手置于对方右手之上，表示尊敬；对长辈、上级和初次见面的客人要用敬语问候。社交中，人们乐于交换名片。韩国有一半以上居民姓金、李、朴。称呼时，最好以头衔相称。

到韩国人家中做客或进饭馆都要脱鞋。上门做客，宜带上鲜花或其他小礼物，进门后双手递给主人，主人不当着客人的面打开礼物。韩国家庭中的餐桌为矮腿方桌，宾主盘腿席地而坐，不可双腿伸直或叉开，否则被视为无教养。与长辈同座时，韩国人总是保持一定的姿势，不敢掉以轻心；抽烟时，一定要得到长辈的允许。

韩国人忌数字"4"（在朝鲜语中发音、拼音与"死"完全一样），喜欢单数，不喜欢双数。逢年过节，忌讳说不吉利的话，更不能生气、吵架，正月头三天不能杀生，不能扫地倒垃圾；寒食节忌生火；生肖相克者忌婚配。

五、德国(Cermany)

交往礼节去华尚实，真诚可靠是德国人传统的性格特征。德国人待人接物严肃拘谨，即使是对亲朋好友，见面时一般行握手礼，只有夫妻和情侣见面时才拥抱接吻。

德国人纪律严明，讲究守时，讲求工作效率；重诺言，重认真履行契约(合同、日程、计划等)，任何安排的变动必须事先通知对方，进行协商。

德国人的姓名，名在前姓在后。不喜欢别人直呼其名，而要称呼头衔。请德国人进餐事先必须安排好。在宴会上，一般男子要坐在妇女和职位高的人左侧，女士离开或返回餐桌时，男子要站起来以示礼貌。

德国通行西方礼仪，忌讳数字“13”，把“13 日又逢星期五”看作不祥的日子。

德国人忌讳核桃，不愿见到核桃。与德国人交谈，不要打听个人隐私，回避德国统一后的国内政治问题。他们不爱听恭维的话。

忌讳四人交叉式谈话，忌讳在公共场合窃窃私语。

六、英国(United Kingdom)

英国人性格内向，遇事谨慎，感情不外露，比较保守，但自信，大多数人追求绅士、淑女风度，讲文明、重礼节。

在交际中双方初次见面行握手礼，女子一般施屈膝礼。英国人不喜欢见面时拥抱，一般只是点头致意或用手指碰一下帽檐儿，彼此寒暄几句。英国人喜欢别人称他的荣誉头衔，如某某爵士，亦称已婚女士为“夫人”、未婚女土为“小姐”。他们讲话十分客气，“请”、“谢谢”、“对不起”常挂在嘴边。英国人很注重尊重妇女，“女士优先”已成为社会的习惯。

对英国人来说，未经预约拜访是非常失礼的。到英国人家中做客，一般的礼品有高级巧克力、名酒、鲜花或客人自己国家的民间工艺品，但礼物价值不宜过高。在接受礼品方面，主人常常当着客人的面打开礼品，无论礼品价值如何，或是否有用，他们都会给予热情的赞扬且表示谢意。主人提供的饮品，客人饮量以不超过三杯为宜。英国人一般不喜欢邀请客人到家中饮宴，聚会大多在饭店进行；参加正式宴会，人们都很注意着装。

在英国，数字“13”被认为是不吉利的，饭店一般不设 13 号房间。星期五也被当作不吉利的日子，如果星期五又碰巧是 13 号，那就更忌讳了。

烟友聚在一起，忌讳一火点三支烟，据说这样会给其中一人带来厄运。

忌讳用山羊图案(讨厌的动物)，大象图案(象征愚蠢)，孔雀图案(是淫鸟、祸鸟)，黑猫(不祥之兆)，蝙蝠图案(象征吸血鬼)。

忌讳打听个人隐私，回避北爱尔兰问题等政治色彩较浓的话题。不喜欢被统称为“English”，可将他们称为“British”。

七、法国(France)

法国人性格爽朗热情，谈吐幽默风趣。双方见面时，通常行握手礼，同时说一声“先生，幸会”。如是亲朋好友相遇，则以亲吻或拥抱代替握手。两个相识的人在路上相遇时，可互相点头致意。如果双方都戴帽，脱帽也是一种致意。在作自我介绍时，一般先通报自己的姓名及所担任的职务，同事之间很少以名字相称，除非在挚友之间。人们一般只以“先生”、“夫人”、“小姐”相称，无须加上对方的姓。

应邀到法国人家中做客，应带上小礼品，如送给小孩的糖果、巧克力，送给女主人的一束鲜花等。送花时，通常为单数。另外，法国本土产的香槟酒、白兰地、香水(男士不可送香水给女士，否则有过分亲热或图谋不轨之嫌)、艺术品、书籍等也是受欢迎的礼物。

法国人忌数字“3”和“13”。忌黑桃图案(不吉利)、仙鹤图案(淫妇的代名词)和大象(意为蠢汉)，忌黄色的花(意为不忠诚)、菊花(代表哀伤)，忌墨绿色(因第二次世界大战时德国纳粹军服为墨绿色)，忌送刀、剑、刀叉餐具等之类礼品(此类礼品表示双方断绝关系)，忌问对方家事和其他个人问题。

八、俄罗斯(Russia)

俄罗斯人性格开朗豪放，不善掩饰，注意礼貌，热情好客。

在交往中，初次见面行握手礼。熟悉的朋友久别重逢时，一般要热情拥抱，甚至亲吻双颊，但男士对女上多为吻手背。称呼上，在非常熟悉的朋友之间可直呼其名(本名)，在不太熟悉的朋友之间或公务社交场合，年轻人对长辈、下级对上级则必须使用尊称，即本名、父名、姓氏加“先生”、“夫人”等称呼或头衔。与客人相见要互相问好，并道“早安”、“午安”、“晚安”，言谈中“对不起”、“谢谢”等时常挂在嘴边。他们举止文雅，衣着得体，并保持着尊重女土的良好风尚。

到俄罗斯人家中做客时，应注意礼节，如进门后应脱下大衣、帽子等；带给主人的礼物可以是一瓶酒或一束鲜花，也可以是艺术品或书籍。送花时花的颜色应为红色(参加婚礼时送白色或粉色鲜花)，花束必须是单数，他们视单数为吉祥的象征。他们常将面包和盐献给客人，以表示敬意。

俄罗斯人忌数字“13”，忌问女士的年龄，忌兔子（认为兔子是一种怯弱的动物）。忌黑色（认为黑色是丧葬的代表色），忌黑猫（视其从面前跑过为不幸的象征）。忌用黄色鲜花送人（黄花意味着变节）。忌打破镜子（意味着灵魂的破灭，个人生活出现不幸），而打破杯子和碗，特别是盆子、碟子则意味着富贵和幸福。

俄罗斯人对盐十分崇拜，视其为珍宝和祭祀用的供品。他们认为盐具有驱邪除灾的力量，但如果有人不慎打翻了盐罐或把盐撒在地上，便认为是家庭不和的预兆。

九、美国（The United States of America）

美国人性格随和友善，讲礼貌而不拘琐碎的细节，独立精神强，充满自信心，自满而傲慢，追求新奇，爱好变革。人们见面和告别时行握手礼，彼此很熟悉的女性之间、男女之间也亲吻面颊，但亦有见面时只点头微笑，说一声“Hello”或“Hi”表示问候的。在称呼上，人们喜欢直呼其名，但出于礼貌还是以“先生”（男孩子年满12岁就可称为先生）、“夫人”、“女士”、“小姐”或对方的职衔称呼客人，熟悉之后可不受约束，“女士优先”已成为社会习惯。人们常把“请”、“谢谢”、“对不起”等挂在嘴边。到美国人家做客，要事先约定，进门后应脱下帽子，先向女主人问好，再向男主人问好。主人喜欢听赞赏家中摆设的话语，而不愿听到询问价格的话。美国人比较喜欢的礼物有书籍、文具、鲜花、巧克力以及中国工艺品。他们不太计较礼物的便宜与贵重，但却十分讲究包装。给美国人送礼时，注意不要送双数，他们认为单数是吉祥的。美国人收到礼物后，会立即打开，当着送礼人的面欣赏或品尝礼物，并立即向送礼者道谢。美国人时间观念很强，因此，赴约一定要准时，如果不能按时到达，应打电话通知对方，并表示歉意。朋友聚会或业务往来，应邀一起吃饭时，要注意由谁付款，美国非常流行AA制的聚餐。赴宴时，当女士进入餐厅时，在场的男士都要站起来表示尊敬。

美国人谈话时不喜欢双方离得太近，惯于两人的身体保持一定的距离，一般应保持120～150厘米距离，最少也不得少于50厘米。

美国人忌“3”、“13”和星期五；忌谈个人私事，如年龄、婚姻、收入、宗教信仰；忌蝙蝠和用蝙蝠做图案的商品、包装品；忌说“老”，老年人不喜欢恭维其年龄。

第三节　涉外礼仪文书——外贸函电写作

一、外贸函电的概念

外贸函电，是指在对外贸易时使用的通讯方式。

函，亦称“信函”、“函件”、“书信”，通常又分为公函与便函。公函，是我国各进出口公司和有关部门与外商客户进行联系业务、洽谈商品交易的信件。双方通过这种方式直陈己见，灵活方便，但速度较慢。便函与公函的内容和写法相同，但不编发文号。

电，是指电报、电传、传真。在科学技术高速发展的当今社会，作为联系业务、磋商交易、处理问题的重要手段的“快”电，已越来越受到人们的青睐。因为它能抢时间、争速度，提高经济效益。

二、外贸函电的格式与写法

（一）函件的格式

外贸函件由信文和信封组成。信文的书写格式，一般包括信端、称谓、正文、结束语、祝颂语、附件和签名等几部分。

（1）信端。英文书信的信端，必须写清寄信人的地址和发信日期，同时写清收信人的姓名和地址。寄信人地址书写顺序为：门牌号、楼号、弄号、街号、城市名、国名。收信人的姓名、地址，应写在信笺的左上角，位置比右上方发信人地址低一至二行，也分数行依次写下。

（2）称谓。称谓，是对收信人的尊称语，也是书信的第一句话，写在信笺的左边，大约在信头下面半英寸左右的地方。收信人的称谓必须从信纸左边顶格写，以示尊重，而且每一词的开头的英文字母都要大写。

（3）正文。正文是函的主要部分。如果写信人要说的内容较多，可根据事情主次、情况缓急分段叙写。信的正文应该在称谓下面一行开始，信纸的左边要留有一英寸左右的空白。

（4）结束语。一般表示希望回函，或提出与发函主要内容相关的其他具体要求、希望等。

(5) 祝颂语。一般是写一些表示赞美、祝愿或表示敬意的语句。在正文结束后间隔两行,从信纸中间向右写,用半行写完。

(6) 附件。附件,是指附属于正文的文字材料。附件并不是每封信函都有,它是根据需要而作为正文的补充的。一般在发函纸的左下方写清楚附件的标题。

(7) 签名。置于祝颂语下方,签名表示写信人负责之意。为防止假冒,务必亲自签上不易模仿的字迹。由于签名潦草,不容易认清拼法,因此在签名下面还要写明签名人的姓名和职位,以便对方了解。如果是以公司名义签署,则应写上大写的公司名称,再由公司负责人签名,写上姓名以及职务名称。

英文信封的写法,主要是指如何写寄信人姓名、地址和收信人的姓名、地址以及其他附属说明等在信封上的位置。信封上的地址必须和信封内的地址完全一致,否则会引起矛盾。

寄信人的姓名、地址一般均写在信封的左上角,地址由小到大,视长短分三、四行不等。如使用背后开口的信封,寄信人姓名、地址也可写在信封背面。

收信人的姓名、地址通常写在信封中心偏左,地址也是由小到大,长短一般也是三、四行不等。信封上的收信人姓名前要加头衔,如 Mr.、Miss、Dr. 等。

其他一些附属说明一般写在信封的左下角,有时也写在收信人上方,如 AirMail(航空)、Registered(挂号)、Express(快速邮件)、Printed Matter(印刷品)等。

(二) 外贸电报的格式与写法

通常用"cable",一词来称呼发往国外的各种电报。一份完整的电报,由四部分组成:电报头栏;收报人住址、姓名栏;电文内容和署名栏;发报人姓名、住址、电话栏。在这四部分中,后面三栏由发报人填写。

(1) 收报人住址、姓名栏。拍电报必须在这一栏写清收报人的详细地址和单位名称,为了便于客户电报往来,节约费用,一般企业、团体都在电报局登记使用电报挂号(cablead dress)。发电人可以用收电方的电报挂号代替单位名称和地址填在此栏方格内。

(2) 电文内容和署名栏。由于电报是按电报局的收费规定按"字"来计费的,所以拍电报应在意思表达清楚完整的前提下尽量压缩字数,做到简明扼要。电报有其特殊的"电报用语",电报中所用的英文字母全部要大写,文字和句子一般不用标点符号点开,如要用应该用固定单词表示。

电报挂号除了作为通信地址以外，在向外商发电报时，也常常用来表示发电报单位的签名。因此，电文后要紧接着写上发报人一方的电报挂号。

(3) 发报人姓名、住址、电话栏。这部分内容不拍发，也不计费，仅供电报局在必要时联系用，所以应该详细填写。

(三) 电传

电传(Telex)，又称"用户电报"或"打字电报"，是指由电信部门在用户那里安装电传打字机，通过国际电信系统设备，对外与同样安装有电传打字机的另一用户直接收、发电文。电传所需费用，仅约为一般电报的1/5。

电传是先进的通信方式，主要优点如下：

(1) 利用电传，通信双方可以直接联系，也可以用来代替电话。通信双方可以用电传打字机交换语言进行笔谈，也可以当场得知对方的答复和意见。

(2) 到达时间快。在把电文用打孔带机械打成带孔的纸条，并将纸条放在电传机上传送的同时，对方就可以收到电文。

(3) 在受电人不在时，电传可自动接受电信，这对时差较大的国家和地区之间的通信极其方便。同时，通信内容全部译印在电传纸上，发、受双方都有记录可查。

(4) 费用便宜，效率高。一般电报的费用是以"字数"来计算的，而电传则以时间来计算，每分钟约可发出400个字母，加上使用电传用的是简化字和缩写字，因而可以传递大量信息，有效地提高工作效率。

起草电传文稿和起草电报时，要在保证意思明确、完整的前提下力求简练，一般不重要的词语能省则省，也可使用简化字或缩写字以及国际贸易中通用的略语来代替较长的文字。但是，使用这些缩略语或简化字，应尽量使用那些常见的、为通信双方所熟悉和接受的词，不要滥用那些生僻、不常见的词，以免引起误解而造成双方联络上的错误和困难。

(四) 传真

传真(Fax)比电报、电传更为先进。它不仅能传递文字，还能传递图像，是一种传递各种书信、文件、手稿、图表、照片等静止图像的通信方式。用传真机传送文字图像不但速度快，而且不受自然条件的限制。此外，传真的另一优越性，就是不失真。传真既能传递信息的内容，又能传递信息的形式，把信函连同签字盖章如实地再现于收件人面前，快捷而真实。

【课后实践】

一、思考训练

(1) 对"女士优先"的交际原则你是怎样理解的?

(2) 中西方文化差异对礼仪有哪些影响?

(3) 接待外宾为什么要热情有度?

(4) 在涉外旅游活动中,展示中国人的文明礼仪素养有何重要意义?

(5) 举例说明与法国人交往时,要注意哪些风情礼仪?

二、案例分析

案例 1

接　　待

泰国某机构为泰国一项庞大的建筑工程向美国公司招标。经过筛选,最后剩下四家候选公司。泰国机构派遣代表团到美国亲自去各家公司商谈。代表团到达芝加哥时,那家工程公司由于忙乱中出了差错,又没仔细复核飞机到达时间,未去机场迎接泰国客人。但是泰国代表尽管初来乍到不熟悉芝加哥,还是自己找到了芝加哥商业中心的一家旅馆。他们打电话给那位急促不安的美国经理。在听了他们的道歉后,泰国人同意在第二天上午 11 时在经理办公室会面。第二天美国经理按时到达办公室等候,直到下午三四点钟才接到客人的电话说:"我们一直在旅馆等候,始终没有人前来接我们。我们对这样的接待实在不习惯。我们已订了下午的飞机赴下一个目的地。再见吧!"

讨论:请结合本章所学内容对此案例进行分析。

案例 2

表　　扬

一位英国老妇到中国旅游观光,对接待她的导游小姐评价颇好,认为她服务态度好，语言水平也很高，便夸奖该导游小姐说："你的英语讲得好极了！"导游小姐按照中国人的习惯，谦虚地回应说："我的英语说得不好。"英国老妇一听生气了，心想："英语是我的母语，难道我都不知道英语该怎么讲？"她越想越气，第二天坚决要求旅行社给她换导游。这件事在旅游行业乃至所有的窗口行业引起极大反应。

讨论：(1) 造成案例中的现象的原因是什么？

(2) 面对外宾的表扬，应怎样得体地回答？

参 考 文 献

[1] 张建. 应用写作[M]. 北京:高等教育出版社,2008.

[2] 简尚亮, 刘芳. 应用写作[M]. 武汉:武汉大学出版社,2007.

[3] 张玉敏, 张冬梅. 大学实用语文[M]. 北京:清华大学出版社,2010.

[4] 周龙军, 陈建军. 应用写作[M]. 北京:中国农业出版社,2006.

[5] 张耀辉. 大学应用写作[M]. 上海:上海交通大学出版社,2007.

[6] 文晓玲,李朋. 社交礼仪[M]. 大连:大连理工出版社,2008.

[7] 张然. 现代礼仪规范读本[M]. 北京:中国致公出版社,2009.

[8] 周思敏. 你的礼仪价值百万(商务涉交篇)[M]. 北京:中国纺织出版社,2010.

[9] 周海燕. 现代实用礼仪[M]. 北京:中国传媒大学出版社,2009.

[10] 陆瑜芳. 办公室实务(第二版)[M]. 上海:复旦大学出版社,2012.

[11] 张文. 求职礼仪[M]. 广州:华南理工大学出版社,2011.

[12] 金正昆. 涉外礼仪教程[M]. 北京:中国人民大学出版社,2010.

[13] 孙渊鲲. 涉外礼仪 ABC [M]. 北京:世界知识出版社,2007.

[14] 张惠秀. 涉外礼仪和商务礼仪[M]. 上海:上海东方出版社,2005.